復刻版 韓国併合史研究資料 ⑪⑸

朝鮮民籍法令集

改正 朝鮮税令

龍溪書舎

本復刻版製作に際しては、東京経済大学図書館のご好意により、同図書館所蔵本を影印台本とした。ここに深甚の謝意を表する次第である。

朝鮮民籍法令集

（附戸籍法及仝施行細則）

凡例

一、本書ハ曩ニ民籍事務ニ從事セラル、諸賢ノ便覧ニ供スル目的ヲ以テ特ニ司法部民籍係ノ御校閲ヲ經テ編纂シタルモノナルカ忽チニシテ第一版ヲ盡シ今之ヲ再版ニ附セシ所以ナリ

一、本書所載ノ法令及通牒ハ大正五年五月現行トス尙卷末ニ白紙數葉ヲ添ヘタルハ爾後ノ追加改廢ニ際シ各自ノ補正ニ便センカ爲ナリ

一、本書中單ニ府令、訓令トアルハ朝鮮總督府令、朝鮮總督府訓令、警訓令トアルハ警務總監部訓令ノ略稱ナリ

一、本書ノ爲メ特ニ國分司法部長官閣下ヨリ題字ヲ賜リタルハ編者ノ最モ光榮トスルトコロニシテ謹テ感謝スル所ナリ

大正五年五月

編者識

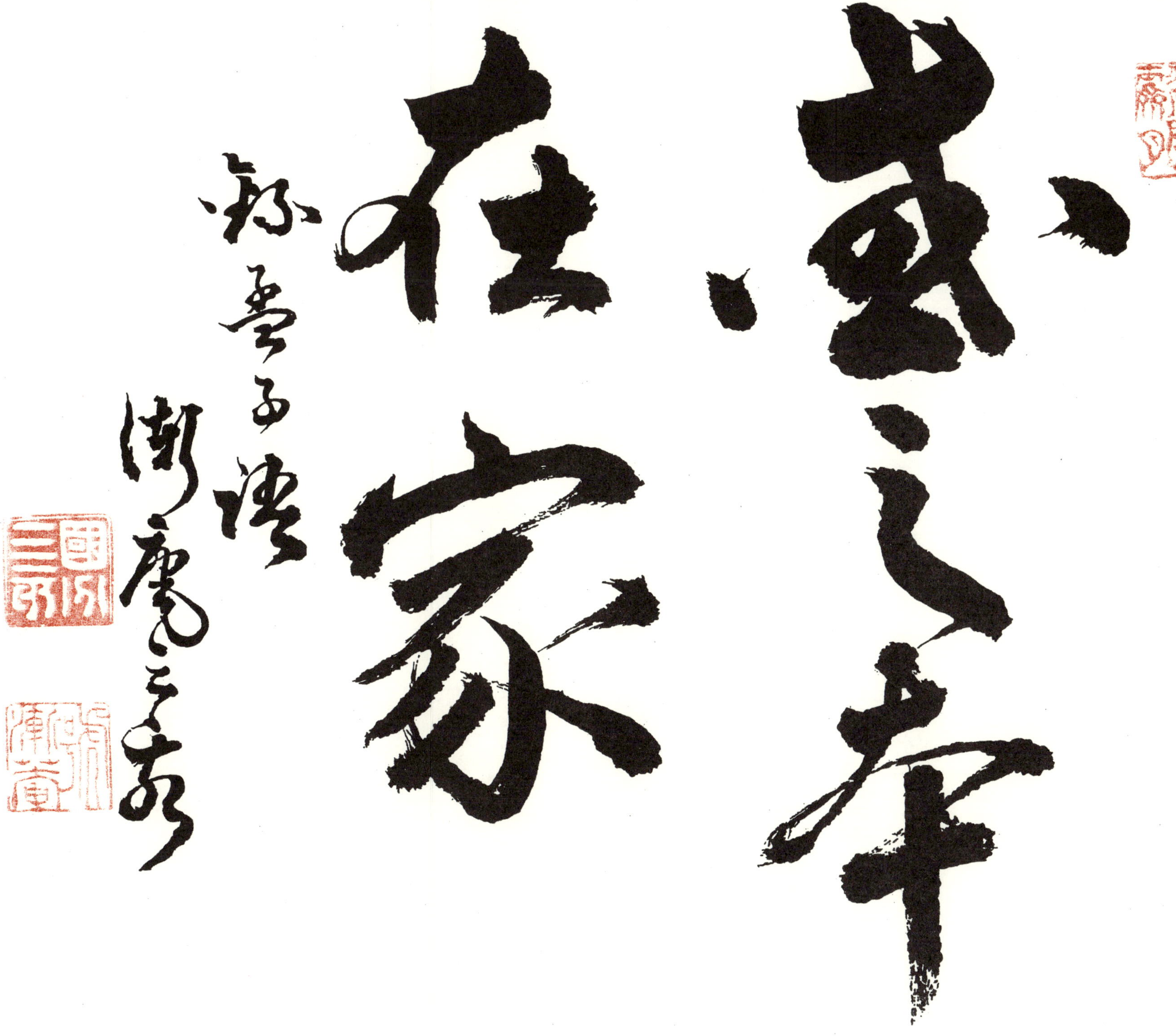

朝鮮民籍法令集目次

● 民籍法（隆熙三年三月法律第八號）（大正四年三月府令第一七號改正）……一
● 民籍法執行心得（隆熙三年三月内部訓令第三九號）（大正四年八月訓令第四七號改正）……三
● 舊口頭申告書用紙使用ニ關スル件（大正四年八月官通牒第二四二號）……一四
● 民籍事務ニ關スル件（大正四年四月訓令第二一號）……一四
● 民籍事務取扱ニ關スル件（大正四年四月官通牒第一〇〇號）……一五
● 法例ヲ朝鮮ニ施行ノ件（四五年三月勅令第二一號）……一六
● 朝鮮民事令（拔抄）（四五年三月制令第七號）……二〇
● 民籍事務取扱ニ關スル件（大正四年八月官通牒第二四〇號）……二二
● 在外公館ニ於テ受理シタル外國在留者ノ身分ニ關スル屆書取扱方ノ件（大正二年六月總訓令第三二號）……三〇
● 民籍法第三條ノ二ノ申告取扱方ニ關スル件（大正四年六月官通牒第一九三號）……三一
● 朝鮮人ノ姓名改稱ニ關スル件（四四年十月府令第一二四號）（大正四年三月府令第一九號改正）……三一
● 朝鮮人ノ姓名改稱ニ關スル件（大正四年四月官通牒第一〇五號）……三二
● 民籍簿除籍簿ノ閲覽並其ノ謄本抄本ノ交付ニ關スル件（四四年十二月府令第一四八號）

（大正四年三月府令第一八號改正）（大正四年五月府令第五五號改正）……三二
●民籍簿除籍簿ノ閲覽其ノ他ニ關スル取扱手續（大正四年六月訓令第三四號）……三三
●民籍事務ニ關スル收入印紙消印ノ件（大正四年四月官通牒第一二〇號）……三三
●民籍事務ニ關スル收入印紙ノ檢閲並書類保存方ノ件（大正四年五月官通牒第一五三號）……三四
●收入印紙ノ消印使用方ノ件（大正四年六月官通牒第一八二號）……三四
●收入印紙ヲ貼付シタル書類處理ノ件（四四年五月訓令第四二號）……三四
●民籍簿閲覽並謄本抄本交付手數料報告方ノ件（大正四年五月官通牒第一四八號）……三四
●宿泊及居住規則（四四年府令第七五號）（大正二年府令第七一號改正）（大正四年府令第二〇號）……三五
●宿泊及居住規則取扱手續（四四年警訓令甲第三四號）（大正二年警訓令第三〇號）……三八
●土地調査令ニ依ル地番號ノ設定ナキ地ノ統戸番號ノ新設變更ニ關スル件（大正四年七月訓令第四一號）……四三
●法令第十三條ノ疑義ニ關スル件（大正四年九月官通牒第二六七號）……四四
●民籍事務取扱ニ關スル件（大正四年十月官通牒第二七七號）……四五
●朝鮮人ノ婚姻要件ニ關スル件（大正四年十月官通牒第二九七號）……四六
●印鑑證明及民籍簿謄本若ハ抄本ノ下付ニ關スル件（大正四年十一月官通牒第三二四號）……四七
●民籍事務取扱ニ關スル件（大正四年十二月官通牒第三三九號）……四七

●民籍事務取扱ニ關スル件（大正五年四月官通牒第四九號）……四八

戸籍法

●戸籍法（大正三年三月法律第二六號）……五一
●戸籍法施行細則（大正三年十月司法省令第七號）……八三
●朝鮮ニ在住スル內地人ノ戸籍ニ關スル届出處置方ノ件（大五四年六月官通牒第一九四五號）……九〇
●內地人戸籍諸屆書式……九〇

附錄

曆對照表
親族圖

朝鮮民籍法令集

●民籍法

隆熙二年三月法律第八號　改正　大正四年三月府令第一七號

第一條　府及面ニ民籍簿ヲ備フ

第一條ノ二　左記各號ノ一ニ該當スル場合ニ於テハ其事實發生ノ日ヨリ十日以内ニ本籍地所轄府尹又ハ面長ニ申告スヘシ

但シ事實ノ發生ヲ知ルコト能ハサルトキハ事實ヲ知リタル日ヨリ起算ス

一　出生
二　死亡
三　戸主變更
四　婚姻
五　離婚
六　養子
七　罷養
八　分家
九　一家創立
十　入家
十一　廢家
十二　廢絶家再興

十三　附籍
十四　移居
十五　改名
前項ノ事實ニシテ二面長以上ノ所轄ニ渉ルトキハ申告書各本ヲ作リ申告義務者ノ所在地所轄府尹又ハ面長ニ之ヲ申告ス可シ
第二條　第一條ノ申告義務者ハ左ノ如シ
一　出生、死亡、戸主變更、分家、一家創立、廢家、廢絶家再興、改名及移居ノ場合ハ當該戸主
二　養子及罷養ノ場合ハ養家ノ戸主
三　婚姻及離婚ノ場合ハ婚家ノ戸主
四　入家ノ場合ハ入家セシメタル戸主
五　附籍ノ場合ハ附籍セシメタル戸主
前項ノ場合ニ於テ戸主カ申告ヲ行フコト能ハサルトキハ戸主ニ代ハルヘキ主宰者、主宰者ナキトキハ家族又ハ親族、家族又ハ親族ナキトキハ事實發生ノ場所又ハ建物等ヲ管理スル者若ハ隣家ヨリ申告ヲ行フ可シ
第三條　婚姻、離婚、養子及罷養ノ申告ハ實家戸主ノ連署ヲ以テ之ヲ爲スヘシ但シ連署ヲ得ルコト能ハサルトキハ申告書ニ其旨ヲ附記スヘシ
第三條ノ二　民籍カ養子、婚姻其ノ他ノ事由ニ因リ一ノ府又ハ面ヨリ他ノ府又ハ面ニ轉屬スル場合ニ於テ轉籍地ノ府尹又ハ面長ニ申告スルニハ申告書ニ轉籍スヘキ者ノ民籍ノ謄本又ハ抄本ヲ添附スヘシ
第四條　第二條ノ申告義務者カ本籍地以外ニ居住スル場合ニ於テハ其居住地所轄府尹又ハ面長ニ申告スルコトヲ得
第五條　民籍ニ關スル申告ハ書面ヲ以テ之ヲ爲スヘシ但シ當分ノ内口頭ヲ以テスルコトヲ得

第六條　第一條ノ申告ヲ懈怠シタル者ハ五十以下ノ笞刑又ハ五圓以下ノ罰金ニ處ス
詐僞ノ申告ヲ爲シタル者ハ六ケ月以下ノ懲役、笞刑若ハ百圓以下ノ罰金ニ處ス
第七條（削除）
第八條　本法施行ニ要スル規定ハ内部大臣之ヲ定ム

附　則

本法ハ隆熙三年四月一日ヨリ之ヲ施行ス
建陽元年勅令第六十一號戸口調査規則ハ本法施行ノ日ヨリ之ヲ廢止ス

附　則

本令ハ大正四年四月一日ヨリ之ヲ施行ス

●民籍法執行心得

隆熙三年（明治四十二年）三月舊韓國内部訓令第三九號　改正　大正四年八月七日本府訓令第四七號

第一條　民籍ニハ地名及地番號又ハ統戸番號ヲ附スヘシ
第二條　民籍ハ町又ハ里（洞）毎ニ地番號又ハ統戸番號ノ順序ニ依リ之ヲ編綴シテ帳簿ト爲スヘシ但シ便宜口座ヲ設ケテ之ヲ合冊ト爲スコトヲ得
戸主變更、廢家其ノ他ノ事由ニ因リ民籍ノ全部ヲ抹消シタルトキハ其ノ民籍ハ之ヲ民籍簿ヨリ除キ前項ニ準シ編綴シテ除籍簿ト爲スヘシ
第三條　民籍記載ノ順位ハ左ノ如シ
一　戸主
二　戸主ノ直系尊屬
三　戸主ノ配偶者

四　戸主ノ直系卑屬及其ノ配偶者
五　戸主ノ傍系親及其ノ配偶者
六　戸主ノ親族ニアラサル者
（二項削除）
第四條　（削除）
第五條　一家絶滅シタル場合ハ其ノ旨ヲ記載シテ除籍スヘシ
第六條　附籍者ノ民籍ハ一家族毎ニ別紙ヲ以テ編成シ附籍主民籍ノ末尾ニ編綴スヘシ
附籍者ノ民籍ニハ附籍主ノ姓名及其ノ附籍ナル旨ヲ欄外ニ記載シ置クヘシ
第七條　府尹又ハ面長ハ常ニ部内ノ民籍異動ニ注意シ申告ヲ懈怠スル者アルトキハ之カ催告ヲ爲スヘシ
府尹又ハ面長口頭ヲ以テ民籍ニ關スル申告ヲ受ケタル時ハ口頭申告書ニ記載スヘシ
第八條　（削除）
第九條　府尹又ハ面長ニ於テ受ケタル申告書中他管ニ係ルモノハ其ノ府尹又ハ面長ニ送致スヘシ
第十條　民籍簿ハ別紙甲號樣式、口頭申告書ハ別紙乙號樣式ニ依リ調製スヘシ
第十一條　民籍ニ關スル帳簿及書類ノ保存期間ハ左ノ區分ニ依ル
一　民籍簿　永　久
二　除籍簿　五十年
三　申告書　五　年
四　其ノ他ノ書類　三　年
前項ノ保存期間ハ當該年度ノ翌年ヨリ之ヲ起算ス
第十二條　面長カ保存期間ヲ經過シタル帳簿又ハ書類ヲ廢棄セムトスルトキハ目錄ヲ作リ郡守又ハ島司ノ認

可ヲ受クヘシ

（甲號樣式ノ一）

民籍簿（土地ノ名稱）

何冊ノ內何號

何府（面）

（用紙美濃紙）

本籍

道

事由

戸主

本

前戸主

戸主トナリタル原因及其年月日

父

母

出生別

姓名

生年月日

事由

身位

父

母

出生別

本

姓名

生年月日

事由

身位

父

母

出生別

本

姓名

生年月日

（用紙美濃紙）

事由
身位
父
母
姓名
生年月日
出生別
本

事由
身位
父
母
姓名
生年月日
出生別
本

事由
身位
父
母
姓名
生年月日
出生別
本

事由
身位
父
母
姓名
生年月日
出生別
本

民籍記載例

一　「本籍」ノ欄ニハ何道何府（郡島）何町何丁目（里若ハ洞）（何面何里（洞））何番地（何統何戸）ト記載スヘシ

二　「本」ノ欄ニハ始祖ノ出生地名ヲ記載スヘシ例ヘハ其ノ始祖カ金海ノ出生ナルトキハ金海ト記載スルカ如シ戸主ト同姓同本ナル家族ニ付テハ之カ記載ヲ要セス

三　「前戸主ノ欄」ニハ戸主變更ノ場合ハ前代戸主ノ姓名、廢絶家再興ノ場合ハ廢絶家當時戸主タリシ者ノ姓名ヲ記載スヘシ但シ分家又ハ一家創立ノトキハ空欄トスヘシ

四　「戸主トナリタル原因及其ノ年月日」ノ欄ニハ原因トシテ戸主ノ死亡ニ因ルカ、廢絶家再興ニ因ルカ、又ハ分家若ハ一家創立ニ因ルカノ區別及其ノ年月日ヲ記載スヘシ例ヘハ「戸主某死亡ニ因リ何年何月何日戸主ト爲ル」ト記載スルカ如シ

五　「父」、「母」ノ欄ニハ其ノ實父母ノ姓名ヲ記載スヘシ、庶子ノトキハ嫡母（庶子ノ父ノ妻）ヲ記載セスシテ實母ヲ記載スヘク婚姻、養子縁組其ノ他ノ事由ニ因リ他家ヨリ入リタル者ナルトキハ其ノ他家ニ在ル實父母ヲ記載スヘシ

六　「出生別」ノ欄ニハ其ノ父トノ關係ヲ記載スヘシ例ヘハ嫡出子ニ在リテハ長男、二男、長女、二女（（甲）男（乙）女（丙）男（丁）女等ノ順ニ依リ出生アリタルトキハ長男、二女、三男、四女トセス長男、長女、二男、二女ト男女ヲ區別シ其ノ順ヲ定ムルモノトス）ト記載シ庶子ニ在リテハ單ニ庶子男、庶子女、私生子ニ在リテハ單ニ私生子男、私生子女ト記載スヘシ

七　「姓名」ノ欄ニハ各自ノ姓及名ヲ記載スヘシ但シ戸主ト同本同姓（婚姻其ノ他ノ事由ニ因リ他家ヨリ入リタル者ニシテ本ヲ異ニスル者即非血族者ニ在リテハ姓ヲ同クスルモ此ノ記載ヲ畧スルコトヲ得ス）ナル家族ニ付テハ其ノ名ノミヲ記載スヘシ

八　「生年月日」ノ欄ニハ其ノ出生シタル年月日ヲ記載スヘシ

九「身位」ノ欄ニハ戸主トノ關係ヲ記載スヘシ例ヘハ母、妻、長男、長女、弟、長男某ノ妻、孫、養子ト記載スルカ如シ

戸主ヲ中心トスル關係（身位）ト父ヲ中心トスル關係（出生別）トハ父カ戸主ナル場合ノ外ハ同一ニ非ス例ヘハ戸主ニ對シテハ孫ナルモ父ニ對シテハ子ナルカ如シ

十「事由」ノ欄ニハ左ノ例ニ依リ身分ノ異動事項ヲ記載スヘシ

出生及認知

何道何郡何面何里何番地ニ於テ出生㊞

何年何月何日父何道何郡何面何里何番地某認知ニ因リ除籍㊞（母ノ家ヨリ除籍ノ際私生子ノ事由欄ニ）

何道何郡何面何里何番地戸主某何女某ノ私生子男（女）何年何月何日父某認知ニ因リ入籍㊞（父ノ家ニ入籍ノ際私生子ノ事由欄ニ）

死亡

何年何月何日午前後何時何道何郡何面何里何番地ニ於テ死亡㊞

戸主變更

戸主變更㊞

婚姻

何年何月何日何道何郡何面何里何番地戸主某何男某ト婚姻ニ因リ除籍㊞（除籍ノ際女子ノ事由欄ニ）

何道何郡何面何里何番地戸主某何女何年何月何日婚姻ニ因リ入籍㊞（入籍ノ際女子ノ事由欄ニ）

何年何月何日父某母某ノ婚姻ニ因リ嫡出子ト為ル㊞（庶子カ父母ノ婚姻ニ因リ嫡出子ノ身分ヲ取得スル場合其ノ者ノ事由欄ニ）

離婚

何年何月何日離婚 何法院ニ於テ言渡サレタル離婚ノ判決確定）何年何月何日何道何郡何面何里何番地

實家某方ニ復籍（實家某絶家ニ付何道何郡何面何里何番地親族某方ニ入家又ハ實家某絶家ニ付何道何郡何面何里何番地ニ一家創立）ニ因リ除籍㊞（除籍ノ際女ノ事由欄ニ）

何道何郡何面何里何番地戶主某何男某妻何年何月何日離婚（何法院ニ於テ言渡サレタル離婚判決確定）ニ因リ復籍（實家何道何郡何面何里何番地某絶家ニ付入家又ハ實家何道何郡何面何里何番地某絶家ニ付一家創立）㊞（實家ニ復籍シ、親族ノ家ニ入家シ、又ハ一家創立シタル場合女ノ事由欄ニ）

養子

何年何月何日何道何郡何面何里何番地某ト養子縁組ニ因リ除籍㊞（除籍ノ際養子ト爲リタル者ノ事由欄ニ）

何道何郡何面何里何番地戶主某何男何年何月何日養子縁組ニ因リ入籍㊞（入籍ノ際養子ノ事由欄ニ）

罷養

離婚ノ場合ノ文例ヲ準用スヘシ

分家

何年何月何日何道何郡何面何里何番地ニ分家ニ因リ除籍㊞（本家民籍ヨリ除籍スルトキ分家者ノ事由欄ニ）

何年何月何日父某分家ニ付共ニ除籍㊞（分家者ノ家族ヲ本家民籍ヨリ除籍スル場合其ノ家族ノ事由欄ニ）

何年何月何日何道何郡何面何里何番地某方ヨリ分家㊞（分家新戶主ノ事由欄ニ）

何年何月何日父某分家ニ付共ニ入籍㊞（分家新戶主ノ家族ノ事由欄ニ）

一家創立

何年何月何日一家創立同日附調書ニ依リ記載㊞（棄兒ノ一家創立ノ場合其ノ者ノ事由欄ニ）

入家

何年何月何日何道何郡何面何里何番地某方ニ母某ニ從ヒ入家ニ因リ除籍㊞（除籍ノ場合入家シタル者ノ事由欄ニ）

何年何月何日戶主某妻某ニ從ヒ入家㊞（入家シタル者ノ事由欄ニ）

離　籍

何年何月何日何道何郡何面何里何番地實家某方ニ復籍ニ因リ離籍㊞（除籍ノ場合其ノ者ノ事由欄ニ）

何年何月何日何道何郡何面何里何番地某ニ從ヒ入家ノ處離籍ニ因ニ因リ復籍㊞（復籍ノ場合其ノ者ノ事由欄ニ）

廢　家

何年何月何日廢家㊞（廢家戸主ノ事由欄ニ）

絶　家

相續スヘキ者ナキニ因リ何年何月何日絶家㊞（絶家戸主ノ事由欄ニ）

廢絶家再興

何年何月何日何道何郡何面何里何番地戸主某ノ弟、叔父某ノ廢家（絶家）再興㊞（新民籍戸主ノ事由欄ニ）

何年何月何日何道何郡何面何里何番地ニ於テ廢家（絶家）再興㊞（實家ノ民籍中再興者ノ事由欄ニ）

移　居（他ノ府、面ニ移居スル場合）

何年何月何日何道何郡何面何里何番地ニ移居ニ因リ全戸除籍㊞（原民籍中戸主ノ事由欄ニ）

何年何月何日何道何郡何面何里何番地ヨリ移居㊞（新民籍中戸主ノ事由欄ニ）

改　名

何年何月何日附何道長官ノ許可ニ因リ改名㊞

名ノ登錄（民籍ニ名ノ記載ナキ者新ニ其ノ名ノ登錄ヲ爲ス場合）

何年何月何日命名㊞

（乙號樣式）

（注意）婚姻、離婚其ノ他相手方ヲ要スル場合ニハ其ノ相手方ニ關スル申告事項ヲ「事實ノ相對者」ノ各欄ニ記入スヘキコト

申告日	大正　年　月　日
申告義務者	府郡島　町面　里洞　番地統戸
申告連署者	府郡島　町面　里洞　番地統戸
事實發生ノ日	年　月　日
申告事實	
事實ノ本人	身位
	父
	母
	出生別　本
	姓名
	生年月日　年　月　日
事實ノ相對者	身位
	父
	母
	出生別　本
	姓名
	生年月日　年　月　日

申告日	大正　年　月　日
申告義務者	府郡島　町面　里洞　番地統戸
申告連署者	府郡島　町面　里洞　番地統戸
事實發生ノ日	年　月　日
申告事實	
事實ノ本人	身位
	父
	母
	出生別　本
	姓名
	生年月日　年　月　日
事實ノ相對者	身位
	父
	母
	出生別　本
	姓名
	生年月日　年　月　日

申告日　大正　年　月　日
事實發生ノ日　年　月　日
申告事實

申告義務者　府郡島　町面　里洞　統　番地戸
申告連署者　府郡島　町面　里洞　統　番地戸

事實ノ本人
父　母　出生別　本
姓名
身位
生年月日　年　月　日

事實ノ相對者
父　母　出生別　本
姓名
身位
生年月日　年　月　日

申告日　大正　年　月　日
事實發生ノ日　年　月　日
申告事實

申告義務者　府郡島　町面　里洞　統　番地戸
申告連署者　府郡島　町面　里洞　統　番地戸

事實ノ本人
父　母　出生別　本
姓名
身位
生年月日　年　月　日

事實ノ相對者
父　母　出生別　本
姓名
身位
生年月日　年　月　日

●舊口頭申告書用紙使用ニ關スル件

大正四年八月七日　官通牒第二四二號
司法部長官發各道長官宛

今般訓令第四十七號ニテ民籍法執行心得中改正ノ件發布相成口頭申告書ノ樣式ニ一二ノ改正ヲ加ヘラレ候ヘトモ從來ノ樣式ニ依リ既ニ調製セル口頭申告書用紙ハ當分ノ內使用セシメラレ可然義ト御了知相成度及通牒候也

●民籍事務ニ關スル件

大正四年四月一日總訓令第二一號

道長官
警務總長
警務部長

民籍編成ノ要ハ各家ノ組織各人ノ身分關係ヲ明確ニシ且戶口調查ノ基礎ヲ定ムルニ在リ身分定マラサレハ各人ノ權義常ニ不安ニシテ戶口正シカラサレハ施政ニ錯誤ヲ來スノ虞アリ故ニ民籍ノ編成ヲ完全ニスルハ國家施設經營ノ要義ニシテ特ニ重要ナル政務ニ屬ス

朝鮮ニ於ケル民籍ニ關スル制度ハ古來幾多ノ變遷ヲ經タリト雖其ノ制度不備ニシテ之ヲ取扱フヘキ地方行政機關亦整ハス戶口ノ調查ハ名有リテ實無ク民籍事務ノ紊亂其ノ極ニ達シ殆ト收拾スヘカラサルモノアリシニ依リ更ニ戶口ノ調查ヲ嚴密ニシ民籍ノ基礎ヲ確立スルノ急務ナルヲ認メ行政機關ノ整理ニ先タチ隆熙二年民籍法制定ト同時ニ民籍事務ヲ警察官署ニ委セリ爾來民籍事務ハ警察官署ノ努力ニ依リ著々改善ノ實ヲ擧ケ一方地方行政機關漸ク備ハリ府面ノ事務亦昔日ノ面目ヲ改ムルニ至リタルヲ以テ時勢ノ進運ニ鑑ミ茲ニ民籍事務ヲ府尹面長ノ管掌ニ移スコトト爲セリ

民籍事務ニ關シテハ民籍法及同執行心得ノ存スルアルモ共ニ草創ノ際ニ於ケル一時的ノ便宜規定ニ係リ內

容極メテ簡單ニシテ手續徵細ニ亙ラサルカ故ニ其ノ實行ハ一ニ事務取扱者ノ手腕ニ俟タサルヘカラス又民籍事務ハ親族及相續ニ關スル實體法規ト密接ノ關係ヲ有スルコト勿論ニシテ朝鮮人ノ親族及相續ニ關スル事項ハ慣習ニ依ラサルヘカラス而シテ此ノ慣習調査ハ民籍事務ノ處理上重大要件タリ然ルニ人事ノ複雜ナル時ニ慣習ノ調査困難ナルモノ存スルノミナラス公ノ秩序善良ノ風俗ニ反スル慣習ハ之ヲ認容スルコト能ハサルモノアリ故ニ從來例規ノ徵スヘキモノナキ慣習ニ付テハ特ニ愼重ナル注意ヲ以テ之ヲ調査判定スルコトヲ要ス加之民籍ノ異動ハ申告ニ基キ訂正加除ヲ要スルモ異動ノ申告ハ常ニ怠慢ニ流レ易シ而シテ一タヒ申告ノ遺漏ヲ看過セムカ延ヒテ民籍紊亂ノ因ト爲リ戶口ノ精確ナル調査ハ遂ニ望ムヘカラサルニ至ル故ニ民籍事務ノ取扱ニ付テハ深ク思ヲ茲ニ致シ常ニ民籍異動ノ事實ニ注意シ徒ニ申告ヲ俟ツコトナク進テ之ヲ督責シ以テ申告ノ遺漏ナキヲ期セシムヘシ

今ヤ民籍事務ハ警察官署整理ノ後ヲ承ケ地方廳監督ノ下ニ府尹面長ノ管掌スル所ト爲レリ府面ノ事務ハ稍整備スル所アリト雖逐年繁劇ヲ加ヘ負擔ノ重キヲ感スルノ時ニ當リ茲ニ又複雜多端ナル民籍事務ノ附加ヲ見ル若シ其ノ初ニ於テ充分ナル指導ヲ加フルニアラスムハ民籍事務再ヒ紊亂ニ陷ルコトナキヲ保シ難シ是レ本總督ノ私カニ憂慮スル所ナリ道長官ハ宜シク以上ノ趣旨ヲ體シ懇篤ナル指導ト嚴正ナル監督ノ下ニ府尹面長ヲシテ克ク其ノ職責ヲ盡サシメ民籍事務ノ處理ヲ完フスルコトヲ期スヘク警務總長及警務部長ハ戶口調査ノ便宜ト從來ノ經驗トヲ有スル警察官署ヲシテ臨機適當ノ援助ヲ與ヘ以テ民籍ノ完璧ヲ期セシムルコトニ努力スヘシ

●民籍事務取扱ニ關スル件

大正四年四月一日 官通牒第一〇〇號
政務總監發各道長官宛

民籍事務ハ本年四月一日ヨリ府尹面長ノ管掌ニ移屬スルコトト相成候處其ノ取扱手續ニ付テハ特ニ法令ノ改正ヲ爲シタルモノノ外總テ從來ノ例ニ據ラシムル趣旨ニ有之候條民籍簿ノ樣式、民籍ノ編成、民籍ノ記載其ノ他民籍ノ取扱手續ニ付民籍法執行心得ノ適用アルハ勿論從來民籍事務取扱ニ關シ警務總長ノ發シタル命令通牒等ニ準據シテ取扱ハシムル義ト御了知相成度又民籍事務ノ監督ニ付テハ特ニ左記各項ニ留意セラレ度此段及通牒候也

記

一　民籍事務ハ可成同一ノ吏員ヲシテ之ニ當ラシメ隨時郡廳ニ招集シテ事務ノ練習ヲ爲サシムヘク又常ニ關係ノ法規及慣習ノ調査研究ヲ爲サシムルコト
一　常ニ管内人事ノ異動ニ注意シ申告ノ遺漏ナキヲ期セシムルコト
一　事件ノ處理ヲ鄭重且敏活ニシ申告者ニ失費ヲ掛ケシメサル樣注意セシムルコト
一　移居ト居住ノ區別、就籍、入籍等ノ取扱ニ注意シ複本籍ヲ生セシメサル樣留意セシムルコト
一　相續ノ順位ニ注意セシムルコト
一　記載ノ順序、記載事項、民籍簿及登錄簿ノ加除等ニ過誤ナキ樣常ニ監督指導スルコト
一　文字ノ改竄ニ注意シ簿冊ノ取扱ヲ鄭重ニシ毀損汚損等無キ樣留意セシムルコト
一　收入印紙ノ取扱ニ付テハ特ニ嚴密ニ之ヲ監督スルコト

●法例ヲ朝鮮ニ施行ノ件　四五年三月勅令第二一號

法例ハ之ヲ朝鮮ニ施行ス

附　則

本令ハ明治四十五年四月一日ヨリ之ヲ施行ス

法　例

第一條　法律ハ公布ノ日ヨリ起算シ滿二十日ヲ經テ之ヲ施行ス但法律ヲ以テ之ニ異ナリタル施行時期ヲ定メ

タルトキハ此限ニ在ラス
臺灣、北海道、沖繩縣其他島地ニ付テハ勅令ヲ以テ特別ノ施行時期ヲ定ムルコトヲ得
第二條　公ノ秩序又ハ善良ノ風俗ニ反セサル慣習ハ法令ノ規定ニ依リテ認メタルモノ及ヒ法令ニ規定ナキ事項ニ關スルモノニ限リ法律ト同一ノ效力ヲ有ス
第三條　人ノ能力ハ其本國法ニ依リテ之ヲ定ム
外國人カ日本ニ於テ法律行爲ヲ爲シタル場合ニ於テ其外國人カ本國法ニ依レハ無能力者タルヘキトキト雖モ日本ノ法律ニ依レハ能力者タルヘキトキハ前項ノ規定ニ拘ハラス之ヲ能力者ト看做ス
前項ノ規定ハ親族法又ハ相續法ノ規定ニ依ルヘキ法律行爲及ヒ外國ニ在ル不動產ニ關スル法律行爲ニ付テハ之ヲ適用セス
第四條　禁治產ノ原因ハ禁治產者ノ本國法ニ依リ其宣告ノ效力ハ宣告ヲ爲シタル國ノ法律ニ依ル
日本ニ住所又ハ居所ヲ有スル外國人ニ付キ其本國法ニ依リ禁治產ノ原因アルトキハ裁判所ハ其者ニ對シテ禁治產ノ宣告ヲ爲スコトヲ得但日本ノ法律カ其原因ヲ認メサルトキハ此限ニ在ラス
第五條　前條ノ規定ハ準禁治產ニ之ヲ準用ス
第六條　外國人ノ生死カ分明ナラサル場合ニ於テハ裁判所ハ日本ニ在ル財產及ヒ日本ノ法律ニ依ルヘキ法律關係ニ付テノミ日本ノ法律ニ依リテ失踪ノ宣告ヲ爲スコトヲ得
第七條　法律行爲ノ成立及ヒ效力ニ付テハ當事者ノ意思ニ從ヒ其何レノ國ノ法律ニ依ルヘキカヲ定ム
當事者ノ意思カ分明ナラサルトキハ行爲地法ニ依ル
第八條　法律行爲ノ方式ハ其行爲ノ效方ヲ定ムル法律ニ依ル
行爲地方ニ依リタル方式ハ前項ノ規定ニ拘ハラス之ヲ有效トス但物權其他登記スヘキ權利ヲ設定シ又ハ處分スル法律行爲ニ付テハ此限ニ在ラス

第九條　法律ヲ異ニスル地ニ在ル者ニ對シテ爲シタル意思表示ニ付テハ其通知ヲ發シタル地ヲ行爲地ト看做ス

契約ノ成立及ヒ效力ニ付テハ申込ノ通知ヲ發シタル地ヲ行爲地ト看做ス若シ其申込ヲ受ケタル者カ承諾ヲ爲シタル當時申込ノ發信地ヲ知ラサリシトキハ申込者ノ住所地ヲ行爲地ト看做ス

第十條　動產及ヒ不動產ニ關スル物權其他登記スヘキ權利ハ其目的物ノ所在地法ニ依ル

前項ニ揭ケタル權利ノ得喪ハ其原因タル事實ノ完成シタル當時ニ於ケル目的物ノ所在地法ニ依ル

第十一條　事務管理、不當利得又ハ不法行爲ニ因リテ生スル債權ノ成立及ヒ效力ハ其原因タル事實ノ發生シタル地ノ法律ニ依ル

前項ノ規定ハ不法行爲ニ付テハ外國ニ於テ發生シタル事實カ日本ノ法律ニ依レハ不法ナラサルトキハ之ヲ適用セス

外國ニ於テ發生シタル事實カ日本ノ法律ニ依リテ不法ナルトキト雖モ被害者ハ日本ノ法律カ認メタル損害賠償其他ノ處分ニ非サレハ之ヲ請求スルコトヲ得ス

第十二條　債權讓渡ノ第三者ニ對スル效力ハ債務者ノ住所地法ニ依ル

第十三條　婚姻成立ノ要件ハ各當事者ニ付キ其本國法ニ依リテ之ヲ定ム但其方式ハ婚姻擧行地ノ法律ニ依ル

前項ノ規定ハ民法第七百七十七條ノ適用ヲ妨ケス

第十四條　婚姻ノ效力ハ夫ノ本國法ニ依ル

外國人カ女戸主ト入夫婚姻ヲ爲シ又ハ日本人ノ婿養子ト爲リタル場合ニ於テハ婚姻ノ效力ハ日本ノ法律ニ依ル

第十五條　夫婦財產制ハ婚姻ノ當時ニ於ケル夫ノ本國法ニ依ル

外國人カ女戸主ト入夫婚姻ヲ爲シ又ハ日本人ノ婿養子ト爲リタル場合ニ於テハ夫婦財產制ハ日本ノ法律ニ

依ル

第十六條　離婚ハ其原因タル事實ノ發生シタル時ニ於ケル夫ノ本國法ニ依ル但裁判所ハ其原因タル事實カ日本ノ法律ニ依ルモ離婚ノ原因タルトキニ非サレハ離婚ノ宣告ヲ爲スコトヲ得ス

第十七條　子ノ嫡出ナルヤ否ヤハ其出生ノ當時母ノ夫ノ屬シタル國ノ法律ニ依リテ之ヲ定ム若シ其夫カ子ノ出產前ニ死亡シタルトキハ其最後ニ屬シタル國ノ法律ニ依リテ之ヲ定ム

第十八條　私生子認知ノ要件ハ其父又ハ母ニ關シテハ認知ノ當時父又ハ母ノ屬スル國ノ法律ニ依リテ之ヲ定メ其子ニ關シテハ認知ノ當時子ノ屬スル國ノ法律ニ依リテ之ヲ定ム

認知ノ效力ハ父又ハ母ノ本國法ニ依ル

第十九條　養子緣組ノ要件ハ各當事者ニ付キ其本國法ニ依リテ之ヲ定ム

養子緣組ノ效力及ヒ離緣ハ養親ノ本國法ニ依ル

第二十條　親子間ノ法律關係ハ父ノ本國法ニ依ル若シ父アラサルトキハ母ノ本國法ニ依ル

第二十一條　扶養ノ義務ハ扶養義務者ノ本國法ニ依リテ之ヲ定ム

第二十二條　前九條ニ揭ケタルモノノ外親族關係及ヒ之ニ因リテ生スル權利義務ハ當事者ノ本國法ニ依リテ之ヲ定ム

第二十三條　後見ハ被後見人ノ本國法ニ依ル

日本ニ住所又ハ居所ヲ有スル外國人ノ後見ハ其本國法ニ依レハ後見開始ノ原因アルモ後見ノ事務ヲ行フ者ナキトキ及ヒ日本ニ於テ禁治產ノ宣告アリタルトキニ限リ日本ノ法律ニ依ル

第二十四條　前條ノ規定ハ保佐人ニ之ヲ準用ス

第二十五條　相續ハ被相續人ノ本國法ニ依ル

第二十六條　遺言ノ成立及ヒ效力ハ其成立ノ當時ニ於ケル遺言者ノ本國法ニ依ル

遺言ノ取消ハ其當時ニ於ケル遺言者ノ本國法ニ依ル
前二項ノ規定ハ遺言ノ方式ニ付キ行爲地法ニ依ルコトヲ妨ケス
第二十七條　當事者ノ本國法ニ依ルヘキ場合ニ於テ其當事者カ二箇以上ノ國籍ヲ有スルトキハ最後ニ取得シタル國籍ニ依リテ其本國法ヲ定ム但其一カ日本ノ國籍ナルトキハ日本ノ法律ニ依ル
國籍ヲ有セサル者ニ付テハ其住所地法ヲ以テ本國法ト看做ス其住所カ知レサルトキハ其居所地法ニ依ル
地方ニ依リ法律ヲ異ニスル國ノ人民ニ付テハ其者ノ屬スル地方ノ法律ニ依ル
第二十八條　當事者ノ住所地法ニ依ルヘキ場合ニ於テ其住所カ知レサルトキハ其居所地法ニ依ル
前條第一項及ヒ第三項ノ規定ハ當事者ノ住所地法ニ依ルヘキ場合ニ之ヲ準用ス
第二十九條　當事者ノ本國法ニ依ルヘキ場合ニ於テ其國ノ法律ニ從ヒ日本ノ法律ニ依ルヘキトキハ日本ノ法律ニ依ル
第三十條　外國法ニ依ルヘキ場合ニ於テ其規定カ公ノ秩序又ハ善良ノ風俗ニ反スルトキハ之ヲ適用セス

●朝鮮民事令（拔抄）　四五年三月十八日訓令第七號

第一條　民事ニ關スル事項ハ本令其ノ他ノ法令ニ特別ノ規定アル場合ヲ除クノ外左ノ法律ニ依ル
一　民法
二　明治三十五年法律第五十號（年齡計算ニ關スル件）
三　明治三十七年法律第十七號（記名國債ヲ目的トスル質權ノ設定ニ關スル件）
四　明治三十二年法律第四十號（失火ノ責任ニ關スル件）
五　明治三十三年法律第五十一號（敎育所ニ在ル孤兒ノ後見職務ニ關スル件）
六　明治三十三年法律第十三號（軍人軍屬ノ爲シタル遺言ノ確認ニ關スル件）

七　民法施行法
八　商法
九　明治三十三年法律第十七號（商法中署名スヘキ場合ニ關スル件）
十　商法施行法
十一　明治二十三年法律第三十二號（舊商法破産編）
十二　商法施行例
十三　民事訴訟法
十四　外國裁判所ノ囑託ニ因ル共助法
十五　明治三十二年法律第五十號（外國人ノ署名捺印及無資力證明ニ關スル件）
十六　家資分産法
十七　人事訴訟手續法
十八　非訟事件手續法
十九　民事訴訟費用法
二十　商事非訟事件印紙法
二十一　執達吏手數料規則
二十二　供託法
二十三　競賣法
第十一條　第一條ノ法律中能力、親族及相續ニ關スル規定ハ朝鮮人ニ之ヲ適用セス
朝鮮人ニ關スル前項ノ事項ニ付テハ慣習ニ依ル

●民籍事務取扱ニ關スル件

大正四年八月七日政務總監發各道長官宛官通牒第二四〇號

自今民籍事務ハ左記ノ例ニ依リ取扱ハシメラレ度此段及通牒候也

記

一　民籍ノ編製、記載及除籍ノ取扱ニ關スル事項

一　民籍ハ府又ハ面ノ區域內ニ本籍ヲ定メタル者ニ就キ戶主ヲ本トシテ一戶每ニ之ヲ編製スヘキコト

二　同一家屋ニ居住スル者ト雖生計ヲ異ニスルトキハ別戶トシ家屋ヲ異ニスル者ト雖同一生計ノ下ニ在ル者ハ一戶ト看做スヘキコト

三　一戶ノ民籍數葉ニ涉ルトキハ府尹又ハ面長ハ職印ヲ以テ每葉ノ綴目ニ契印スヘキコト

四　地番號ヲ細別シテ號數ヲ附シタル場合ニ於テハ其ノ號數ヲモ記載スヘキコト

五　民籍ノ記載ハ本節第十一項、第十二項及十三節ノ場合ヲ除クノ外申告義務者ヨリ申告アリタルトキニ限リ之ヲ爲スヘキコト

六　民籍ノ記載ヲ爲スニハ墨ヲ用ウヘク之カ抹消ハ朱線ヲ以テスヘキコト

七　民籍ノ記載ハ字畫ヲ明瞭ニシ略字、符號又ハ同音異字ヲ用井ス數字ヲ記載スルニハ壹、貳、參、拾ノ文字ヲ用ウヘキコト

八　民籍ノ文字ハ改竄スヘカラス若訂正、挿入又ハ削除ヲ爲シタルトキハ府尹又ハ面長之ニ認印シ削除ニ係ル文字ハ明ニ讀ミ得ヘキ爲字體ヲ存シテ之ヲ抹消シ其ノ字數ヲ欄外ニ記載スヘキコト

九　民籍用紙中ノ一欄ヲ用井盡シタルトキハ掛紙ヲ爲シテ之ヲ補充シ府尹又ハ面長ハ其ノ繼目ニ職印ヲ以テ契印ヲ爲スヘキコト

十　民籍事由欄ノ記載ヲ爲シタルトキハ其ノ都度府尹又ハ面長ハ其ノ文末ニ認印スヘキコト

十一　民籍ノ記載ニ錯誤又ハ遺漏アルコトヲ發見シタルトキハ府尹又ハ面長ハ之ヲ訂正シ其ノ年月日及事由ヲ事由欄ニ記載スヘキコト

十二　民籍ニ記載シタル土地ノ名稱又ハ統戸番號若ハ地番號ニ變更ヲ生シタルトキハ其ノ都度之ヲ改訂スヘキコト

十三　就籍ノ申告アリタル場合ニ於テ漏籍者カ一戸全部ナルトキハ新ニ民籍ヲ編製シテ戸主ノ事由欄ニ、又漏籍者カ家族ナルトキハ戸主ノ民籍ニ登錄シ家族ノ事由欄ニ「何年何月何日就籍申告ニ因リ登錄ス」ト記載スヘキコト

十四　婚姻、養子、離婚、罷養、入家、一家創立其ノ他ノ事由ニ因リ一戸ノ全員又ハ一戸内ノ一人若ハ數人ヲ民籍ヨリ除クヘキトキハ其ノ事由ヲ記載シテ民籍ノ全部又ハ一部ヲ抹消スヘキコト

十五　除籍セラルヘキ者カ他家ノ民籍ニ入リ又ハ一家ヲ創立シ若ハ他ノ府、面ニ移居スル場合ニ於テハ其ノ入籍又ハ創立若ハ移居ニ因ル民籍ノ登錄ヲ終リタル後ニ於テ前項ノ抹消ヲ爲スヘキコト

十六　同一府面内ニ移居シタル場合ニ於テハ其ノ民籍ノ本籍欄ヲ訂正シ事由欄ニ其ノ事由ヲ記載シタル上之ヲ當該順位ニ編綴シ置クヘキコト

十七　府面ノ區域ノ變更アリタルトキハ民籍及之ニ關スル書類ハ之ヲ當該府面ニ引繼クヘキコト

十八　民籍簿及除籍簿ハ法令ノ規定ニ依ル場合又ハ事變ヲ避クル爲ニスル場合ヲ除クノ外府廳又ハ面事務所外ニ之ヲ持出スヘカサラルコト

二　申告ニ關スル事項

一　申告書ニハ申告義務者ヲシテ署名捺印セシムヘク若署名スルコト能ハサルトキハ府尹又ハ面長ハ其ノ事由ヲ附記シテ代署シタル上捺印セシメ印ヲ有セサルトキハ拇印セシムヘキコト

二　口頭ヲ以テ申告ヲ爲シタル場合ニ於テハ府尹又ハ面長ハ口頭申告書ニ其ノ事項ヲ錄取シ之ヲ讀ミ聞カ

セタル後前項ノ取扱ヲ爲スヘキコト

三　戶主以外ノ者ノ爲ス申告書ニハ戶主カ申告ヲ行フコト能ハサル事由及申告者ト戶主トノ關係ヲ記載セシムヘキコト

四　連署ヲ要スル申告アリタル場合ニ於テハ連署者ニ付亦第一項、第二項ノ取扱ヲ爲スヘキコト

五　民籍法第三條但書ニ依ル連署不能ノ附記アル場合ト雖連署ヲ爲スヘキ者ニ於テ申告ニ異議ナク不在其ノ他ノ障碍ニ因リ連署ヲ爲ス能ハサルモノト認ムヘキ事情アルニ非サレハ其ノ申告ハ之ヲ受理スヘカラサルコト

六　申告ニハ左ノ事項ヲ具備セシムヘキコト

一　申告事件

出生、死亡、婚姻、移居其ノ他事件ノ種類

二　事實發生ノ年月日（出生又ハ死亡ニ付テハ其ノ時刻）

三　出生又ハ死亡ニ就テハ事實發生ノ場所

四　事件ノ本人ノ本籍、居住地。姓名、生年月日、身位、出生別、本貫及父母ノ姓名

五　事件ノ相對者アルトキハ其ノ者ノ本籍、居住地、姓名、生年月日、身位、出生別、本貫及父母ノ姓名

六　申告者ノ本籍、居住地、姓名、及生年月日

七　申告者カ事件ノ本人ニ非サルトキハ其ノ本人トノ關係

八　申告ノ年月日

九　前各號ノ外法令ニ定メタル事項

七　府尹又ハ面長申告書ヲ受理シタルトキハ卽時之ニ受附ノ年月日ヲ記載シ遲滯ナク民籍ノ記載ヲ爲スヘ

キコト

八　申告義務者ノ居住地ノ府尹又ハ面長ニ於テ申告書ヲ受理シタルトキハ遅滯ナク之ヲ本籍地ノ府尹又ハ面長ニ送附スヘキコト

九　申告事件ノ本人ノ本籍カ他ノ府又ハ面ニ轉屬スル場合ニ於テ轉籍地ノ府尹又ハ面長申告書ヲ受理シハルトキハ遅滯ナク民籍ノ記載ヲ爲シタル後申告書ノ一通ニ「入籍濟」ノ記載ヲ爲シ之ヲ本籍地ノ府尹又ハ面長ニ送附スヘキコト

十　前項ノ場合ニ於テ本籍地ノ府尹又ハ面長申告書ヲ受理シタルトキハ遅滯ナク轉籍地ノ府尹又ハ面長ニ申告書ノ一通ヲ送附シ入籍濟ノ通知ヲ受ケタル後其ノ除籍ヲ爲スヘキコト

三　民籍ノ記載順位ニ關スル事項

一　直系尊屬ハ親等ノ遠キ者ヲ先ニスヘキコト

二　直系卑屬及其ノ配偶者ハ親等ノ近キ者ヲ先ニシ親等同シキ者ハ嫡ヲ先ニシ嫡庶同シキ者ニ在リテハ長ヲ先ニシ妻ハ其ノ夫ノ次位ニ記載スヘキコト

三　傍系親族及其ノ配偶者ハ親等近キ者ヲ先ニシ其ノ他前項ニ準スヘキコト

四　民籍編製後其ノ家ニ入リタル者ニ付テハ入籍日附ノ順序ニ依リ民籍ノ末尾ニ登録スヘキコト

四　出生ニ關スル事項

一　嫡出子ハ其ノ出生順ニ依リ長男(女)二男(女)ト記載スヘク庶子アルモ嫡出子ノ順位ニ影響セサルコト

二　妾ノ生ミタル子ハ庶子トシ夫ヲ有セサル婦女ノ生ミタル子ハ私生子トシテ取扱フヘキコト

三　男子十七歳未滿女子十五歳未滿ノ者ノ間ニ生レタル子ハ其ノ男女カ婚姻ノ式ヲ擧ケタル場合ト雖庶子トシテ取扱フヘキコト

四　前項ノ場合ニ於テ庶子ノ父母カ後日婚姻ノ申告ヲ爲シタルトキハ庶子ノ身位ヲ嫡出子ニ改メ出生別ノ

其他關係事項ヲ訂正スヘキコト

五　私生子ハ母ノ民籍ニ登錄シ父ノ欄ヲ空欄トスヘキコト

六　私生子ニ對スル認知ノ申告アリタルトキハ父ノ屬スル家ノ民籍ニ庶子トシテ登錄シ母ノ欄ニハ母ノ姓名ヲ記入シ其ノ事由ヲ事由欄ニ記載スヘキコト

七　前項ノ登錄ヲ為シタルトキ又ハ入籍濟ノ通知ヲ受ケタルトキハ當該私生子ノ事由欄ニ其ノ事由ヲ記載シ母ノ家ノ民籍ヨリ之ヲ除クヘキコト

八　庶子又ハ私生子ノ身位欄ニハ庶子男(女)又ハ私生子男(女)ト記載シ長男長女ト記載スヘカラサルコト

五　失踪ニ關スル事項

一　失踪ノ宣告ヲ受ケタル者ハ死亡者トシテ取扱フヘキコト

二　失踪ノ宣告ヲ受ケタル者アルトキハ其ノ申告ハ確定判決ノ謄本ヲ添ヘテ之ヲ為サシメ「何年何月何日何法院ニ於テ失踪宣告、何年何月何日死亡ト看做サル」ト事由欄ニ記載スヘキコト

三　失踪宣告ノ取消アリタルトキハ其ノ申告ハ確定判決ノ謄本ヲ添ヘテ之ヲ為サシメ「何年何月何日何法院ニ於テ失踪宣告取消」ト事由欄ニ記載スヘキコト

四　戶主カ失踪ノ宣告ヲ受ケタル後其ノ取消アリタルトキハ戶主變更ノ場合ニ準シテ取扱フヘキコト

五　失踪宣告ノ取消ヲ受ケタル者家族ナルトキハ更ニ民籍ニ登錄スヘキコト

六　戶主變更ニ關スル事項

一　相續其ノ他戶主ノ變更ヲ生スヘキ事項ニ付申告アリタルトキハ新戶主ヲ本トシテ民籍ヲ編製シ舊戶主ノ民籍ハ變更ノ事由ヲ記載シタル後之ヲ抹消スヘキコト

二　戶主變更ニ因リ新ニ民籍ヲ編製スル場合ニ於テハ舊戶主ノ民籍中抹消ニ係ラサル家族ノミヲ登錄スヘキルト

三　戸主死亡シ男子（養子ヲ含ム）ナキトキハ亡戸主ノ祖母、母、妻ニ於テ順次戸主ト爲ルモ亡戸主ニ養子ヲ爲シタルトキハ養子ニ於テ戸主ト爲リ女戸主其ノ地位ヲ退クヘキモノナルヲ以テ新戸主ノ民籍中戸主ト爲リタル原因欄ニハ「前戸主何某ノ孫（男又ハ夫）亡何某ノ養子トシテ何年何月何日戸主ト爲ル」ト記載スヘキコト

四　戸主男子ナクシテ死亡シタル後遺腹ノ男子生レタルトキハ其ノ男子ハ出生ト同時ニ戸主ト爲ルヘキモノナルヲ以テ新戸主ノ民籍中戸主ト爲リタル原因欄ニハ「何年何月何日出生ニ因リ戸主ト爲ル」ト記載スヘキコト

七　相續人ノ廢除ニ關スル事項

一　實子タル相續人廢除ノ申告ハ之ヲ受理スヘカラサルコト

八　婚姻ニ關スル事項

一　男十七歳未滿女十五歳未滿ノ者ノ婚姻申告ハ之ヲ受理スヘカラサルコト

二　夫又ハ妻ヲ有スル者ノ重ネテ爲ス婚姻ノ申告ハ之ヲ受理スヘカラサルコト

三　夫ノ死後ニ於ケル再嫁ハ婚家ヲ去リタル後ニ爲シタルモノニ非サレハ其ノ申告ヲ受理スヘカラサルコト

四　朝鮮人ノ女子カ婚姻ニ因リ内地人ノ家ニ入リタルトキハ其ノ旨ヲ民籍ノ事由欄ニ記載シ民籍ハ之ヲ除クヘキコト

五　朝鮮人カ内地人ヲ妻ト爲シタルトキハ婚姻ニ因ル入籍ノ取扱ヲ爲スヘキコト

九　離婚ニ關スル事項

一　妻カ離婚ニ因リ其ノ實家ニ複籍スヘキ場合ニ於テ實家既ニ絶ヘタル爲親族ノ家ニ入ラムトスルトキハ離婚ノ申告ト同時ニ入家ノ申告ヲ爲サシムヘク若親族ノ家ニ入ルコト能ハサルトキハ一家創立ノ申告

ヲ爲サシムルコト

二　裁判上ノ離婚ノ申告ニハ確定判決ノ謄本ヲ添附セシムヘキコト

一〇　養子ニ關スル事項

一　養子ヲ爲シ得ヘキ者ハ戸主タルト家族タルトヲ問ハス既婚ノ男子ニシテ實子孫（男）ナキ者ニ限リ又養子ト爲リ得ヘキ者ハ養親ノ男系血族ノ男子中子ノ列ニ當リ且養親ヨリ年少ナル者ニ限ルヲ以テ之ニ反スル養子ノ申告ハ之ヲ受理スヘカラサルコト

二　朝鮮人ノ男子カ養子又ハ婿養子縁組ニ因リ内地人ノ家ニ入リタルトキハ其ノ旨ヲ民籍ノ事由欄ニ記載シ民籍ハ之ヲ除クヘカラサルコト

三　妻子ヲ有スル者カ養子ト爲リタルトキハ其ノ妻子ハ當然養家ニ入ルヘキモノナルヲ以テ別ニ入家ノ申告ヲ要セサルコト

四　收養子ノ申告ハ之ヲ受理スヘカラサルコト但シ既ニ受理シタルモノハ從前通リ取扱ヲ爲スヘキコト

一一　罷養ニ關スル事項

一　戸主ト爲リタル養子ノ罷養ノ申告ハ之ヲ受理スヘカラサルコト

二　罷養ニ因ル復籍ニ付テハ離婚ニ關スル事項中第一項ノ例ニ依リ之ヲ取扱フヘキコト

三　裁判上ノ罷養ノ申告ニハ確定判決ノ謄本ヲ添附セシムヘキコト

四　收養子カ養家ヲ去ル場合ニ於テハ罷養ニ準シ其ノ手續ヲ爲サシメタル後收養子タリシ者ヨリ一家創立ノ申告ヲ爲サシムヘキコト

一二　分家ニ關スル事項

一　長男又ハ女子ノ分家ノ申告ハ之ヲ受理スヘカラサルコト

一三　一家創立ニ關スル事項

一　棄兒ノ發見アリタルトキハ府尹又ハ面長ハ姓名ヲ命シ本籍ヲ定メ年月日ヲ推定シ發見ノ場所、年月日時、附屬品其ノ他ノ狀況ト共ニ之ヲ調書ニ記載シ其ノ調査ニ依リ民籍ヲ編製シテ一家創立ノ取扱ヲ爲スヘキコト

二　右調書ハ之ヲ申告書ト同様ニ取扱フヘキコト

一四　入家ニ關スル事項

一　戶主カ他家ニ在ル自己又ハ家族ノ親族ヲ婚姻又ハ養子緣組ニ因ラスシテ其ノ家ニ入ラシメムトスルトキハ入家ノ申告ヲ爲サシムヘキコト

二　入家シタル者カ戶主ノ親族ニ非サルトキハ身位欄ニ其ノ家族トノ關係ヲ記載スヘキコト

三　戶主カ家ヲ廢シテ他家ニ入ル場合ニ於テハ家族ニ付別ニ入家ノ申告ヲ要セサルコト

四　入家シタル者ヲ離籍セムトスルトキハ戶主ヨリ其ノ申告ヲ爲サシムヘキコト

一五　廢家ニ關スル事項

一　相續ニ因リ繼承シタル家ノ廢家ノ申告ハ本家相續ノ爲ニスル場合ヲ除クノ外之ヲ受理スヘカラサルコト

二　分家又ハ一家創立ニ因リ新ニ戶主ト爲リタル者ノ廢家ノ申告ハ之ヲ受理スヘキコト

三　相續ニ因リ家ヲ繼承シタル子カ父ノ死後再嫁シタル母ト共ニ新夫ノ家ニ同居スルモ其ノ家ハ廢スヘキモノニ非サルヲ以テ廢家及入家ノ申告ハ之ヲ受理スヘカラサルコト

一六　廢絕家再興ニ關スル事項

一　祭ルヘキ祖先ナキ廢絕家再興ノ申告ハ之ヲ受理スヘカラサルコト

一七　附籍ニ關スル事項

一　附籍ノ申告ハ成ルヘク之ヲ受理スヘカラサルコト

二　附籍解消ノ申告ハ附籍主ヨリ之ヲ爲サシムヘキコト

一八　名ニ關スル事項

一　民籍ニ名ノ記載ナキ者又ハ名ト認ムヘカラサル稱呼（召史、姓女、氏、小岳伊、小斤者、小者ノ類）ノ記載アル者ニ付テハ其ノ名ノ登錄ヲ申告セシムヘキコト

二　改名ノ申告ニハ道長官ノ許可書ヲ添附セシムヘキコト

三　民籍ニ名ト認ムヘカラサル稱呼ノ記載アル者カ新ニ其ノ名ノ登錄ヲ求ムルトキハ改稱ノ手續ヲ要セサルコト

四　諺文ニテ記載シタル名ヲ同音ノ漢字ニ改メムトスル場合ハ改稱ノ手續ヲ要セサルコト

五　民籍ニ登錄セラレタル名ト異ル名ヲ使用シタル者カ其ノ同一人タルコトノ證明ヲ願出ツル場合ニ於テハ適當ノ方法ニ依リ事實ヲ調査シタル上之ヲ付與スヘキコト

一九　妾ニ關スル事項

一　妾ノ入籍ノ申告ハ之ヲ受理スヘカラサルコト但シ既ニ受理シタルモノハ從前通リ其ノ取扱ヲ爲スヘキコト

●在外公館ニ於テ受理シタル外國在留者ノ身分ニ關スル屆書取扱方ノ件

大正二年六月六日總訓令第三二號

警務總長
警務部長
警察署長
警察分署長

警察事務ヲ取扱フ
憲兵分隊長
同
憲兵分遣所長

在外帝國公館ニ於テ受理シタル外國在留朝鮮人ノ身分ニ關スル屆書又ハ證書ノ謄本ノ送付ヲ受ケタルトキハ民籍法ニ依ル申告ニ準シ之ヲ取扱フヘシ

●民籍法第三條ノ二ノ申告取扱方ニ關スル件

大正四年六月十八日 官通牒第一九三號
司法部長官發各道長官宛

民籍法第三條ノ二ノ場合ニ於テ府尹又ハ面長カ民籍ノ謄本又ハ抄本ノ添附ナキ申告書ヲ受理シ一方本籍地ノ府尹又ハ面長ニ對シ職務上右謄、抄本ノ送付ヲ要求スル向モ往々有之趣ナルモ斯ノ如キ場合ニ於テハ職務上謄、抄本ノ送付ヲ要求スヘキ筋合ニ非サルヲ以テ今後ハ右謄、抄本ノ添附ナキ申告ハ之ヲ受理セス申告者ニ對シ懇切ニ法令ノ趣旨ヲ説示シテ必ス謄、抄本ヲ添附セシメタル後之ヲ受理スル樣取扱ハシメラルヘク爲念及通牒候也

●朝鮮人ノ姓名改稱ニ關スル件

明治四十四年十一月二十六日 總府令第一二四號 改正 大正四年三月二十一日 總府令第一九號

第一條　朝鮮人ニシテ姓名ヲ改稱セントスルトキハ左ノ事項ヲ具シ民籍謄本ヲ添ヘ所轄面長又ハ府尹ヲ經由シ道長官ニ願出テ許可ヲ受クヘシ

一　本籍、住所、姓名、職業、年齢
二　改稱セムトスル姓名
三　改稱ノ理由

第二條　前條ノ願書ニハ妻又ハ妾ニ在リテハ其ノ夫ノ承諾書、滿二十歲以下ノ者ニ在リテハ戸主ノ承諾書ヲ添附スヘシ

前項ノ場合ニ於テ其承諾ヲ與フヘキ者ナキトキハ願書ニ其ノ事實ヲ記載スヘシ
第三條　第一條ニ依リ姓名改稱ノ願出ヲ爲ス者ハ手數料トシテ五十錢ヲ納附スヘシ
前項ノ手數料ハ收入印紙ヲ願書ニ貼附シテ之ヲ納ムヘシ

附　則

本令ハ大正四年四月一日ヨリ之ヲ施行ス

●朝鮮人ノ姓名改稱ニ關スル件

大正四年四月五日官通牒第一〇五號

朝鮮人ノ姓名改稱ハ舊慣其ノ他特別ノ事情ニ因リ改稱ヲ必要ト認メラルル場合ノ外ハ濫リニ之ヲ許可セサルコトニ御取扱可相成及通牒候也

●民籍簿除籍簿ノ閲覽並其ノ謄本抄本ノ交付ニ關スル件

明治四十四年十二月六日總府令第一四八號　大正四年五月二十四日總府令第五五號改正
大正四年三月二十日總府令第一八號改正

第一條　民籍簿若クハ除籍簿ヲ閲覽シ又ハ民籍若クハ除籍ノ謄本抄本ノ交付ヲ受ケムトスル者ハ本籍地所轄府尹又ハ面長ニ之ヲ請求スルコトヲ得
第二條　民籍簿若クハ除籍簿ノ閲覽ヲ請求スル者ハ手數料トシテ金五錢、民籍若クハ除籍ノ謄本、抄本ノ交付ヲ請求スル者ハ手數料トシテ一枚ニ付金五錢ヲ納ムヘシ其一枚ニ滿タサルモノ亦同シ但シ枚數ハ原本ニ依リ之ヲ計算ス
前項ノ手數料ハ收入印紙ヲ請求書ニ貼付シテ之ヲ納ムヘシ
數手料ノ外郵便料ヲ納メテ謄本、抄本ノ交付ヲ請求スルコトヲ得

第三條　官吏又ハ公吏其職務ヲ以テ民籍簿若ハ除籍簿ノ閲覽又ハ民籍若ハ除籍ノ謄本抄本ノ交付ヲ請求スル場合ニ於テハ手數料及郵便料ヲ要セス

附　則

本令ハ大正四年五月二十四日ヨリ之ヲ施行ス

●民籍簿除籍簿ノ閲覽其ノ他ニ關スル取扱手續

大正四年六月一日總訓令第三四號

第一條　民籍簿又ハ除籍簿ノ閲覽ハ係員ノ面前ニ於テ之ヲ爲サシムヘシ

第二條　民籍又ハ除籍ノ謄本、抄本ハ原本ト同一樣式ノ用紙ヲ以テ之ヲ作リ其ノ記載ニ接續シテ府尹又ハ面長ハ左ノ認證文、年月日、職氏名ヲ記載シ職印ヲ押捺シテ之ヲ交付スヘシ

右謄（抄）本ハ民（除）籍ノ原本ト相違ナキコトヲ認證ス

謄本又ハ抄本數葉ニ涉ルトキハ職印ヲ以テ每葉ノ綴目ニ契印スヘシ

前項ノ規定ハ謄本又ハ抄本ニ掛紙ヲ爲シタル場合ニ之ヲ準用ス

第三條　民籍簿若ハ除籍簿ノ閲覽又ハ民籍若ハ除籍ノ謄本、抄本交付ノ請求書ハ府郡島ニ於テ取纏メ之ヲ保存スヘシ

前項ノ保存期間ハ當該年度ノ翌年ヨリ起算シ二年トス

●民籍事務ニ關スル收入印紙消印ノ件

大正四年四月十六日　官通牒第一二〇號
政務總監發各道長官宛

面長ニ於テ民籍事務ニ關シ收入印紙ヲ貼付シタル書類ヲ受付ケ其ノ受理スヘキモノナルコトヲ認メタルトキハ右書類ノ紙面ト貼付印紙ノ彩紋トニ掛ケ消印ヲ爲スヘク其ノ消印ハ當分ノ內面長ノ職印ヲ以テ之ヲ爲スコトニ相定メ候條此段及通牒候也

●民籍事務ニ關スル收入印紙ノ檢閲竝書類保存方ノ件

大正四年五月十二日 官通牒第一五三號
政務總監發各道長官宛

面長ハ民籍事務ニ關シ收入印紙貼用ノ書類ヲ受理シタルトキハ其ノ印紙ニ消印ヲ爲シタル上毎月其ノ書類ヲ取纒メ翌月十五日迄ニ所轄郡守又ハ島司ニ差出シ郡守又ハ島司ハ右貼用印紙ノ當否及消印ノ有無ヲ檢閲シ餘白ニ檢印ヲ押捺シタル上之ヲ郡又ハ島ニ保管スル樣爲サシメラルヘク此段及通牒候也

●收入印紙ノ消印使用方ノ件

大正四年六月七日 官通牒第一八二號
政務總監發各道長官宛

民籍事務ニ關スル收入印紙ノ消印ニ付テハ大正四年四月官通牒第百二十號ヲ以テ及通牒置候處明治四十四年五月本府訓令第四十二號ニ基ク消印又ハ本府ノ承認ヲ得タル消印ヲ有スル面ニ於テ其ノ消印ヲ以テ前記通牒ノ方法ニ依リ消印スルコトハ勿論差支ナキ儀ニ候條右御了知可相成此段及通牒候也

●收入印紙ヲ貼付シタル書類處理ノ件

明治四十四年五月十三日總訓令第四二號

收入印紙ヲ貼付シタル書類ヲ收受シタルトキハ其收受スヘキモノナルコトヲ認メタル後當該主任者ニ於テ書類ノ紙面ト貼付印紙ノ彩紋トニ掛ケ左記雛形ノ消印ヲ押捺スヘシ

收入印紙ヲ貼付シタル書類ハ少クトモ毎月一回當該監督官ニ於テ貼付印紙ノ當否及消印ノ有無ヲ檢閲シ餘白ニ檢印ヲ押捺スヘシ

（雛形略ス）

●民籍簿閲覽竝謄本抄本交付手數料報告方ノ件

大正四年五月六日 官通牒第一四八號
政務總監發各道長官宛

慶尙北道長官伺出ニ係ル首題ノ件左記ノ通了知相成度及通牒候也

記

問　明治四十四年十二月朝鮮總督府令第百四十八號ニ依ル民籍簿閲覽並謄本抄本交付手數料ハ今回民籍事務カ府面ニ移屬シタルニ付テハ收入印紙收入額報告ヲ要セサルヤ之ヲ要スルトセハ如何ナル形式ニ依リ取扱フヘキヤ

答　本府報告例別冊第一二九號ニ示セル備考第四號ニ依リ該表末尾ニ「民籍謄本抄本下付及閲覽手數料」トシテ掲記スヘシ

●宿泊及居住規則

明治四十四年總府令第七五號　改正　大正二年總府令第七一號　大正四年總府令第二〇號

第一條　旅店主其ノ他營業ニ依リ他人ヲ宿泊セシメタル者ハ其ノ宿泊人ノ著發毎ニ左記各號ノ事項ヲ宿泊人名簿ニ記載シ到著ノ際ニハ第一號乃至第三號ノ事項ヲ出發ノ際ニハ宿泊人ノ氏名（軍隊又ハ多數一團ノ學生生徒ハ其ノ人員及指揮者又ハ引率者ノ氏名）及第四號ノ事項ヲ具シ當日午前九時迄ノ分ハ午前十時迄ニ其ノ以後ノ分ハ翌日午前一時迄ニ所轄警察署（警察分署及警察署ノ事務ヲ取扱フ憲兵分隊、憲兵分遣所ヲ含ム以下同シ）又ハ巡査駐在所（巡査派出所、憲兵派遣所、憲兵出張所ヲ含ム以下同シ）ニ届出ツヘシ但シ警察署又ハ巡査駐在所ノ所在地外ニ在リテハ特ニ警察署長ノ指示シタル場合ヲ除クノ外宿泊人名簿ニ所定ノ事項ヲ記載シ之ヲ臨檢ノ警察官又ハ憲兵ニ提示シ届出ヲ省畧スルコトヲ得

一　宿泊人ノ氏名、本籍（外國人ニ在リテハ國籍）住所、職業、年齢但シ軍隊又ハ多數一團ノ學生、生徒ハ其ノ隊名、學校名及人員並指揮者又ハ引率者ノ官職及氏名ヲ華族、貴族ハ其ノ族稱及氏名、官公吏又ハ法令ヲ以テ組織シタル議會ノ議員ハ其ノ官公職及氏名ノミヲ記載スルコトヲ得

二　前宿泊地

三　到著年月日時
四　出發年月日時及行先地
營業ニ依ラスシテ他人ヲ宿泊セシメ十日ニ至リタル者ハ宿泊人ニ付前項第一號乃至第三號ノ事項ヲ其ノ翌日中ニ出發ノ際ニハ宿泊人ノ氏名（軍隊又ハ多數一團ノ學生、生徒ハ其ノ人員及指揮者又ハ引率者ノ氏名）及前項第四號ノ事項ヲ三日内ニ所轄警察署又ハ巡査駐在所ニ届出ツヘシ
第二條　宿泊者ハ其ノ家ノ主人若ハ管理人ノ請求アルトキハ前條ニ依リ届出ヲ要スル事項ヲ告ケ又ハ主人若ハ管理人ノ交付スル用紙ニ之ヲ記載スヘシ
第三條　一戸ヲ構ヘテ居住シ又ハ一戸ヲ構ヘサルモ二箇月以上同一府郡内ニ居住スル者ハ自己及其ノ携帶スル家族ニ關シ左ノ事項ヲ記載シ居住ノ日ヨリ十日内ニ所轄府尹又ハ面長ニ届出ツヘシ
一　氏名
二　本籍（外國人ニ在リテハ國籍及外國ニ於ケル住所）
三　職業
四　生年月日
五　居住所
六　居住ノ日
七　前居住所
八　戸主非戸主ノ別（非戸主ニ在リテハ戸主ノ氏名及戸主トノ續柄）
前項第一條乃至第三號及第八號ノ事頃ニ變更ヲ生シタルトキ又ハ出生、死亡、失踪若ハ國籍ノ變更アリタルトキハ十日內ニ出届ツヘシ但シ居住者死亡又ハ失踪ノ場合ニ於テハ相續人、戸主、家族又ハ同居者ヨリ届出ノ手續ヲ爲スヘシ

第四條　居住者一戶ヲ構ヘサル場合ニ於テハ之ヲ寄寓セシメタル者又ハ他人ノ家屋ヲ借受ケ一戶ヲ構ヘタル場合ニ於テハ家屋所有者若ハ家屋管理人前條ノ屆書ニ連署スヘシ但シ連署ヲ得ルコト能ハサル事情アルトキハ屆出人其旨ヲ屆書ニ附記スヘシ

第五條　居住所ヲ移轉スルトキハ移轉前又ハ移轉後十日內ニ移轉ノ年月日及移轉先ヲ所轄府尹又ハ面長ニ屆出ツヘシ

第六條　第三條及前條ノ屆出ハ單身者ニ在リテハ本人、家族携帶者ニ在リテハ戶主又ハ之ニ準スヘキ者ヨリ之ヲ爲スヘシ

前項ノ者其ノ屆出ヲ爲スコト能ハサルトキハ家屋又ハ土地ノ管理ヲ爲ス者其ノ事實ヲ知リタル日ヨリ十日內ニ屆出ヲ爲スヘシ

第七條　（削除）

第八條　府又ハ面ニハ登錄簿ヲ備ヘ第三條及第五條ノ屆書ヲ受ケタルトキ其ノ屆出事項ヲ登錄スヘシ

第九條　何人ト雖前條ノ登錄簿ノ閱覽又ハ登錄ノ謄本若ハ抄本ノ交付ヲ請求スルコトヲ得

登錄簿ノ閱覽ヲ請求スル者ハ手數料トシテ五錢謄本又ハ抄本ノ交付ヲ請求スル者ハ一枚ニ付五錢ヲ納ムヘシ其ノ一枚ニ滿タサルモノ亦同シ

前項ノ手數料ハ收入印紙ヲ以テ之ヲ納ムヘシ

第十條　第一條ニ依リ屆出ヲ要スル事項ニ關シ警察官又ハ憲兵ノ尋問ヲ受ケタル者ハ之ニ答フヘシ

旅劵其ノ他國籍ヲ證明スヘキ證書ヲ携帶スル外國人ハ警察官又ハ憲兵ノ請求アルトキハ之ヲ提示スヘシ

第十一條　前條ニ違反シテ警察官又ハ憲兵ノ尋問ニ答ヘス若ハ答フルモ其ノ實ヲ以テセサル者ハ五十圓以下ノ罰金又ハ拘留若ハ科料ニ處ス

第十二條　第一條、第三條又ハ第五條ノ屆出ヲ爲サス若ハ屆出ヲ爲スモ其ノ實ヲ以テセス又ハ第二條若ハ第

四條ニ違反シタル者ハ拘留又ハ科料ニ處ス

附　則

本令ハ大正四年四月一日ヨリ之ヲ施行ス

●宿泊及居住規則取扱手續

明治四十四年警務總監部訓令甲第三四號　改正　大正二年警訓令第三〇號

第一條　規則第一條ニ依ル宿泊人名簿ハ第一號樣式宿泊屆ハ第一號樣式ノ二ニ出發屆ハ第二號樣式ニ依リ調製セシムヘシ但シ營業ニ依ラスシテ他人ヲ宿泊セシメタル者ニ對シテハ此ノ限ニ在ラス

第二條　規則第八條ノ登錄簿ハ第三號樣式ニ依リ內地人朝鮮人及外國人別ニ調製シ一戶一號トシ寄寓者ハ其ノ號內ニ記載スヘシ記載事項ニシテ各人同一ナルモノハ之ヲ省略スルコトヲ得

登錄簿ハ內地人及朝鮮人ニ在リテハ「イロハ」順ニ外國人ニ在リテハ國籍別ニ編綴シ索引ヲ附スヘシ

第三條　登錄簿記載方ハ左ノ順位ニ依ルヘシ但シ編綴後記載スル者ハ戶主(之ニ準スヘキ者ヲ含ム以下同シ)ヲ除ク外此ノ順位ニ依ラサルコトヲ得

一　戶主

二　戶主ノ直系尊屬

三　戶主ノ配偶者

四　戶主ノ直系卑屬及其ノ配偶者

五　戶主ノ傍系親及其ノ配偶者

六　其ノ他ノ寄寓者

第四條　登錄簿ハ便宜之ヲ數冊ニ分割スルコトヲ得

第五條　登錄セシ者死亡、失踪若ハ移轉シタルトキハ其ノ事由及年月日ヲ登錄簿ノ事由欄ニ記載シ朱線ヲ以

テ其ノ姓名ヲ抹消スヘシ國籍喪失ニ因リ居住所ヲ去リタルトキ亦同シ
全戸ヲ抹消シタル場合ニ於テハ之ヲ登錄簿ヨリ除キ內地人及朝鮮人ニ在リテハ「イロハ」順外國人ニ在リテハ國籍別ニ編綴シ索引ヲ附シ除戸簿ト爲スヘシ

第六條　規則第九條ニ依リ登錄簿ノ閱覽又ハ其ノ謄本若ハ抄本ノ請求ヲ爲ス者アルトキハ請求書ヲ徵シ速ニ左ノ取扱ヲ爲スヘシ

一　閱覽ハ擔任者ノ面前ニ於テ之ヲ爲サシムルコト

二　謄本又ハ抄本ハ登錄簿用紙ヲ用ヒ事項ノ終ニ空行ヲ存セス其ノ末尾ニ第四號樣式ニ依リ認證文ヲ附記シ交付スルコト

第七條　明治四十四年五月朝鮮總督府訓令第四十二號第二項ノ當該監督官ハ前條ノ場合ニ在リテハ警察署長(警察分署長又ハ憲兵分隊長ヲ含ム以下同シ)トス

第八條　外國人ヨリ提出スヘキ届書ニハ其ノ氏名及外國ニ於ケル住所ニ可成原語ヲ附記セシムヘシ

第九條　規則第三條第五條ノ届出ヲ怠リタル者アルコトヲ發見スルモ己ムヲ得サル事由アリト認ムルモノハ可成將來ヲ戒飭スルニ止メ懇篤ノ取扱ヲ爲スヘシ

第十條　警察署長ハ登錄簿ノ閱覽又ハ其ノ謄本若ハ抄本交付ノ件數ヲ第五號樣式ニ依リ前年度分ヲ一月十五日迄ニ京城ニ在リテハ警務總長各道ニ在リテハ警務部長ニ報告スヘシ
警務部長前項ノ報告ヲ受理シタルトキハ之ヲ取纏メ一月二十日迄ニ警務總長ニ報告スヘシ

第十一條　登錄簿及除戸簿ハ永久其ノ他ノ帳簿書類ハ翌年ヨリ起算シ滿二箇年間保存スルモノトス

(第一號樣式)

宿泊人名簿

氏名 年齡	職業	住所	本籍道府縣名又ハ國籍	前宿泊地 行先地	到着月日時 出發月日時

注意

一 本帳簿ニハ其ノ表紙ニ暦年別ヲ記載スヘシ但シ翌年ニ繼續シテ使用スル場合ハ之ヲ明ニスル爲口座ヲ設クヘシ

二 本帳簿ヲ暦年内二冊以上ニ分ツトキハ其ノ號數ヲ表紙ニ記載スヘシ

三 宿泊人轉宿ノ場合ハ前宿泊地欄ニハ前宿泊所、行先地欄ニハ轉宿先ヲ記載スヘシ

(第一號樣式ノ二)

大正四年　月　日宿泊屆　宿主

到著月日時	前宿泊地	本籍道府縣名又ハ國籍	住所	職業	氏名	年齢

注意

宿泊人轉宿ノ場合ハ前宿泊地欄ニ前宿泊所ヲ記載スヘシ

（第二號樣式）

大正四年　月　日出發屆　宿主

出發月日時	行先地	氏名

注意

宿泊人ノ轉宿ノ場合ハ行先地簿ニ轉宿先ヲ記載スヘシ

第　　號

居住所			事由			居住所			事由			居住所		事由
前居住所						前居住所						前居住所		
本籍又ハ外國ニ於ケル住所	職業	戶主	生年月日		本籍又ハ外國ニ於ケル住所	職業	妻	生年月日		本籍又ハ外國ニ於ケル住所	職業	長男	生年月日	

（第四號樣式）

右謄（抄）本ハ登錄簿ノ原本ト相違ナキコトヲ認證ス

大正　　年　　月　　日

署印

警察署長（警察分署長）（何何警察署何駐在所勤務）
（憲兵分隊長）（憲兵分遣所長）
（警視）（警部）（巡査）
（憲兵曹長、伍長）　何　某　印

（第五號樣式）

大正　　年度登錄簿閱覽其ノ他手數料表　　警務部　印

種別	件數	手數料高
登錄簿閱覽		圓
登錄謄本交付		
登錄抄本交付		
合計		

●土地調査令ニ依ル地番號ノ設定ナキ地ノ統戸番號ノ新設變更ニ關スル件

大正四年七月八日總訓令第四一號

道長官
府尹

郡守
島司
面長
警務總長
警務部長
警察署長
警察署ノ事務ヲ取扱フ憲兵分隊長
同 憲兵分遣所長

土地調査令ニ依ル地番號ノ設定ナキ地ニ於テ統戸番號ノ新設、變更ヲ要スルトキハ郡守又ハ島司ノ認可ヲ受ケ面長之ヲ定ムヘシ

大正三年朝鮮總督府訓令第四十八號ハ之ヲ廢止ス

●法令第十三條ノ疑義ニ關スル件

大正四年九月二十日 官通牒第二六七號
政務總監發各道長官宛

京畿道長官照會首題ノ件左記ノ通了知可相成及通牒候也

記

問 朝鮮任住ノ外國人間ニ於テ婚姻ヲ爲シタル場合ニ於テ法例第十三條ノ所謂婚姻ノ方式ハ如何ナル手續ヲ要スルヤ朝鮮ニ於テハ宿泊及居住規則第三條第二項ニ依ル非戸主ノ届出ヲ以テ其ノ方式ト認メ處理シ可然哉

答 居住ノ届出ヲ受ケタル府尹又ハ面長ニ婚姻ノ届出ヲ爲スコトヲ以テ方式トス其ノ届書ハ府尹又ハ面長ニ於テ之ヲ保管スルモノトス宿泊及居住規則第三條ニ依ル届出ヲ以テ婚姻ノ届出ニ代フルコトヲ得ス

●民籍事務取扱ニ關スル件

大正四年十月十一日
司法部長官發各道長官宛　官通牒第二七七號

全羅南道長官照會首題ノ件左記ノ通了知相成度及通牒候也

記

問一　官通牒第二百四十號左記第一項第十一號ハ當事者ノ申告ト民籍簿ト對照シ民籍簿ニ錯誤又ハ遺漏アル場合ニノミ爲スヘキ手續ト認メラルルモ申告其ノモノニ錯誤遺漏アル場合及從前ノ民籍記載カ事實ト一致セサル場合ハ單ニ當事者ヨリ相當申請ヲ爲サシメタル上訂正シ之カ爲監督廳ノ指揮ヲ受ケ又ハ證憑書類等ヲ提出セシムルノ必要ナキヤ

答　申告書ト民籍簿ト對照シ民籍簿ニ錯誤又ハ遺漏アル場合ニ於テハ府尹又ハ面長ハ職權ヲ以テ之ヲ訂正シ其ノ他ノ場合ニ於テハ現在ノ申告義務者（連署者アル申告ヲ訂正セムトスルトキハ本申請ニモ亦連署ヲ要ス）ヨリ訂正申請ヲ爲サシメ府尹又ハ面長ハ其ノ申請ノ正當ナルコトヲ調査確認シタル上民籍簿ノ訂正ヲ爲スヘキコト

問二　同通牒第二項第六號ニ於テ申告事項ヲ定メラレタル處該事項ハ口頭申告ノ場合ニ於テモ亦必要ナリト認メラル然ルニ口頭申告書樣式中申告者ノ生年月日、本人トノ關係、事件ノ本人及相對者ノ本籍地居住地ヲ記載スヘキ欄ナク又例ヘハ離婚ノ場合ニ於テ妻ノ入ルヘキ家又ハ一家創立地、分家ノ場合ニ於テ分家者ニ從ヒ入籍スヘキ者等ヲ記載スヘキ箇所ナシ右ハ如何ニ處理スヘキヤ

答　便宜適當欄ニ（例ヘハ事實ノ本人ノ本籍ハ其ノ姓名欄ニ申告義務者ノ生年月日ハ申告義務者欄ニ記載スルカ如シ）記載スヘク若記載スルコト能ハサルトキハ附箋又ハ掛紙ヲ爲シ之ヲ補フコト

例示離婚ニ因リ一家ヲ創立スル場合ニ於テハ離婚申告ト同時ニ別ニ一家創立ノ申告ヲ爲サシムヘキコト

問三　同通牒第二項第十號ニ依レハ本籍地ノ府尹又ハ面長ハ轉籍地ノ府尹又ハ面長ヨリ入籍濟ノ通知ヲ受ケタル後除籍ヲ爲スヘシトアルモ訓令第四十七號民籍記載例ニハ例ヘハ婚姻ノ部ニ於テ「年月日道郡面里番地戸主某何男某ト婚姻ニ因リ除籍」トアルヲ以テ若此ノ記載ヲ入籍通知ヲ受ケタルトキニ於テ爲ストセハ婚姻ノ申告アルモ入籍通知ナキ間ハ民籍簿ニ婚姻事項ノ記載ナキコトトナリ本項第七號ニモ牴觸スル嫌アルモノノ如シ依テ本件ノ場合ニ於テハ先ツ申告事項ノミ記載シ（例ヘハ「年月日道郡面里番地戸主某何男某ト婚姻」ト記スルノ類）入籍通知ヲ受ケタルトキニ於テ婚姻事項ノ下ニ「年月日入籍通知ヲ受ケタルニ因リ除籍」ト記載スルコトニ取扱ヒ差支ナキヤ

答　申告アルモ入籍濟ノ通知ヲ受ケタル後ニ非サレハ民籍ノ記載ヲ爲スヘカラサルコト

問四　同通牒第九項第二號ノ確定判決ノ謄本ハ夫妻各本籍地カ面ヲ異ニスル場合ハ二通ヲ要スルヤ又之ヲ要ストスルモ一通ハ寫ニテ可ナルヤ

答　本籍地及轉籍地ニ對スル申告書ニ各確定判決ノ謄本ヲ添附セシムヘキコト而シテ右謄本ハ孰モ裁判所ニ於テ作成シタルモノナルコトヲ要ス

問五　同通牒第十項第一號ニ於テ養親及養子ト爲ルヘキ者ノ資格ヲ明ニセラレタル處棄兒ニシテ引受人ニ永ク養育セラレ引受人ニ於テ子ナキノ故ヲ以テ之ヲ養子ト爲サムトスル者ノ如キハ事實上何等不都合ナシト雖慣習ニ反スルモノトシ絶對ニ受理セサルヲ可トスヘキヤ

答　御見込ノ通

●朝鮮人ノ婚姻要件ニ關スル件

大正四年十月二十八日　官通牒第二九七號
政務總監發各道長官宛

京畿道長官照會首題ノ件左記ノ通了知可相成及通牒候也

記

問　朝鮮人ハ前婚ノ解消又ハ取消ノ後一定ノ期間ヲ經過スルニ非サレハ再嫁ヲ爲スコトヲ得サルヤ若爲スコトヲ得ストセハ其制限期間幾何ナルカ

答　前婚ノ解消又ハ取消後再嫁ヲ爲スニハ一定期間ノ經過ヲ必要トセス

●印鑑證明及民籍簿謄本若ハ抄本ノ下付ニ關スル件

大正四年十一月二十七日　官通牒第三二四號
政務總監發各道長官宛

忠清北道長官伺出(十一月八日忠北地第九八七號)首題ノ件左記ノ通リ了知相成度及通牒候也

記

問　面長タル個人ヨリ申出ニ係ル印鑑證明及民籍簿謄本若ハ抄本ハ面長ニ於テ之カ認證ヲ爲スモ差支ナキヤ

答　御意見ノ通

●民籍事務取扱ニ關スル件

大正四年十二月七日　官通牒第三三九號
政務總監發各道長官宛

京畿道長官照會首題ノ件左記ノ通了知可相成此段及通牒候也

記

問一　甲者乙者ニ對シ罷養確認、家督相續屆取消及相續回復請求ノ訴ヲ提起シ判決ノ結果乙者ハ甲者ニ對シ罷養セラレタル事實ヲ確認シ家督相續屆ノ取消手續ヲ爲スヘシト言渡ヲ受ケタリ依テ甲者ハ其ノ確認判決ノ謄本ヲ添附シテ家督相續ニ因ル戶主變更申告及罷養申告書ヲ提出シタル場合ニ於テハ民籍法第三條但書ノ附記ヲ要セス之ヲ受理シ差支ナキヤ

答　養子乙者カ正當ニ罷養セラレタル後戶主ト冒稱シ居リタルモノナルニ因リ此ノ場合ニハ甲者ヨリ罷養

確認ノ確定判決謄本ヲ添附シテ民籍訂正ノ申請ヲ爲サシメ乙者ノ民籍事由欄ニ罷養並訂正ノ事由ヲ記載シ該民籍ヲ抹消シテ之ヲ除籍簿ニ編綴シ更ニ甲者ヲ戸主トシテ新ニ民籍ヲ編製シ戸主變更ノ手續ヲ爲スヘク而シテ新民籍ノ戸主ト爲リタル原因欄ノ戸主及前戸主欄ニハ乙者ノ前ノ戸主ヲ記載スヘキモノトス又罷養セラレタル乙者ハ離婚ノ場合ニ準シ其ノ取扱ヲ爲スヘキモノトス

問二　前項ノ申告ヲ受理シタルトキハ罷養セラレタル者ハ之ヲ除籍シ當然實家ニ入籍セシメ差支ナキヤ又ハ罷養セラレタル者ノ入籍ニ付テハ更ニ實家戸主ノ入籍申告ヲ要スルヤ若後ノ如クナルニ於テハ實家戸主カ入籍ヲ拒ム場合ニ於テハ一家ヲ創立セシムヘキヤ

答　養子カ罷養セラレタルトキハ當然實家ニ復籍スヘキモノニシテ別ニ實家戸主ノ入籍申告ヲ要セス

問三　民籍簿ノ閲覽ヲ請求スルトキハ一戸ノ民籍一回ノ閲覽毎ニ手數料金五錢ヲ納メシムヘキモノナリヤ將一人ニシテ一度ニ十數地番又ハ十數戸ノ民籍ヲ閲覽スルモ其ノ手數料ハ五錢ヲ納メシムルヲ以テ足ル儀ナルヤ

答　前段貴見ノ通

問四　戸主ノ長男戸主死亡以前ニ於テ民籍上分家戸主ト爲リ居ルヲ以テ同籍者タル二男ニ於テ相續人ト爲リ民籍上戸主變更ノ手續ヲ完了セリ然ルニ其ノ後該長男ヨリ二男ノ相續ハ全ク誤謬ナルヲ以テ相當訂正方申出テタリ此ノ場合ニ於ケル法定相續人及本件民籍事務ハ之ヲ如何ニ處理スヘキヤ

答　長男ヨリ訂正ノ申請ヲ爲サシメ長男ノ分家及二男ノ本家ノ各民籍ニ其ノ事由ヲ記載シ孰レモ之ヲ抹消シテ除籍簿ニ編綴シ新ニ長男ヲ戸主トシ二男ヲ家族トシタル民籍ヲ編製シ戸主變更ノ手續ヲ爲スヘキモノトス

問五　朝鮮ニ於テハ隱居ノ慣習ヲ認メサルヲ以テ甲者本籍ヲ有シ其ノ實父本籍ヲ有セサル場合ニ於テ其ノ實父ヲ戸主トシテ入籍セシムルコトヲ得ルヤ若戸主トシテ入籍セシムルコトヲ得サル場合ニ於テハ身

位ニ「父」ト記入シ家族トシテ入籍セシムヘキヤ又別ニ一家ヲ創立セシムヘキヤ

答　父ノ就籍申告ヲ爲サシメタル後父ヲ戸主トシ甲者ヲ家族トシテ新ニ民籍ヲ作リ甲者ノ民籍ハ其ノ事由ヲ記載シ之ヲ抹消シテ除籍簿ニ編綴スヘキモノトス

●戶籍法　大正三年三月三十一日法律第二六號

戶籍法

第一章　戶籍事務ノ管掌
第二章　戶籍簿
第三章　戶籍ノ記載手續
第四章　屆出
第一節　通則
第二節　出生
第三節　認知
第四節　養子緣組
第五節　養子離緣
第六節　婚姻
第七節　離婚
第八節　親權及ヒ後見
第九節　隱居
第十節　死亡及ヒ失踪
第十一節　家督相續
第十二節　推定家督相續人ノ廢除
第十三節　家督相續人ノ指定

戸籍法

第一章　戸籍事務ノ管掌

第一條　戸籍ニ關スル事務ハ市町村長之ヲ管掌ス

第二條　市町村長ハ自己又ハ自己ト家ヲ同シクスル者ニ關スル戸籍事件ニ付キ其職務ヲ行フコトヲ得ス

第三條　戸籍事務ハ市役所又ハ町村役場ノ所在地ヲ管轄スル區裁判所ノ一人ノ判事又ハ監督判事之ヲ監督ス

戸籍事務ノ監督ニ付テハ司法行政ノ監督ニ關スル規定ヲ準用ス

第四條　市町村長カ其職務ノ執行ニ付キ屆出人其他ノ者ニ損害ヲ加ヘタルトキハ其損害カ市町村長ノ故意又ハ重大ナル過失ニ因リテ生シタル場合ニ限リ之ヲ賠償スル責ニ任ス

第五條　市制第六條及ヒ第八十二條第三項ノ市ニ在リテハ本法中市、市長及ヒ市役所ニ關スル規定ハ區、區長及ヒ區役所ニ之ヲ準用ス

第六條　市制町村制ヲ施行セサル地ニ在リテハ本法中市町村、市町村長及ヒ市役所並ニ町村役場ニ關スル規定ハ之ニ相當スル地區、吏員及ヒ公署ニ之ヲ準用ス

前項ノ場合ニ於テ市町村長ノ職務ヲ行フ吏員ノ事務ヲ代理スル吏員ナキ地ニ在リテハ其地ヲ管轄スル地方裁判所ノ長司法大臣ノ認可ヲ得テ豫メ其代理者ヲ定ム

第七條　第二條及ヒ第四條ノ規定ハ戸籍事務ヲ管掌スル吏員ノ代理者ニ之ヲ準用ス

第八條　本法ノ規定ニ依リテ納付スル手數料ハ之ヲ市町村ノ收入トス

手數料ノ額ハ勅令ヲ以テ之ヲ定ム

第二章　戸籍簿

第九條　戸籍ハ市町村ノ區域内ニ本籍ヲ定メタル者ニ付キ戸主ヲ本トシテ一戸毎ニ之ヲ編製ス

第十條　戸籍ハ地番號ノ順序ニ從ヒ之ヲ編綴シテ帳簿ト爲ス

一ノ市町村内ニ各別ニ地番號ヲ附シタル二個以上ノ區畫アル場合ニ於テハ其區畫ノ順序ハ市町村長之ヲ定ム

第十一條　戸籍ハ正副二本ヲ設ク

正本ハ之ヲ市役所又ハ町村役場ニ備ヘ副本ハ監督區裁判所之ヲ保存ス

第十二條　新ニ戸籍ヲ編製シタルトキハ市町村長ハ遲滯ナク其副本ヲ監督區裁判所ニ送付スルコトヲ要ス

第十三條　戸籍簿ハ事變ヲ避クル爲メニスル場合ヲ除ク外市役所又ハ町村役場外ニ之ヲ持出スコトヲ得ス

第十四條　戸籍簿ヲ閲覽シ又ハ戸籍ノ謄本若クハ抄本ノ交付ヲ受ケントスル者ハ手數料ヲ納付シテ之ヲ請求スルコトヲ得

手數料ノ外郵送料ヲ納付シテ謄本又ハ抄本ノ送付ヲ請求スルコトヲ得

市町村長ハ正當ノ理由アル場合ニ限リ前二項ノ請求ヲ拒ムコトヲ得此場合ニ於テハ書面ヲ以テ其旨ヲ請求

者ニ告知スルコトヲ要ス
謄本又ハ抄本ハ市町村長之ヲ作リ原本ト相違ナキ旨ヲ附記シ且之ニ職氏名ヲ署シ職印ヲ押捺スルコトヲ要ス

第十五條　戸籍簿ノ全部若クハ一部カ滅失シタルトキ又ハ滅失ノ虞アルトキ司法大臣ハ其再製又ハ補充ニ付キ必要ナル處分ヲ命ス但滅失ノ場合ニ於テハ其旨ヲ告示スルコトヲ要ス

第十六條　家督相續、廢絶家其他ノ事由ニ因リ戸籍ノ全部ヲ抹消シタルトキハ其戸籍ハ之ヲ戸籍簿ヨリ除キ別ニ編綴シ除籍簿トシテ之ヲ保存ス

除籍簿ノ保存期間ハ司法大臣之ヲ定ム

第十七條　第十三條乃至第十五條ノ規定ハ除籍簿及ヒ除カレタル戸籍ニ之ヲ準用ス

第三章　戸籍ノ記載手續

第十八條　戸籍ニハ左ノ事項ヲ記載スルコトヲ要ス

一　戸主、前戸主及ヒ家族ノ氏名
二　戸主ノ本籍
三　戸主カ華族又ハ士族ナルトキハ其族稱
四　家族カ戸主ト族稱ヲ異ニスルトキハ其族稱
五　戸主及ヒ家族ノ出生ノ年月日
六　戸主又ハ家族ト爲リタル原因及ヒ年月日
七　戸主竝ニ家族ノ實父母ノ氏名及ヒ戸主竝ニ家族ト實父母トノ續柄
八　戸主又ハ家族カ養子ナルトキハ其養親竝ニ實父母ノ氏名及ヒ養子ト養親竝ニ實父母トノ續柄
九　戸主ト前戸主及ヒ家族トノ續柄

十　家族ノ配偶者又ハ家族ヲ經テ戶主ト親族關係ヲ有スル者ニ付テハ其家族トノ續柄
十一　他家ヨリ入リテ家族ト爲リタル者カ他ノ家族トノミ親族關係ヲ有スルトキハ其續柄
十二　他家ヨリ入リテ戶主又ハ家族ト爲リタル者ニ付テハ其原籍、原籍ノ戶主ノ氏名及ヒ其戶主ト戶主又ハ家族ト爲リタル者トノ續柄
十三　後見人又ハ保佐人アル者ニ付テハ後見人又ハ保佐人ノ氏名、本籍及ヒ其就職並ニ任務終了ノ年月日
十四　其他戶主又ハ家族ノ身分ニ關スル事項

第十九條　戶主及ヒ家族ノ氏名ノ記載ハ左ノ順序ニ依ル
第一　戶主
第二　戶主ノ直系尊屬
第三　戶主ノ配偶者
第四　戶主ノ直系卑屬及ヒ其配偶者
第五　戶主ノ傍系親及ヒ其配偶者
第六　戶主ノ親族ニ非サル者
直系尊屬ノ間ニ在リテハ親等ノ遠キ者ヲ先ニシ直系卑屬又ハ傍系親ノ間ニ在リテハ親等ノ近キ者ヲ先ニス
戶籍ヲ編製シタル後家族ト爲リタル者ニ付テハ戶籍ノ末尾ニ記載スルコトヲ要ス

第二十條　戶籍ノ記載ハ屆出、報告、申請若クハ請求、證書若クハ航海日誌ノ謄本又ハ裁判ニ依リ之ヲ爲ス

第二十一條　戶籍ニハ第十八條ニ揭ケタルモノノ外左ノ事項ヲ記載スルコトヲ要ス
一　屆出又ハ申請ノ受附ノ年月日、事件ノ本人ニ非サル者ノ屆出又ハ申請ニ係ル場合ニ於テハ屆出人又ハ申請人ノ資格及ヒ氏名、他ノ市町村長又ハ官廳ヨリ屆書又ハ申請書ノ送附ヲ受ケタル場合ニ於テハ其受附ノ年月日及ヒ發送者ノ職氏名

二　報告又ハ請求ノ受附ノ年月日及ヒ報告者又ハ請求者ノ職氏名
三　證書又ハ航海日誌ノ謄本ノ受附ノ年月日及ヒ證書又ハ航海日誌ノ作製者並ニ謄本發送者ノ職氏名
四　戸籍ノ記載ヲ命シタル裁判ノ年月日及ヒ裁判所
第二十二條　市町村長カ届書、報告書其他ノ書類ヲ受理シタルトキハ其書類ニ受附ノ番號及ヒ年月日ヲ記載スルコトヲ要ス
本籍地ノ市町村長ハ前項ノ手續ヲ爲シタル後遲滯ナク戸籍ノ記載ヲ爲スコトヲ要ス
第二十三條　家督相續、家督相續回復其他戸主ノ變更ヲ生スヘキ事項ニ付キ届出、申請又ハ請求アリタルトキハ其届出、申請又ハ請求及ヒ前戸主又ハ戸主ノ名義ヲ有セシ者ノ戸籍ニ依リテ新戸籍ヲ編製スルコトヲ要ス
前項ノ場合ニ於テハ前戸主ハ戸主ノ名義ヲ有セシ者ノ戸籍ニ事由ヲ記載シテ之ヲ抹消スルコトヲ要ス
家督相續人カ胎兒ナルトキハ其出生ノ記載ヲ爲スマテハ前二項ノ手續ヲ爲スコトヲ要セス此場合ニ於テハ前戸主ノ戸籍中戸主ニ關スル部分ヲ抹消シ家督相續人カ胎兒ナル旨ヲ記載スルコトヲ要ス
第二十四條　復籍拒絶ノ届出アリタルトキハ復籍拒絶者ノ戸籍ニ届出ノ要旨ヲ記載スルコトヲ要ス
前項ノ手續ヲ爲シタル後新戸籍ヲ編製スルトキハ之ニ復籍拒絶ニ關スル事項ヲ移記スルコトヲ要ス
復籍ヲ拒絶セラレタル者カ死亡シ其他復籍スルコトナキニ至リタルトキハ復籍拒絶ニ關スル事項ヲ抹消スルコトヲ要ス
第二十五條　家督相續人指定ノ届出アリタルトキハ其指定ヲ爲シタル者ノ戸籍ニ届出ノ要旨ヲ記載スルコトヲ要ス
第二十六條　離籍又ハ廢家ニ因ル除籍ノ手續ハ離籍セラレタル者ノ一家創立又ハ廢家ヲ爲ス者ノ入籍ノ手續アリタル後之ヲ爲スコトヲ要ス

第二十七條　一戸ノ全員又ハ一戸内ノ一人若クハ數人ヲ戸籍ヨリ除クヘキトキハ事由ヲ記載シテ戸籍ノ全部又ハ一部ヲ抹消スルコトヲ要ス
除籍セラルヘキ者ノ本籍カ他ノ市町村ニ轉屬スル場合ニ於テハ前項ノ手續ハ入籍ノ通知ヲ受ケタル後之ヲ爲スコトヲ要ス但入籍地ノ市町村長カ屆出ヲ受理シタルトキハ此限ニ在ラス
前項ノ規定ハ一家創立ノ屆出ニ因リ除籍ヲ爲スヘキ場合ニ之ヲ準用ス

第二十八條　戸籍ノ記載ヲ爲スニハ略字又ハ符號ヲ用ヰス字畫明瞭ナルコトヲ要ス
年月日ヲ記載スルニハ壹貳參拾ノ文字ヲ用ウルコトヲ要ス
文字ハ之ヲ改竄スルコトヲ得ス若シ訂正、挿入又ハ削除ヲ爲シタルトキハ其字數ヲ欄外ニ記載シ又ハ文字ノ前後ニ括弧ヲ附シ市町村長之ニ認印シ其削除ニ係ル文字ハ尙ホ明カニ讀得ヘキ爲メ字體ヲ存スルコトヲ要ス

第二十九條　戸籍ノ配載ヲ爲ス每ニ市町村長ハ其文末ニ認印スルコトヲ要ス

第三十條　戸籍用紙中ノ一部分ヲ用ヰ盡シタルトキハ掛紙ヲ爲スコトヲ得此場合ニ於テハ市町村長ハ職印ヲ以テ掛紙ト本紙トニ契印ヲ爲スコトヲ要ス

第三十一條　屆出事件ノ本人ノ本籍カ一ノ市町村ヨリ他ノ市町村ニ轉屬スル場合ニ於テハ屆出ヲ受理シタル市町村長ハ戸籍ノ記載ヲ爲シタル後遲滯ナク屆書ノ一通ヲ他ノ市町村長ニ送付スルコトヲ要ス

第三十二條　前條ノ場合ヲ除ク外他ノ市町村長カ戸籍ノ記載ヲ爲スヘキ必要アル場合ニ於テハ屆出ヲ受理シタル市町村長ハ遲滯ナク屆書ノ一通ヲ他ノ市町村長ニ送付スルコトヲ要ス

第三十三條　本籍分明ナラサル者又ハ本籍ナキ者ニ付キ屆出ヲ受理シタル後其者ノ本籍カ分明ト爲リタル旨又ハ其者カ本籍ヲ有スルニ至リタル旨ノ屆出アリタル場合ニ於テハ前二條ノ規定ハ其屆書及ヒ前ニ受理シタル屆書ニ付キ之ヲ適用ス

第三十四條　前三條ノ規定ハ屆書ニ非サル書面ニ因リ戶籍ノ記載ヲ爲スヘキ場合ニ之ヲ準用ス此場合ニ於テハ市町村長ハ其受附ケタル書面ノ謄本ヲ作リ其謄本ヲ送附スルコトヲ要ス

第三十五條　屆出事件ノ本人ノ本籍カ他ノ市町村ニ轉屬スル場合ニ於テハ入籍地ノ市町村長ハ戶籍ノ記載ヲ爲シタル後除籍地ノ市町村長ニ入籍ノ通知ヲ爲スコトヲ要ス但入籍地ノ市町村長カ屆出ヲ受理シタルトキハ此限ニ在ラス

前項ノ規定ハ市町村長カ一家創立ノ屆出ニ因リ除籍ヲ爲スヘキ場合ニ之ヲ準用ス

第三十六條　戶籍ノ記載手續ヲ完了シタルトキハ屆書其他受理シタル書類ハ本籍人及ヒ非本籍人ニ區別シ本籍人ニ關スルモノハ戶籍編綴ノ順序ニ從ヒテ之ヲ編綴シ非本籍人ニ關スルモノハ事件ノ種類ニ依リ各別ニ之ヲ編綴シ且各目錄ヲ附スルコトヲ要ス

戶籍ノ記載ヲ要セサル事項ニ付キ受理シタル書類ハ之ヲ合綴シ且目錄ヲ附スルコトヲ要ス日本ノ國籍ヲ有セサル者ニ關スル事項ニ付キ受理シタル書類亦同シ

第三十七條　前條第一項ノ書類ハ一个月每ニ遲滯ナク之ヲ監督區裁判所ニ送付スルコトヲ要ス

第三十八條　第三十六條ノ書類ノ保存期間ハ司法大臣之ヲ定ム

第三十九條　戶籍ノ記載カ法律上許スヘカラサルモノナルコト又ハ其記載ニ錯誤若クハ遺漏アルコトヲ發見シタル場合ニ於テハ市町村長ハ遲滯ナク屆出人又ハ屆出事件ノ本人ニ其旨ヲ通知スルコトヲ要ス但其錯誤又ハ遺漏カ市町村長ノ過誤ニ出テタルトキハ此限ニ在ラス

前項ノ通知ヲ爲スコト能ハサルトキ又ハ通知ヲ爲シタルモ戶籍訂正ノ申請ヲ爲ス者ナキトキハ市町村長ハ監督區裁判所ノ許可ヲ得テ戶籍ノ訂正ヲ爲スコトヲ得前項但書ノ場合亦同シ

裁判所其他ノ官廳、檢事又ハ吏員カ其職務上戶籍ノ記載ニ錯誤又ハ遺漏アルコトヲ知リタルトキハ遲滯ナク屆出事件ノ本人ノ本籍地ノ市町村長ニ其旨ヲ通知スルコトヲ要ス

第四十條　同一ノ事件ニ付キ數人ノ屆出義務者ヨリ各別ニ屆出アリタル場合ニ於テ後ニ受理シタル屆出ニ因リテ戸籍ノ記載ヲ爲シタルトキハ前ニ受理シタル屆出ニ基キ其戸籍ノ訂正ヲ爲スコトヲ要ス

第四十一條　行政區畫又ハ土地ノ名稱ノ變更アリタルトキハ戸籍ノ記載ハ訂正セラレタルモノト看做ス但其記載ヲ更正スルコトヲ妨ケス

地番號ノ變更アリタルトキハ戸籍ノ記載ヲ更正スルコトヲ要ス

第四十二條　市町村ノ區域ノ變更アリタルトキハ戸籍及ヒ之ニ關スル書類ハ之ヲ當該市町村ニ引繼クコトヲ要ス

第四章　屆　出

第一節　通　則

第四十三條　屆出ハ屆出事件ノ本人ノ本籍地又ハ屆出人ノ所在地ニ於テ之ヲ爲スコトヲ要ス

第四十四條　日本ノ國籍ヲ有セサル者ニ關スル屆出ハ其寄留地又ハ屆出人ノ所在地ニ於テ之ヲ爲スコトヲ要ス

所在地ノ市町村長カ屆書ヲ受理シタルトキハ之ヲ寄留地ノ市町村長ニ送付スルコトヲ要ス

第四十五條　本籍分明ナラサル者又ハ本籍ナキ者ニ付キ屆出アリタル後其者ノ本籍カ分明ト爲リタルトキ又ハ其者カ本籍ヲ有スルニ至リタルトキハ屆出人又ハ屆出事件ノ本人ハ其事實ヲ知リタル日ヨリ十日内ニ屆出事件ヲ表示シテ屆出ヲ受理シタル市町村長ニ其旨ヲ屆出ツルコトヲ要ス

第四十六條　屆出ハ書面又ハ口頭ヲ以テ之ヲ爲スコトヲ得

第四十七條　屆書ニハ左ノ事項ヲ記載シ屆出人之ニ署名、捺印スルコトヲ要ス

一　屆出事件

二　屆出ノ年月日

三　届出人ノ出生ノ年月日及本籍

届出事件ニ因リ届出事件ノ本人ニ隨ヒテ家ヲ去リ、他家ニ入リ其他身分ニ變更ヲ生スル者アル場合ニ於テハ届書ニ其者ノ氏名、出生ノ年月日並ニ本籍及ヒ身分變更ノ事由ヲ記載スルコトヲ要ス

第四十八條　届出人ト届出事件ノ本人ト異ナルトキハ届書ニ其續柄ヲ記載スルコトヲ要ス

届出人カ家族ナルトキハ届書ニ戸主ノ氏名及ヒ届出人ト戸主トノ續柄ヲ記載スルコトヲ要ス

第四十九條　届出ヲ爲スヘキ者カ未成年者又ハ禁治産者ナルトキハ親權ヲ行フ者又ハ後見人ヲ以テ届出義務者トス但出生、死亡其他單純ノ事實ニ關スル届出ハ未成年者又ハ禁治産者モ亦之ヲ爲スコトヲ得

親權ヲ行フ者又ハ後見人カ届出ヲ爲ス場合ニ於テハ届書ニ左ノ事項ヲ記載スルコトヲ要ス

一　届出ヲ爲スヘキ者ノ氏名、出生年月日及ヒ本籍

二　無能力ノ原因

三　届出人カ親權ヲ行フ者又ハ後見人ナルコト

第五十條　無能力者カ其法定代理人ノ同意ヲ得スシテ爲スコトヲ得ヘキ行爲ニ付テハ無能力者之ヲ届出ツルコトヲ要ス

禁治産者カ届出ヲ爲ス場合ニ於テハ届書ニ届出事件ノ性質及ヒ效果ヲ理會スルニ足ルヘキ能力ヲ有スルコトヲ證スヘキ診斷書ヲ添附スルコトヲ要ス

第五十一條　證人ヲ要スル事件ノ届出ニ付テハ證人ハ届書ニ出生ノ年月日及ヒ本籍ヲ記載シテ署名、捺印スルコトヲ要ス

第五十二條　届出人、届出事件ノ本人又ハ證人カ本籍ニ在ラサルトキハ届書ニ其所在ヲ記載スルコトヲ要ス

第五十三條　届書ニ記載スヘキ事項ニシテ存セサルモノ又ハ知レサルモノアルトキハ其旨ヲ記載スルコトヲ要ス但市町村長ハ特ニ重要ト認ムル事項ヲ記載セサル届書ヲ受理スルコトヲ得ス

第五十四條　届書ニハ本法其他ノ法令ニ定メタル事項ノ外戸籍ニ記載スヘキ事項ヲ明瞭ナラシムル爲メ必要ナルモノハ之ヲ記載スルコトヲ要ス

第五十五條　第二十八條第一項及ヒ第三項ノ規定ハ届書ニ之ヲ準用ス

第五十六條　二箇所以上ノ市役所又ハ町村役場ニ於テ戸籍ノ記載ヲ爲スヘキ場合ニ於テハ市役所又ハ町村役場ノ數ト同數ノ届書ヲ提出スルコトヲ要ス

本籍地外ニ於テ届出ヲ爲ストキハ前項ノ規定ニ依ルモノノ外尙ホ一通ノ届書ヲ提出スルコトヲ要ス

前二項ノ場合ニ於テ相當ト認ムルトキハ市町村長ハ届書ノ謄本ヲ作リ之ヲ以テ届書ニ代フルコトヲ得

第五十七條　口頭ヲ以テ届出ヲ爲スニハ届出人ハ市役所又ハ町村役場ニ出頭シ届書ニ記載スヘキ事項ヲ陳述スルコトヲ要ス

市町村長ハ届出人ノ陳述ヲ筆記シ届出ノ年月日ヲ記載シテ届出人ニ讀聞カセ且届出人ヲシテ其書面ニ署名捺印セシムルコトヲ要ス

届出人カ疾病其他ノ事故ニ因リ出頭スルコト能ハサルトキハ代理人ヲ以テ届出ヲ爲スコトヲ得

第五十八條　届出事件ニ付キ戸主、父母、後見人、親族會其他ノ者ノ同意、承諾又ハ承認ヲ要スルトキハ届書ニ其同意、承諾又ハ承認ヲ證スル書面ヲ添附スルコトヲ要ス但同意、承諾又ハ承認ヲ爲シタル者ヲシテ届書ニ其旨ヲ附記シ署名、捺印セシムルヲ以テ足ル

届出事件ニ付キ官廳ノ許可ヲ要スルトキハ届書ニ許可書ノ謄本ヲ添附スルコトヲ要ス

第五十九條　届書ニ關スル規定ハ第五十七條第二項及ヒ前條第一項ノ書面ニ之ヲ準用ス

第六十條　外國ニ在ル日本人ハ本法ノ規定ニ從ヒ其國ニ駐在スル日本ノ大使、公使又ハ領事ニ届出ヲ爲スコトヲ得

第六十一條　外國ニ在ル日本人カ其國ノ方式ニ從ヒ届出事件ニ關スル證書ヲ作ラシメタルトキハ一个月內ニ

其國ニ駐在スル日本ノ大使、公使又ハ領事ニ其證書ノ謄本ヲ提出スルコトヲ要ス
大使、公使又ハ領事カ其國ニ駐在セサルトキハ一个月內ニ本籍地ノ市町村長ニ證書ノ謄本ヲ發送スルコトヲ要ス
第六十二條　大使、公使又ハ領事ハ前二條ノ規定ニ依リ受理シタル書類ヲ一个月內ニ外務大使ニ發送シ外務大臣ハ十日內ニ之ヲ本人ノ本籍地ノ市町村長ニ發送スルコトヲ要ス
第六十三條　届出期間ハ届出事件發生ノ日ヨリ之ヲ起算ス
裁判確定ノ日ヨリ期間ヲ起算スヘキ場合ニ於テ裁判カ送達又ハ交付前確定シタルトキハ其送達又ハ交付ノ日ヨリ之ヲ起算ス
第六十四條　市町村長カ届出ヲ怠リタル者アルコトヲ知リタルトキハ相當ノ期間ヲ定メ届出義務者ニ對シ其期間內ニ届出ヲ爲スヘキ旨ヲ催告スルコトヲ要ス
届出義務者カ前項ノ期間內ニ届出ヲ爲サヽルトキハ市町村長ハ更ニ相當ノ期間ヲ定メテ催告ヲ爲スコトヲ得
第三十九條第二項ノ規定ハ前二項ノ催告ヲ爲スコト能ハサル場合及ヒ催告ヲ爲スモ届出ヲ爲サヽル場合ニ同條第三項ノ規定ハ裁判所其他ノ官廳、檢事又ハ吏員カ届出ヲ怠リタル者アルコトヲ知リタル場合ニ之ヲ準用ス
第六十五條　市町村長カ届出ヲ受理シタル場合ニ於テ届書ニ欠缺アル爲メ戶籍ノ記載ヲ爲スコト能ハサルトキハ届出義務者ヲシテ其追完ヲ爲サシムルコトヲ要ス此場合ニ於テハ前條ノ規定ヲ準用ス
第六十六條　届出期間經過後ノ届出ト雖モ市町村長ハ之ヲ受理スルコトヲ要ス
第六十七條　届出人ハ届出ノ受理又ハ不受理ノ證明書ヲ請求スルコトヲ得但受理ノ證明書ヲ請求スル場合ニ於テハ手數料ヲ納付スルコトヲ要ス

利害關係人ハ手數料ヲ納付シテ第三十六條ノ書類ノ閲覽ヲ請求シ又ハ其書類ニ記載シタル事項ニ付キ證明書ヲ請求スルコトヲ得
第十四條第二項ノ規定ハ前二項ノ場合ニ之ヲ準用ス
利害關係人ハ特別ノ理由アル場合ニ限リ第三十七條ノ書類ノ閲覽ヲ請求スルコトヲ得
第六十八條　屆出人其他ノ者カ署名、捺印スヘキ場合ニ於テ印ヲ有セサルトキハ署名スルヲ以テ足ル署名スルコト能ハサルトキハ氏名ヲ代署セシメ捺印スルヲ以テ足ル署名スルコト能ハス且印ヲ有セサルトキハ氏名ヲ代署セシメ拇印スルヲ以テ足ル
前項ノ場合ニ於テハ書面ニ其事由ヲ記載スルコトヲ要ス

第二節　出　生

第六十九條　出生ノ屆出ハ十四日内ニ之ヲ爲スコトヲ要ス
屆書ニハ左ノ事項ヲ記載スルコトヲ要ス
一　子ノ氏名及ヒ男女ノ別
二　子カ私生子又ハ庶子ナルトキハ其旨
三　出生ノ年月日時及ヒ場所
四　父母ノ氏名、本籍及ヒ職業
五　子ノ入ルヘキ家ノ戸主ノ氏名及ヒ本籍
六　子カ一家ヲ創立スルトキハ其旨及ヒ創立ノ原因並ニ場所
七　日本ノ國籍ヲ有セサル者ノ子ナルトキハ其旨
第七十條　出生ノ屆出ハ出生地ニ於テ之ヲ爲スコトヲ得
第七十一條　汽車又ハ航海日誌ヲ備ヘサル船舶中ニテ出生アリタル場合ニ於テハ到著地ニ於テ屆出ヲ爲スコ

トヲ得

第七十二條　嫡出子出生ノ屆出ハ父之ヲ爲シ父カ屆出ヲ爲スコト能ハサル場合又ハ民法第七百三十四條第一項、第二項但書ノ場合ニ於テハ母之ヲ爲スコトヲ要ス

庶子出生ノ屆出ハ父之ヲ爲シ私生子出生ノ屆出ハ母之ヲ爲スコトヲ要ス

前二項ノ規定ニ依リ屆出ヲ爲スヘキ者カ屆出ヲ爲スコト能ハサル場合ニ於テハ左ニ掲ケタル者ハ其順序ニ從ヒ屆出ヲ爲スコトヲ要ス

第一　戸主

第二　同居者

第三　分娩ニ立會ヒタル醫師又ハ産婆

第四　分娩ヲ介抱シタル者

第七十三條　嫡出子否認ノ訴ヲ提起シタルトキト雖モ出生ノ屆出ヲ爲スコトヲ要ス

第七十四條　民法第八百二十一條ノ規定ニ依リ裁判所カ父ヲ定ムヘキトキハ出生ノ屆出ハ母之ヲ爲スコトヲ要ス此場合ニ於テハ屆書ニ父ノ未定ナル事由ヲ記載スルコトヲ要ス

第七十二條第三項ノ規定ハ前項ノ場合ニ之ヲ準用ス

第七十五條　航海中ニ出生アリタルトキハ艦長又ハ船長ハ二十四時間内ニ第六十九條第二項ニ掲ケタル事項ヲ航海日誌ニ記載シテ署名、捺印スルコトヲ要ス

前項ノ手續ヲ爲シタル後艦船カ日本ノ港ニ著シタルトキハ艦長又ハ船長ハ遲滯ナク出生ニ關スル航海日誌ノ謄本ヲ其地ノ市町村長ニ發送スルコトヲ要ス

艦船カ外國ノ港ニ著シタルトキハ艦長又ハ船長ハ遲滯ナク出生ニ關スル航海日誌ノ謄本ヲ其國ニ駐在スル日本ノ大使、公使又ハ領事ニ發送シ大使、公使又ハ領事ハ一个月内ニ之ヲ外務大臣ニ發送シ外務大臣ハ十

日內ニ之ヲ本籍地ノ市町村長ニ發送スルコトヲ要ス

第七十六條　病院、監獄其他ノ公設所ニ於テ出生アリタル場合ニ於テ父母共ニ届出ヲ爲スコト能ハサルトキハ公設所ノ長又ハ管理人届出ヲ爲スコトヲ要ス

第七十七條　出生ノ届出前ニ子カ死亡シタルトキハ死亡ノ届出ト共ニ出生ノ届出ヲ爲スコトヲ要ス

第七十八條　棄兒ヲ發見シタル者又ハ棄兒發見ノ申告ヲ受ケタル警察官ハ二十四時內ニ其旨ヲ市町村長ニ申出ツルコトヲ要ス

前項ノ申出アリタルトキハ市町村長ハ氏名ヲ命シ本籍ヲ定メ且附屬品、發見ノ場所、年月日時其他ノ狀況及ヒ氏名、男女ノ別、出生ノ推定年月日並ニ本籍ヲ調書ニ記載スルコトヲ要ス其調書ハ之ヲ届書ト看做ス

第七十九條　父又ハ母カ棄兒ヲ引取ルトキハ一个月內ニ第六十九條第二項ノ規定ニ依ル届出ヲ爲シ且戶籍ノ訂正ヲ申請スルコトヲ要ス

第八十條　第七十八條第一項又ハ前條ノ手續ヲ爲ス前ニ棄兒カ死亡シタルトキハ死亡ノ届出ト共ニ其手續ヲ爲スコトヲ要ス

第三節　認知

第八十一條　私生子認知ノ届書ニハ左ノ事項ヲ記載スルコトヲ要ス

一　子ノ氏名、男女ノ別、出生ノ年月日及ヒ本籍

二　死亡シタル子ヲ認知スル場合ニ於テハ死亡ノ年月日

三　父カ認知ヲ爲ス場合ニ於テハ母ノ氏名並ニ本籍及ヒ父ノ職業

四　子カ家族ナルトキハ戶主ノ氏名、本籍及ヒ戶主ト子トノ續柄

第八十二條　胎內ニ在ル子ヲ認知スル場合ニ於テハ届書ニ其旨、母ノ氏名及ヒ本籍ヲ記載シ認知者ノ本籍地ニ於テ之ヲ届出ツルコトヲ要ス

第八十三條　父カ庶子出生ノ屆出ヲ爲シタルトキハ其屆出ハ認知屆出ノ效力ヲ有ス民法第八百二十六條第二項ノ規定ニ依リ嫡出子タルヘキ者ニ付キ父母カ嫡出子出生ノ屆出ヲ爲シタルトキ亦同シ

第八十四條　認知ノ裁判カ確定シタルトキハ訴ヲ提起シタル者ハ裁判確定ノ日ヨリ十日內ニ裁判ノ謄本ヲ添附シ第八十一條ノ規定ニ依ル屆出ヲ爲スコトヲ要ス其屆書ニハ裁判確定ノ日ヲ記載スルコトヲ要ス

第八十五條　遺言ニ依ル認知ノ場合ニ於テハ遺言執行者ハ其就職ノ日ヨリ十日內ニ認知ニ關スル遺言ノ謄本ヲ添附シ第八十一條又ハ第八十二條ノ規定ニ從ヒ其屆出ヲ爲スコトヲ要ス

第八十六條　認知セラレタル胎兒カ死體ニテ生レタルトキハ出生屆出義務者ハ其事實ヲ知リタル日ヨリ十四日內ニ認知ノ屆出地ニ於テ其旨ヲ屆出ツルコトヲ要ス但遺言執行者カ前條ノ屆出ヲ爲シタル場合ニ於テハ遺言執行者其屆出ヲ爲スコトヲ要ス

第八十七條　第五十七條第三項ノ規定ハ第八十一條及ヒ第八十二條ノ屆出ニハ之ヲ適用セス

第四節　養子緣組

第八十八條　緣組ノ屆書ニハ左ノ事項ヲ記載スルコトヲ要ス

一　當事者ノ氏名、出生ノ年月日、本籍及ヒ職業

二　養子ノ實父母ノ氏名及ヒ本籍

三　當事者カ家族ナルトキハ戶主ノ氏名、本籍及ヒ戶主トノ續柄

婚家又ハ養家ヨリ更ニ緣組ニ因リテ他家ニ入ル者ニ付テハ前項ニ揭ケタル事項ノ外實家ノ戶主、前養親ノ氏名及ヒ本籍ヲ記載スルコトヲ要ス

第八十九條　配偶者ノ一方カ雙方ノ名義ヲ以テ緣組ヲ爲ス場合ニ於テハ屆書ニ其事由ヲ記載スルコトヲ要ス

第九十條　民法第八百四十三條ノ規定ニ依リテ緣組ノ承諾ヲ爲シタル場合ニ於テハ屆出ハ其承諾ヲ爲シタル者之ヲ爲スコトヲ得

第九十一條　民法第八百四十八條ノ規定ニ依リ緣組ノ屆出ヲ爲ストキハ緣組ニ關スル遺言ノ謄本ヲ屆書ニ添附スルコトヲ要ス

第九十二條　緣組ノ屆出ハ養親ノ本籍地又ハ所在地ニ於テ之ヲ爲スコトヲ要ス

第九十三條　緣組取消ノ裁判カ確定シタルトキハ訴ヲ提起シタル者ハ裁判確定ノ日ヨリ十日內ニ裁判ノ謄本ヲ添附シ其旨ヲ屆出ツルコトヲ要ス

屆書ニハ左ノ事項ヲ記載スルコトヲ要ス

一　當事者ノ氏名及ヒ本籍

二　養子ノ實父母ノ氏名及ヒ本籍

三　養子ノ入ルヘキ家ノ戶主ノ氏名及ヒ本籍

四　養子カ一家ヲ創立スルトキハ其旨及ヒ創立ノ原因竝ニ場所但實家ヲ再興スルトキハ其旨及ヒ再興ノ場所

五　裁判確定ノ日

第九十四條　第五十七條第三項ノ規定ハ緣組ノ屆出ニハ之ヲ適用セス

第五節　養子離緣

第九十五條　離緣ノ屆書ニハ左ノ事項ヲ記載スルコトヲ要ス

一　當事者ノ氏名、本籍及ヒ職業

二　養子ノ實父母ノ氏名及ヒ本籍

三　當事者カ家族ナルトキハ戶主ノ氏名及ヒ本籍

四　養子ノ復籍スヘキ家ノ戶主ノ氏名及ヒ本籍

五　養子カ一家ヲ創立スルトキハ其旨及ヒ創立ノ原因竝ニ場所但實家ヲ再興スルトキハ其旨及ヒ再興ノ場

所

第九十六條　民法第八百六十二條第二項ノ規定ニ依リテ離緣ノ協議ヲ爲シタル場合ニ於テハ屆出ハ其協議ヲ爲シタル者之ヲ爲スコトヲ得

第九十七條　民法第八百六十二條第三項ノ規定ニ依リテ離緣ヲ爲ス場合ニ於テハ養子其屆出ヲ爲スコトヲ得

第九十八條　離緣ノ裁判カ確定シタルトキハ訴ヲ提起シタル者ハ裁別確定ノ日ヨリ十日內ニ裁判ノ謄本ヲ添附シ第九十五條ノ規定ニ依ル屆出ヲ爲スコトヲ要ス其屆書ニハ裁判確定ノ日ヲ記載スルコトヲ要ス

第九十九條　第五十七條第三項ノ規定ハ第九十五條乃至第九十七條ノ屆出ニハ之ヲ適用セス

第六節　婚　姻

第百條　婚姻ノ屆書ニハ左ノ事項ヲ記載スルコトヲ要ス

一　當事者ノ氏名、出生ノ年月日、本籍及ヒ職業

二　父母ノ氏名及ヒ本籍

三　當事者カ家族ナルトキハ戶主ノ氏名、本籍及ヒ戶主トノ續柄

四　入夫婚姻又ハ婿養子緣組ナルトキハ其旨

五　入夫婚姻ノ場合ニ於テ入夫カ戶主ト爲ルトキハ其旨

當事者ノ一方カ婚家又ハ養家ヨリ更ニ婚姻ニ因リテ他家ニ入ル場合ニ於テハ前項ニ揭ケタル事項ノ外實家ノ戶主、養親ノ氏名及ヒ本籍ヲ記載スルコトヲ要ス

第百一條　婚姻ノ屆出ハ夫ノ本籍地又ハ所在地ニ於テ之ヲ爲スコトヲ要ス但入夫婚姻又ハ婿養子緣組ノ場合ニ於テハ妻ノ本籍地又ハ所在地ニ於テ屆出ヲ爲スコトヲ要ス

第百二條　第九十三條ノ規定ハ婚姻取消ノ裁判カ確定シタル場合ニ之ヲ準用ス

檢事カ訴ヲ提起シタル場合ニ於テハ裁判確定ノ後遲滯ナク戶籍記載ノ請求ヲ爲スコトヲ要ス

第百三條　第五十七條第三項ノ規定ハ婚姻ノ屆出ニハ之ヲ適用セス

第七節　離　婚

第百四條　離婚ノ屆書ニハ左ノ事項ヲ記載スルコトヲ要ス

一　當事者ノ氏名、本籍及ヒ職業
二　父母ノ氏名及ヒ本籍
三　當事者カ家族ナルトキハ戸主ノ氏名及ヒ本籍
四　婚家ヲ去ル者ノ復籍スヘキ家ノ戸主ノ氏名及ヒ本籍
五　婚家ヲ去ル者カ一家ヲ創立スルトキハ其旨及ヒ創立ノ原因竝ニ場所但實家ヲ再興スルトキハ其旨及ヒ再興ノ場所

第百五條　離婚ノ裁判カ確定シタルトキハ訴ヲ提起シタル者ハ裁判確定ノ日ヨリ十日内ニ裁判ノ謄本ヲ添附シ前條ノ規定ニ依ル屆出ヲ爲スコトヲ要ス其屆書ニハ裁判確定ノ日ヲ記載スルコトヲ要ス

第百六條　第五十七條第三項ノ規定ハ第百四條ノ屆出ニハ之ヲ適用セス

第八節　親權及ヒ後見

第百七條　父カ親權又ハ管理權ノ喪失ノ宣告ヲ受ケタル場合ニ於テ母其權利ヲ行フトキハ裁判確定ノ日ヨリ十日内ニ裁判ノ謄本ヲ添附シ其旨ヲ屆出ツルコトヲ要ス其屆書ニハ裁判確定ノ日ヲ記載スルコトヲ要ス

第百八條　第九十三條第一項ノ規定ハ失權宣告取消ノ裁判カ確定シタル場合ニ之ヲ準用ス此場合ニ於テハ屆書ニ裁判確定ノ日ヲ記載スルコトヲ要ス

第百九條　後見開始ノ屆出ハ後見人其就職ノ日ヨリ十日内ニ之ヲ爲スコトヲ要ス

屆書ニハ左ノ事項ヲ記載スルコトヲ要ス

一　後見人及ヒ被後見人ノ氏名、出生ノ年月日及ヒ本籍

二　被後見人カ家族ナルトキハ戸主ノ氏名及ヒ本籍
三　後見開始ノ原因及ヒ年月日
四　後見人就職ノ年月日
第百十條　後見人更迭ノ場合ニ於テハ後任者ハ就職ノ日ヨリ十日内ニ其旨ヲ届出ツルコトヲ要ス此場合ニ於テハ前條ノ規定ヲ準用ス
第百十一條　遺言ニ依ル後見人指定ノ場合ニ於テハ指定ニ關スル遺言ノ謄本ヲ届書ニ添附スルコトヲ要ス
後見人選任ノ場合ニ於テハ選任ヲ證スル書面ヲ届書ニ添附スルコトヲ要ス
第百十二條　後見終了ノ届出ハ後見人十日内ニ之ヲ爲スコトヲ要ス
届書ニハ左ノ事項ヲ記載スルコトヲ要ス
一　被後見人ノ氏名及ヒ本籍
二　後見終了ノ原因及ヒ年月日
第百十三條　前四條ノ届出ハ被後見人ノ本籍地又ハ後見人ノ所在地ニ於テ之ヲ爲スコトヲ要ス
第百十四條　後見人ニ關スル本節ノ規定ハ保佐人ニ之ヲ準用ス

第九節　隱　居

第百十五條　隱居ノ届書ニハ左ノ事項ヲ記載スルコトヲ要ス
一　隱居者ノ氏名、出生ノ年月日及ヒ本籍
二　家督相續人ノ氏名、出生ノ年月日竝ニ本籍及ヒ家督相續人ト隱居者トノ續柄
三　隱居ノ原因

第十節　死亡及ヒ失踪

第百十六條　死亡ノ届出ハ届出義務者カ死亡ノ事實ヲ知リタル日ヨリ七日内ニ診斷書若クハ檢案書又ハ檢視

調書ノ謄本ヲ添附シテ之ヲ爲スコトヲ要ス
屆書ニハ左ノ事項ヲ記載スルコトヲ要ス
一 死亡者ノ氏名、本籍及ヒ職業
二 死亡ノ年月日時及ヒ場所
三 死亡者カ家族ナルトキハ戸主ノ氏名及ヒ戸主ト死亡者トノ續柄
第百十七條 左ニ掲ケタル者ハ其ノ順序ニ從ヒ死亡ノ屆出ヲ爲スコトヲ要ス但順序ニ拘ハラス屆出ヲ爲スコトヲ得
第一 戸主
第二 同居者
第三 家主地主、又ハ家屋若クハ土地ノ管理人
第百十八條 死亡ノ屆出ハ死亡地ニ於テ之ヲ爲スコトヲ得
第百十九條 水難、火災其他ノ事變ニ因リ死亡シタル者アル場合ニ於テハ其取調ヲ爲シタル官廳又ハ公署ハ死亡者ノ本籍地ノ市町村長ニ死亡ノ報告ヲ爲スコトヲ要ス
第百二十條 死刑ノ執行アリタルトキハ監獄ノ長ハ遲滯ナク監獄所在地ノ市町村長ニ死亡ノ報告ヲ爲スコトヲ要ス
前項ノ規定ハ在監中死亡シタル者ノ引取人ナキ場合ニ之ヲ準用ス此場合ニ於テハ報告書ニ診斷書又ハ檢案書ヲ添附スルコトヲ要ス
第百二十一條 前二條ノ報告書ニハ第百十六條第二項ニ掲ケタル事項ヲ記載スルコトヲ要ス
第百二十二條 死亡者ノ本籍分明ナラス又ハ死亡者ヲ認識スルコト能ハサル場合ニ於テハ警察官ハ檢視調書ヲ作リ之ヲ添附シテ遲滯ナク死亡地ノ市町村長ニ死亡ノ報告ヲ爲スコトヲ要ス

死亡者ノ本籍分明ナルニ至リ又ハ死亡者ヲ認識スルコトヲ得ルニ至リタルトキハ警察官ハ遲滯ナク其旨ヲ報告スルコトヲ要ス

第一項ノ報告アリタル後第百十七條第一號及ヒ第二號ニ揭ケタル者カ死亡者ヲ認識シタルトキハ十日內ニ死亡ノ屆出ヲ爲スコトヲ要ス

第百二十三條　第七十一條、第七十五條及ヒ第七十六條ノ規定ハ死亡ノ屆出ニ之ヲ準用ス

第百二十四條　失踪宣告ノ屆出ハ其宣告ヲ請求シタル者裁判ノ日ヨリ十日內ニ裁判ノ謄本ヲ添附シテ之ヲ爲スコトヲ要ス

屆書ニハ左ノ事項ヲ記載スルコトヲ要ス

一　失踪者ノ氏名及ヒ本籍

二　民法第三十條ニ定メタル期間滿了ノ日

三　失踪者カ家族ナルトキハ戶主ノ氏名及ヒ戶主ト失踪者トノ續柄

第十一節　家督相續

第百二十五條　家督相續ノ屆出ハ戶主ト爲リタル者相續ノ事實ヲ知リタル日ヨリ一个月內ニ之ヲ爲スコトヲ要ス但入夫婚姻ニ因リテ戶主ト爲リタル者ハ此限ニ在ラス

屆書ニハ左ノ事項ヲ記載スルコトヲ要ス

一　家督相續ノ原因及ヒ戶主ト爲リタル年月日

二　前戶主ノ氏名及ヒ前戶主ト戶主トノ續柄

戶主ト爲リタル者カ外國ニ在ル場合ニ於テハ三个月內ニ屆書ヲ發送スルヲ以テ足ル

第百二十六條　選定ニ因ル家督相續人カ屆出ヲ爲ス場合ニ於テハ選定ヲ證スル書面ヲ屆書ニ添附スルコトヲ要ス

第百二十七條　家督相續人カ胎兒ナルトキハ母ハ相續ノ開始アリタルコトヲ知リタル日ヨリ一个月内ニ診斷書ヲ添附シ家督相續ノ屆出ヲ爲スコトヲ要ス

屆書ニハ左ノ事項ヲ記載スルコトヲ要ス

一　家督相續ノ原因及ヒ相續開始ノ年月日

二　家督相續人カ胎兒ナルコト

三　前戸主ノ氏名及ヒ前戸主ノ家督相續人トノ續柄

第百二十八條　前條ノ屆出ヲ爲シタル後胎兒カ死體ニテ生レタルトキハ母ハ一个月内ニ醫師又ハ產婆ノ檢案書ヲ添附シ其旨ヲ屆出ツルコトヲ要ス

第百二十五條第三項ノ規定ハ前項ノ屆出ニ之ヲ準用ス

母カ前項ノ屆出ヲ爲サヽルトキハ家督相續人ハ分娩ノ事實ヲ知リタル日ヨリ一个月内ニ屆出ヲ爲スコトヲ要ス

第百二十九條　家督相續回復ノ裁判カ確定シタルトキハ訴ヲ提起シタル者ハ裁判確定ノ日ヨリ一个月内ニ裁判ノ謄本ヲ添附シ第百二十五條ノ規定ニ依ル屆出ヲ爲スコトヲ要ス

第百三十條　第百二十五條及ヒ前三條ノ屆出ハ被相續人ノ本籍地ニ於テ之ヲ爲スコトヲ要ス

第十二節　推定家督相續人ノ廢除

第百三十一條　推定家督相續人廢除ノ裁判カ確定シタルトキハ訴ヲ提起シタル者ハ裁判確定ノ日ヨリ十日内ニ裁判ノ謄本ヲ添附シ其旨ヲ屆出ツルコトヲ要ス

屆書ニハ左ノ事項ヲ記載スルコトヲ要ス

一　廢除セラレタル者ノ氏名及ヒ本籍

二　廢除ノ原因

三　裁判確定ノ日

第百三十二條　廢除取消ノ裁判カ確定シタルトキハ訴ヲ提起シタル者ハ裁判確定ノ日ヨリ十日内ニ裁判ノ謄本ヲ添附シ其旨ヲ届出ツルコトヲ要ス

届出ニハ左ノ事項ヲ記載スルコトヲ要ス

一　廢除セラレタル者ノ氏名及ヒ本籍

二　裁判確定ノ日

第十三節　家督相續人ノ指定

第百三十三條　家督相續人指定ノ届書ニハ指定セラレタル者ノ氏名及ヒ本籍ヲ記載スルコトヲ要ス

第百三十四條　家督相續人指定取消ノ届書ニハ指定家督相續人ノ氏名及ヒ本籍ヲ記載スルコトヲ要ス

第百三十五條　遺言ニ依ル家督相續人ノ指定又ハ指定取消ノ場合ニ於テハ指定又ハ指定取消ニ關スル遺言ノ謄本ヲ届書ニ添附スルコトヲ要ス

第百三十六條　指定家督相續人カ死亡シタルトキハ指定者ハ其事實ヲ知リタル日ヨリ十日内ニ其旨ヲ届出ツルコトヲ要ス

第十四節　入籍、離籍及ヒ復籍拒絶

第百三十七條　民法第七百三十七條ノ規定ニ依リ家族ト爲ラント欲スル者ハ左ノ事項ヲ届書ニ記載シテ其旨ヲ届出ツルコトヲ要ス

一　入籍スヘキ家ノ戸主ノ氏名及ヒ本籍

二　入籍スヘキ家ノ戸主ト入籍スヘキ者トノ續柄

三　原籍ノ戸主ノ氏名、本籍及ヒ其戸主ト入籍スヘキ者トノ續柄

第百三十八條　民法第七百三十八條ノ規定ニ依リ自巳ノ親族ヲ家族ト爲サント欲スル者ハ其旨ヲ届出ツルコ

トヲ要ス

屆書ニハ前條ニ掲ケタル事項ノ外入籍スヘキ者ノ氏名及ヒ出生ノ年月日ヲ記載スルコトヲ要ス

第百三十九條　戸主カ其家族ヲ離籍セントスルトキハ左ノ事項ヲ屆書ニ記載シテ其旨ヲ屆出ツルコトヲ要ス

一　離婚セラルヘキ者ノ氏名

二　離籍ノ原因

第百四十條　離籍ニ因リテ一家ヲ創立シタル者ハ其事實ヲ知リタル日ヨリ十日內ニ其旨ヲ屆出ツルコトヲ要ス

屆書ニハ左ノ事項ヲ記載スルコトヲ要ス

一　離籍者ノ氏名及ヒ本籍

二　離籍者ト離籍セラレタル者トノ續柄

三　離籍ノ原因及ヒ年月日

第百四十一條　戸主カ其家族タリシ者ノ復籍ヲ拒マントスルトキハ左ノ事項ヲ屆書ニ記載シテ其旨ヲ屆出ツルコトヲ要ス

一　復籍ヲ拒マルヘキ者ノ氏名及ヒ本籍

二　復籍ヲ拒マルヘキ者カ家族ナルトキハ戸主ノ氏名

三　復籍拒絕ノ原因

第百四十二條　復籍拒絕又ハ復籍スヘキ家ノ廢絕ニ因リテ一家ヲ創立シタル者カ緣組若クハ婚姻ノ取消又ハ離緣若クハ離婚ノ屆書ニ其場所ヲ記載セサリシトキハ一家創立ノ事實ヲ知リタル日ヨリ十日內ニ其屆出ヲ爲スコトヲ要ス

届書ニハ左ノ事項ヲ記載スルコトヲ要ス
一　復籍拒絶者又ハ廢絶家ノ戸主ノ氏名及ヒ本籍
二　復籍拒絶ノ原因及ヒ年月日又ハ廢絶ノ年月日

第十五節　廢家及ヒ絶家

第百四十三條　廢家ヲ爲サント欲スル者ハ其者カ入ルヘキ家ノ戸主ノ氏名及ヒ本籍ヲ届書ニ記載シテ其旨ヲ届出ツルコトヲ要ス但家督相續ニ因リテ戸主ト爲リタル者ニ非サルトキハ其旨ヲ届書ニ記載スルコトヲ要ス

第百四十四條　絶家ノ家族ハ絶家ノ事實ヲ知リタル日ヨリ十日内ニ一家創立ノ届出ヲ爲スコトヲ要ス
届書ニハ左ノ事項ヲ記載スルコトヲ要ス
一　絶家ノ戸主ノ氏名及ヒ本籍
二　絶家ノ原因及ヒ年月日

第十六節　分家及ヒ廢絶家再興

第百四十五條　分家ヲ爲サント欲スル者ハ左ノ事項ヲ届書ニ記載シテ其旨ヲ届出ツルコトヲ要ス
一　本家ノ戸主ノ氏名、本籍及ヒ其戸主ト分家ノ戸主トノ續柄
二　民法第七百四十三條第二項ノ規定ニ依リ分家ノ家族ト爲ルヘキ者アルトキハ其氏名及ヒ出生ノ年月日
三　分家ノ戸主及ヒ家族ト爲ルヘキ者ノ父母ノ氏名及ヒ本籍

第百四十六條　廢絶家ヲ再興セント欲スル者ハ左ノ事項ヲ届書ニ記載シテ其旨ヲ届出ツルコトヲ要ス
一　廢絶家ノ戸主ノ氏名及ヒ本籍
二　廢絶ノ年月日
三　廢絶家ト再興ヲ爲ス者ノ家トノ續柄

四　再興ヲ爲ス者カ家族ナルトキハ戸主ノ氏名及ヒ本籍

第十七節　國籍ノ得喪

第百四十七條　外國人カ養子縁組又ハ婚姻ニ因リテ日本ノ國籍ヲ取得スヘキトキハ縁組又ハ婚姻ノ届書ニ國籍取得者ノ原國籍ヲ記載スルコトヲ要ス

第百四十八條　外國人カ認知ニ因リテ日本ノ國籍ヲ取得スヘキトキハ認知ノ届書ニ子ノ原國籍ヲ記載スルコトヲ要ス

認知者カ父ナルトキハ届書ニ母ノ國籍ヲ記載スルコトヲ要ス

第百四十九條　歸化ノ届出ハ許可ノ日ヨリ十日内ニ之ヲ爲スコトヲ要ス

届書ニハ左ノ事項ヲ記載スルコトヲ要ス

一　歸化ヲ爲シタル者ノ原國籍

二　父母ノ氏名及ヒ國籍

三　許可ノ年月日

四　歸化ヲ爲シタル者ト共ニ日本ノ國籍ヲ取得シタル者アルトキハ其氏名、出生ノ年月日及ヒ其者ト歸化人トノ續柄

歸化ヲ爲シタル者ノ妻又ハ子カ歸化人ト共ニ日本ノ國籍ヲ取得セサルトキハ届書ニ其事由ヲ記載スルコトヲ要ス

第百五十條　國籍喪失ノ届出ハ戸主又ハ家督相續人其事實ヲ知リタル日ヨリ一个月内ニ之ヲ爲スコトヲ要ス

届書ニハ左ノ事項ヲ記載スルコトヲ要ス

一　國籍喪失者ノ氏名及ヒ本籍

二　國籍喪失ノ原因及ヒ年月日

三　新ニ國籍ヲ取得シタルトキハ其國籍

第百五十一條　國籍喪失者カ滿十七年以上ノ男子ナルトキハ其者カ陸海軍ノ現役ニ服シタルコト又ハ之ニ服スル義務ナキコトヲ證スヘキ書面ヲ屆書ニ添附スルコトヲ要ス

國籍喪失者カ日本ノ官職ヲ帶ヒタル者ナルトキハ其官職ヲ失ヒタルコトヲ證スヘキ書面ヲ屆書ニ添附スルコトヲ要ス

第百五十二條　國籍回復ノ屆出ハ許可ノ日ヨリ十日內ニ之ヲ爲スコトヲ要ス

屆書ニハ左ノ事項ヲ記載スルコトヲ要ス

一　日本ノ國籍ヲ失ヒタル原因及ヒ年月日

二　國籍回復前ニ有セシ國籍

三　許可ノ年月日

四　國籍回復者ト共ニ日本ノ國籍ヲ取得シ又ハ之ヲ回復シタル者アルトキハ其氏名、出生ノ年月日及ヒ其者ト國籍回復者トノ續柄

第百四十九條第三項ノ規定ハ前項ノ屆出ニ之ヲ準用ス

第十八節　氏名、族稱ノ變更及ヒ襲爵

第百五十三條　氏名變更ノ屆出ハ許可ノ日ヨリ十日內ニ之ヲ爲スコトヲ要ス

屆書ニハ左ノ事項ヲ記載スルコトヲ要ス

一　變更前ノ氏名

二　變更シタル氏名

三　許可ノ年月日

第百五十四條　新ニ華族ニ列セラレ又ハ士族ニ編入セラレタル者ハ十日內ニ辭令書又ハ許可書ノ謄本ヲ添附

シ其旨ヲ届出ツルコトヲ要ス
届書ニハ左ノ事項ヲ記載スルコトヲ要ス
一　新舊族稱
二　族稱變更ノ原因
三　辭令又ハ許可ノ年月日
第百五十五條　爵ヲ襲キタル者ハ辭令書ノ交付ヲ受ケタル日ヨリ十日內ニ其謄本ヲ添附シ其旨ヲ届出ツルコトヲ要ス
届書ニハ辭令ノ年月日ヲ記載スルコトヲ要ス
第百五十六條　華族又ハ士族ノ族稱ヲ喪失シタル場合ニ於テハ戶主ハ十日內ニ其旨ヲ届出ツルコトヲ要ス
届書ニハ族稱喪失ノ原因及ヒ年月日ヲ記載スルコトヲ要ス
第百五十七條　前條ノ規定ハ處刑ニ因リテ族稱ヲ喪失シタル場合ニハ之ヲ適用セス此場合ニ於テハ裁判所ハ本人ノ本籍地ノ市町村長ニ其旨ヲ報告スルコトヲ要ス

第十九節　轉籍及ヒ就籍

第百五十八條　轉籍セント欲スルトキハ新本籍ヲ届書ニ記載シ戶主其旨ヲ届出ツルコトヲ要ス
他ノ市町村ニ轉籍スル場合ニ於テハ戶籍ノ謄本ヲ届書ニ添附スルコトヲ要ス
第百五十九條　轉籍ノ届出ハ轉籍地ニ於テ之ヲ爲スコトヲ得
第百六十條　本籍ヲ有セサル者ハ其就籍セント欲スル地ヲ管轄スル區裁判所ノ許可ヲ得テ十日內ニ就籍ノ届出ヲ爲スコトヲ要ス
届書ニハ第十八條ニ揭ケタル事項ノ外就籍許可ノ年月日ヲ記載スルコトヲ要ス
第百六十一條　就籍ノ届出ハ就籍地ニ於テ之ヲ爲スコトヲ得

第百六十二條　就籍許可ノ裁判ヲ得タル者カ就籍ノ屆出ヲ爲サヽルトキハ戸主之ヲ爲スコトヲ要ス
第百六十三條　第百六十條ノ規定ハ確定判決ニ因リテ就籍ノ屆出ヲ爲スヘキ場合ニ之ヲ準用ス此場合ニ於テハ判決ノ謄本ヲ屆書ニ添附スルコトヲ要ス

第五章　戸籍ノ訂正

第百六十四條　戸籍ノ記載カ法律上許スヘカラサルモノナルコト又ハ其記載ニ錯誤若クハ遺漏アルコトヲ發見シタル場合ニ於テハ利害關係人ハ其戸籍ノ存スル市役所又ハ町村役場ノ所在地ヲ管轄スル區裁判所ノ許可ヲ得テ戸籍ノ訂正ヲ申請スルコトヲ得
第百六十五條　屆出ニ因リ效力ヲ生スヘキ行爲ニ付キ戸籍ノ記載ヲ爲シタル後其行爲ノ無效ナルコトヲ發見シタルトキハ屆出人又ハ屆出事件ノ本人ハ前條ノ區裁判所ノ許可ヲ得テ戸籍ノ訂正ヲ申請スルコトヲ得
第百六十六條　前二條ノ許可ノ裁判アリタルトキハ一个月內ニ其謄本ヲ添附シ戸籍ノ訂正ヲ申請スルコトヲ要ス
第百六十七條　確定判決ニ因リ戸籍ノ訂正ヲ爲スヘキトキハ訴ヲ提起シタル者ハ判決確定ノ日ヨリ一个月內ニ判決ノ謄本ヲ添附シ訂正ノ申請ヲ爲スコトヲ要ス
檢事カ訴ヲ提起シタル場合ニ於テハ判決確定ノ後遲滯ナク戸籍ノ訂正ヲ請求スルコトヲ要ス
第百六十八條　第四十三條、第四十六條乃至第五十條、第五十二條乃至第五十九條及第六十三條乃至第六十八條ノ規定ハ戸籍訂正ノ申請ニ之ヲ準用ス

第六章　抗告

第百六十九條　戸籍事件ニ付キ市町村長ノ處分ヲ不當トスル者ハ市役所又ハ町村役場ノ所在地ヲ管轄スル區裁判所ニ抗告ヲ爲スコトヲ得
第百七十條　抗告ハ管轄區裁判所ニ抗告狀ヲ提出シテ之ヲ爲ス

抗告狀ニハ屆書又ハ申請書及ヒ關係書類ヲ添附スルコトヲ要ス

第百七十一條　抗告ヲ受ケタル裁判所ハ抗告ニ關スル書類ヲ市町村長ニ送附シテ其意見ヲ求ムルコトヲ要ス

第百七十二條　市町村長ハ抗告ヲ理由アリト認ムルトキハ處分ヲ變更シテ其旨ヲ裁判所及ヒ抗告人ニ通知スルコトヲ要ス

抗告ヲ理由ナシト認ムルトキハ意見ヲ附シ送付ヲ受ケタル日ヨリ五日內ニ書類ヲ裁判所ニ返還スルコトヲ要ス

第百七十三條　裁判所ハ抗告ヲ理由ナシトスルトキハ之ヲ却下シ理由アリトスルトキハ市町村長ニ相當ノ處分ヲ命スルコトヲ要ス

抗告ヲ却下シ又ハ處分ヲ命スル裁判ハ決定ヲ以テ之ヲ爲シ市町村長及ヒ抗告人ニ送達スルコトヲ要ス

第百七十四條　裁判所ノ決定ニ對シテハ法律ニ違背シタル裁判ナルコトヲ理由トスルトキニ限リ非訟事件手續法ノ規定ニ從ヒテ抗告ヲ爲スコトヲ得

抗告裁判所ノ裁判ニ對シテハ不服ヲ申立ツルコトヲ得ス

第百七十五條　抗告ノ費用ニ付テハ非訟事件手續法ノ規定ヲ準用ス

第七章　罰則

第百七十六條　正當ノ理由ナクシテ期間內ニ爲スヘキ屆出又ハ申請ヲ爲ササル者ハ十圓以下ノ過料ニ處ス

第百七十七條　第六十四條ノ規定ニ依リ市町村長カ期間ヲ定メテ屆出又ハ申請ノ催告ヲ爲シタル場合ニ於テ正當ノ理由ナクシテ其期間內ニ屆出又ハ申請ヲ爲ササル者ハ二十圓以下ノ過料ニ處ス

第百七十八條　市町村長ハ左ノ場合ニ於テハ三十圓以下ノ過料ニ處ス

一　正當ノ理由ナクシテ屆出又ハ申請ヲ受理セサルトキ

二　戶籍ノ記載ヲ爲スコトヲ怠リタルトキ

三　正當ノ理由ナクシテ戸籍簿、除籍簿又ハ第三十六條ノ書類ノ閲覧ヲ拒ミタルトキ
四　正當ノ理由ナクシテ戸籍若クハ除カレタル戸籍ノ謄本、抄本又ハ第六十七條ノ證明書ヲ交付セサルトキ
五　其他戸籍事件ニ付職務ヲ怠リタルトキ

第百七十九條　過料ノ裁判ハ過料ニ處セラルヘキ者ノ住所又ハ居所ノ地ヲ管轄スル區裁判所之ヲ爲ス其裁判及ヒ裁判ノ執行ニ付テハ非訟事件手續法ノ規定ヲ準用ス

第百八十條　戸籍ノ記載ヲ要セサル事項ニ付キ虚僞ノ屆出ヲ爲シタル者ハ一年以下ノ懲役又ハ百圓以下ノ罰金ニ處ス日本ノ國籍ヲ有セサル者ニ關スル事項ニ付キ虚僞ノ屆出ヲ爲シタル者亦同シ

附則

第百八十一條　本法施行ノ期日ハ勅令ヲ以テ之ヲ定ム（大正三年勅令第百二十一號ヲ以テ大正四年一月一日ヨリ施行）

第百八十二條　本法ノ施行ニ關スル細則ハ司法大臣之ヲ定ム

第百八十三條　本法ノ規定ハ本法施行前ノ屆出其他ノ事由ニ因リテ戸籍ノ記載ヲ爲シ又ハ新ニ戸籍ヲ編製スル場合ニモ亦之ヲ適用ス

第百八十四條　舊法ノ規定ニ依ル戸籍ハ本法ノ規定ニ依ル戸籍トシテ其效力ヲ有ス但本法ノ規定ニ依リ戸籍ニ記載スヘキ事項ニシテ舊法ノ規定ニ依ル戸籍ニ記載ナキモノハ身分登記ニ依リ之ヲ記載スルコトヲ得

司法大臣ハ前項ノ規定ニ拘ハラス本法ノ規定ニ依リ戸籍ヲ改製スヘキコトヲ命スルコトヲ得

第百八十五條　舊法ノ規定ニ依リテ改製セサリシ戸籍ハ司法大臣ノ命スル所ニ依リ本法ノ規定ニ依リテ之ヲ改製スルコトヲ要ス但記載ヲ要スル事項ニシテ從前ノ戸籍ニ依リ其事實ヲ知ルコト能ハサルモノハ其記載ヲ省クコトヲ得

第百八十六條　身分登記簿及ヒ舊法ニ保存期間ノ定アル帳簿竝ニ書類ノ保存期間ハ司法大臣之ヲ定ム

●戶籍法施行細則　大正三年十月三日司法省令第七號

第一條　戶籍用紙ハ强靱ナル美濃紙ヲ用井附錄第一號樣式ニ依リ之ヲ調製スヘシ

第二條　戶籍カ數葉ニ涉ルトキハ職印ヲ以テ每葉ノ綴目ニ契印スヘシ

舊法ノ規定ニ依ル戶籍ノ用紙ヲ用井盡シタルトキハ前條ノ戶籍用紙ヲ用井テ其記載ヲ繼續スヘシ

第三條　戶籍簿ニハ附錄第二號樣式ニ依ル表紙ヲ附スヘシ

戶籍簿ハ之ヲ分冊スルコトヲ得此場合ニ於テハ其表紙ニ番號ヲ記載シ地區ニ依リテ分冊シタルトキハ其地區ノ名稱ヲモ記載スヘシ

第四條　除籍簿ハ年每ニ之ヲ別冊トシ其表紙ニ「大正何年除籍簿」ト記載スヘシ

前條ノ規定ハ各年度ノ除籍簿ニ之ヲ準用ス

市長村長ハ相當ト認ムルトキハ數年度ノ除籍簿ヲ合綴スルコトヲ得此場合ニ於テハ更ニ表紙ヲ附シ「自大正何年至大正何年除籍簿綴」ト記載スヘシ

第五條　戶籍ノ全部ヲ抹消シタルトキハ市長村長ハ遲滯ナク其戶籍ノ副本ヲ監督區裁判所ニ送附スヘシ

區裁判所ハ前項ノ規定ニ拘ハラス何時ニテモ戶籍ノ副本ヲ徵スルコトヲ得戶籍法施行前戶籍簿ヨリ除カレタル戶籍ノ副本亦同シ

第六條　區裁判所カ前條第一項ノ規定ニ依リテ送付ヲ受ケタル副本及ヒ同條第二項ノ規定ニ依リテ徵シタル除籍ノ副本ハ市町村ノ區別ニ從ヒ之ヲ編綴シ除籍簿ノ副本トシテ之ヲ保存スヘシ

第四條ノ規定ハ前項ノ帳簿ニ之ヲ準用ス

第七條　市町村長ハ戶籍簿及ヒ除籍簿ニ付各別ニ見出帳ヲ調製シ之ニ戶主ノ氏名及ヒ本籍ヲ記載スヘシ

前項ノ記載ハ戸主ノ氏ノ(イ)(ロ)(ハ)順ニ依リテ之ヲ爲スヘシ
第八條　市町村長カ届書其他ノ書類ヲ受理シ又ハ其送附ヲ受ケタルトキハ其書類ニ受附ノ番號及ヒ年月日ノ外本籍人及ヒ非本籍人ノ區別ニ從ヒ受附ノ順序ニ依リ種類番號ヲ記載スヘシ
市町村長カ戸籍簿第三十九條第二項又ハ第六十四條第三項ノ規定ニ依リ監督區裁判所ノ許可ヲ得テ戸籍ノ訂正又ハ記載ヲ爲ストキハ前項ニ揭ケタル事項ハ許可書ニ之ヲ記載スヘシ
第九條　事件ノ種類ハ戸籍法第四章第二節乃至第十九節ニ揭ケタル事件ノ區別ニ從ヒテ之ヲ定ムヘシ
届出ノ追完、戸籍ノ訂正及ヒ戸籍法第百四十二條ニ依ル一家創立ノ届出ニ關スル書類ニ付テハ前項ノ規定ニ拘ハラス別ニ一ノ種目ヲ定ムヘシ
第十條　市町村長ハ附錄第三號樣式ニ依リ毎年受附帳ヲ調製シ其年度内ニ受理シタル事件ニ付キ受附ノ順序ニ從ヒ件名、届出事件ノ本人ノ氏名竝ニ本籍、受附ノ番號竝ニ年月日及ヒ種類番號ヲ記載スヘシ
受附番號及ヒ種類番號ハ毎年之ヲ更新スヘシ
第十一條　戸籍ノ副本又ハ届書其他ノ書類若クハ其謄本ノ送附ハ送附スヘキ書類ニ發送ノ年月日及ヒ發送者ノ職氏名ヲ記載シテ之ヲ爲スヘシ
第十二條　戸籍ノ記載ハ附錄第一號樣式附屬雛形ニ定メタル相當欄ニ之ヲ爲スヘシ
直系尊屬、直系卑屬若クハ傍系親ノ間ニ在リテ親等ノ同シキ者又ハ戸主ノ親族ニ非サル者ハ親族順位ニ依リ親族順位ノ同シキ者ハ出生ノ前後ニ依リテ之ヲ記載スヘシ
事項欄ノ記載ハ附錄第四號記載例ニ從ヒ事件毎ニ行ヲ更メテ之ヲ爲スヘシ
第十三條　婚姻及ヒ離婚ニ關スル事項ハ夫及ヒ妻ノ事項欄ニ之ヲ記載スヘシ
第十四條　復籍拒絕及ヒ家督相續人ノ指定ニ關スル事項ハ戸主ノ事項欄ニ之ヲ記載スヘシ
新ニ戸籍ヲ編製スルトキハ戸主及ヒ家族ノ身分ニ關スル事項ニシテ基本タル戸籍ニ記載シタルモノハ之ヲ

新戸籍ニ記載スヘシ
第十五條　戸籍法第百五十八條第二項ノ場合ニ於テハ屆書ニ添附シタル戸籍ノ謄本ニ記載シタル事項ハ婚姻其他ノ事由ニ依リ戸籍ヨリ除カレタル者ニ關スルモノト雖モ之ヲ轉籍地ノ戸籍ニ記載スヘシ
第十六條　本籍地變更ノ後原籍地ノ市町村長カ受理シタル屆書其他ノ書類ハ之ヲ新本籍地ノ市町村長ニ送付シ其書類ニ依リテ爲シタル戸籍ノ記載ハ之ヲ抹消シ且其事由ヲ戸籍ニ記載スヘシ
新本籍地ノ市町村長カ前項ノ書類ノ送附ヲ受ケタルトキハ之ニ依リテ戸籍ノ記載ヲ爲スヘシ
第十七條　離緣又ハ離婚ニ因リ實家ニ復籍シタル者ニ付テハ戸籍ニ離緣又ハ離婚ニ關スル事項ノ外實家ノ戸籍又ハ除カレタル戸籍ニ基キ其者ニ關スル一切ノ事項ヲ記載スヘシ但實家ノ本籍地ノ市役所又ハ町村役場ニ保存スル戸籍及ヒ除カレタル戸籍ニ記載ナキ事項ハ此限リニ在ラス
第十八條　前條ノ規定ハ緣組又ハ婚姻ノ無效又ハ取消其他ノ事由ニ依リ戸籍ノ記載ヲ回復スヘキ場合ニ之ヲ準用ス
第十九條　復籍拒絶ニ關スル記載ヲ抹消スルトキハ其事由ヲ記載スヘシ
指定家督相續人ニ付キ死亡、指定ノ取消又ハ指定ノ效力ヲ失フヘキ事由ノ屆出アリタル場合ニ於テハ事由ヲ記載シテ家督相續人ノ指定ニ關スル戸籍ノ記載ヲ抹消スヘシ
第二十條　戸籍ノ全部若クハ一部又ハ其記載ヲ抹消スルニハ附錄第五號樣式ニ依リ之ヲ朱抹スヘシ
第二十一條　戸籍ノ訂正ヲ爲スニハ訂正ノ趣旨及ヒ事由ヲ記載シ附錄第六號樣式ニ依リ訂正スヘキ記載ヲ朱抹スヘシ
第二十二條　行政區畫、土地ノ名稱又ハ地番號ノ更正ヲ爲スニハ事項欄ニ更正ノ事由ヲ記載シ附錄第七號樣式ニ依リ更正スヘキ事項ノ記載ヲ訂正スヘシ
行政區畫又ハ土地ノ名稱ヲ更正スル場合ニ於テハ戸籍簿ノ表紙ニ記載シタル名稱ヲ更正シ表紙ノ裏面ニ其

事由ヲ記載スヘシ
第二十三條　戸籍法第百八十四條第一項但書ノ規定ニ依リ身分登記ニ依リテ戸籍ノ記載ヲ為シタルトキハ其旨ヲ記載スヘシ
第二十四條　戸籍法第百八十五條但書ノ規定ニ依リ戸籍ノ記載ヲ省クトキハ其事由ヲ記載スヘシ
第二十五條　市町村長ノ代理者カ戸籍ノ記載ヲ為ストキハ其文末ニ代理資格ヲ記載シテ認印スヘシ
第二十六條　戸籍法第三十七條ノ書類ニシテ非本籍人ニ關スルモノハ其書類ヲ受理シタル市役所又ハ町村役場ノ區別ニ從ヒ年毎ニ格別ニ之ヲ編綴スヘシ但分綴スルコトヲ妨ケス
第二十七條　戸籍法第三十六條第二項ノ書類ハ年毎ニ格別ニ之ヲ編綴スヘシ但分綴スルコトヲ妨ケス
第二十八條　區裁判所カ新戸籍ノ副本及ヒ第五條第一項ノ戸籍ノ副本ノ送付ヲ受ケタルトキ又ハ第五條第二項ノ規定ニ依リ戸籍ノ副本ヲ徵シタルトキハ前ニ送付ヲ受ケタル戸籍ノ副本ハ其戸籍ニ關スル屆書其他ノ書類ト共ニ別ニ編綴シ之ヲ廢書簿ト為スヘシ但第六條ノ帳簿ニ編綴スヘキモノハ此限ニ在ラス（大正四年司法省令第六號ヲ以テ本條中追加）
第二十九條　區裁判所カ戸籍法施行前ノ戸籍ノ副本ノ引繼ヲ受ケサル場合ニ於テ第五條第一項又ハ第二項ニ依リ戸籍ノ副本ノ送付ヲ受ケタルトキハ其旨ヲ地方裁判所長ニ通知スヘシ
第三十條　市町村ノ區域ノ變更アリタル場合ニ於テ戸籍及ヒ之ニ關スル書類ノ引繼ヲ完了シタルトキハ引繼ヲ受ケタル市町村長ヨリ其旨ヲ監督區裁判所ニ報告スヘシ
市町村ノ區域ノ變更ニ因リ區裁判所ノ管轄ニ變更ヲ生シタルトキハ舊管轄區域内ノ本籍人ノ戸籍並ニ除カレタル戸籍ノ副本及ヒ之ニ關スル書類ハ新管轄區裁判所ニ之ヲ引繼クヘシ
第三十一條　戸籍簿及ヒ屆書其他ノ書類ハ鎖鑰アル書箱ニ藏メ其保存ヲ嚴ニシ尙ホ倉庫アルトキハ倉庫ニ藏置スヘシ

第三十二條　事變ヲ避クル爲メ戸籍簿又ハ除籍簿ヲ市役所又ハ町村役場外ニ持出シタルトキハ遲滯ナク其旨ヲ監督區裁判所ニ報告スヘシ

第三十三條　戸籍簿又ハ除籍簿ノ全部又ハ一部カ滅失シタルトキハ市町村長ハ遲滯ナク其事由、年月日、帳簿ノ名稱、冊數其他必要ナル事項ヲ記載シ監督區裁判所ニ申報スヘシ

監督區裁判所前項ノ申報ヲ受ケタルトキハ必要ノ調査ヲ爲シタル後其再製又ハ補完ノ方法ヲ具シ之ヲ管轄地方裁判所長及ヒ司法大臣ニ具申スヘシ

第三十四條　戸籍簿又ハ除籍簿ノ全部又ハ一部カ滅失スル虞アルトキハ前條ノ例ニ準シ申報及ヒ具申ヲ爲スヘシ

第三十五條　戸籍簿、除籍簿又ハ屆書其他ノ書類ノ閲覽ハ吏員ノ面前ニ於テ之ヲ爲サシムヘシ

第三十六條　戸籍又ハ除カレタル戸籍ノ謄本又ハ抄本ハ原本ト同一樣式ノ用紙ヲ以テ之ヲ作ルヘシ

謄本又ハ抄本ニハ其記載ニ接續シテ附錄第八號書式ニ依ル附記ヲ爲スヘシ

謄本又ハ抄本カ數葉ニ涉ルトキハ職印ヲ以テ毎葉ノ綴目ニ契印スヘシ

前項ノ規定ハ謄本又ハ抄本ニ掛紙ヲ爲シタル場合ニ之ヲ準用ス

第三十七條　前條第二項及ヒ第三項ノ規定ハ市町村長ノ作ルヘキ屆書其他ノ書類ノ謄本ニ之ヲ準用ス

第三十八條　戸籍法第十四條第三項ニ依ル告知ノ書面ハ附錄第九號書式ニ依リテ之ヲ作ルヘシ

第三十九條　屆出又ハ申請ノ受理又ハ不受理ノ證明書ハ附錄第十號書式ニ依リ屆書、申請書其他ノ書類ニ記載シタル事項ノ證明書ハ附錄第十一號書式ニ依リテ之ヲ作ルヘシ但シ市町村長ハ證明ヲ求ムル事項ヲ記載シタル書面又ハ其符箋ニ證明ノ趣旨及ヒ年月日ヲ記載シテ署名、捺印シ之ヲ以テ證明書ニ代フルコトヲ得

符箋ニ依リテ前項ノ證明ヲ爲ス場合ニ於テハ職印ヲ以テ接目ニ契印スヘシ

第四十條　身分登記簿ノ閲覽及ヒ身分登記ノ謄本並ニ抄本ノ交付ニ付テハ從前ノ規定ニ依ル

第四十一條　市町村長カ屆出、申請又ハ其追完ヲ怠リタル者ニ對シ戸籍法第六十四條又ハ第六十五條ニ依リ爲スヘキ催告ハ附錄第十二號書式ニ依リ書面ヲ以テ之ヲ爲スヘシ

第四十二條　市町村長カ屆出、申請又ハ其追完ヲ怠リタル者アルコトヲ知リタルトキハ屆出事件ヲ具シ其旨ヲ管轄區裁判所ニ通知スヘシ

第四十三條　屆出地カ屆出事件ノ本人ノ寄留地ナルトキハ屆出人ハ屆書ニ其旨ヲ記載スヘシ

戸籍法第四十四條第一項ノ規定ニ依リ日本ノ國籍ヲ有セサル者ニ關スル事項ニ付キ屆出人ノ所在地ニ於テ屆出ヲ爲ストキハ屆書ニ本人ノ寄留地ヲ記載スヘシ

第四十四條　戸籍及ヒ之ニ關スル帳簿並ニ書類ノ保存期間ハ後四條ノ定ムル所ニ依ル

第四十五條　除籍簿及ヒ除籍簿ノ副本ノ保存期間ハ五十年トス

戸籍法第三十六條第二項ノ書類ノ保存期間ハ十年戸籍法第三十七條ノ書類ニシテ非本籍人ニ關スルモノノ保存期間ハ三年トス

前二項ノ保存期間ハ當該年度ノ翌年ヨリ之ヲ起算ス

第四十六條　受附帳ノ保存期間ハ當該年度ノ翌年ヨリ五年トス

第四十七條　廢書簿ノ保存期間ハ第五條第一項又ハ第二項ノ規定ニ依リ戸籍ノ副本ノ送付アリタル翌年ヨリ三年トス

第四十八條　戸籍法第百八十四條第二項又ハ第百八十五條ニ依リテ戸籍ヲ改製シタル場合ニ於テハ原戸籍ノ保存期間ハ改製ノ翌年ヨリ五十年トス

第四十九條　本籍人身分登記簿ノ正本、非本籍人身分登記簿ノ正本並ニ副本及ヒ非本籍人ノ身分ニ關スル屆書並ニ附屬書類ノ保存期間ハ戸籍法施行ノ日ヨリ三年トス但第五十一條第一項第三號ニ揭ケタルモノハ此限ニ在ラス

本籍人身分登記簿ノ副本ノ保存期間ハ戸籍法施行ノ日ヨリ五十年トス但區裁判所カ第五條第二項ノ規定ニ依リ市町村毎ニ戸籍及ヒ戸籍法施行前戸籍簿ヨリ除カレタル戸籍ノ副本ノ全部ノ送付ヲ受ケタル翌年ヨリ三年間之ヲ存保スルヲ以テ足ル

第五十條　戸籍法施行前ノ戸籍ノ副本ハ新戸籍ノ副本ノ送付アルマテ又ハ戸籍法第百八十四條第二項若クハ第百八十五條ノ規定ニ依リ戸籍ノ改製ヲ爲スマテ之ヲ保存スヘシ

第五十一條　前二條ニ揭ケタルモノヲ除ク外戸籍法施行前ノ帳簿及ヒ書類ノ保存期間ハ左ノ區別ニ依ル

一　除籍簿　五十年

二　舊戸籍法第二百二十一條第一項ニ依リ戸籍ヲ改製シタル場合ニ於ケル原戸籍　五十年

三　戸籍ノ記載ヲ要セサル事項竝ニ日本ノ國籍ヲ有セサル者ニ關スル事項ニ付テノ届書及ヒ附屬書類十年

四　戸籍及ヒ本籍人ノ身分ニ關スル届書及ヒ附屬書類　十年

五　受附帳　三年

前項第一號及ヒ第三號乃至第五號ノ帳簿及ヒ書類ノ保存期間ハ當該年度ノ翌年ヨリ第二號ノ原戸籍ノ保存期間ハ改製ノ翌年ヨリ之ヲ起算ス

第五十二條　前條第一項第二號ニ揭ケタルモノヲ除ク外舊戸籍法施行前ノ帳簿及ヒ書類ノ保存期間ハ從前ノ規定ニ依ル

第五十三條　市町村長カ保存期間ヲ經過シタル帳簿又ハ書類ヲ廢毀セントスルトキハ目錄ヲ作リ監督區裁判所ノ認可ヲ受クヘシ

第五十四條　戸籍事務ノ取扱ニ關シ疑義ヲ生シタルトキハ市町村長ハ監督區裁判所ヲ經由シテ司法大臣ニ稟伺スルコトヲ得

附則

本令ハ大正四年一月一日ヨリ之ヲ施行ス

（附錄略ス）

●朝鮮ニ在住スル内地人ノ戸籍ニ關スル屆出處置方ノ件

大正四年六月十九日　官通牒第一九四號
政務總監發各道長官宛

朝鮮ニ在住スル内地人ノ戸籍ニ關スル屆書ハ屆出期間内ニ所轄警察官署ニ提出スルカ又ハ之ヲ郵便ニ付スルトキハ屆出期限經過後ニ本籍地市町村長ニ到達スルモ期限遲滯ノ處分ニ付セラレサルコトニ内地官憲ト協定セラレ居候處民籍事務移管後ニ於テモ此ノ取扱列ヲ變更セラレサル義ニ付府尹又ハ面長ニ對シ屆書ヲ差出シタル者アルトキハ以上ノ趣旨ニ依リ警察官署ニ提出セシムルカ又ハ郵便ニ付セシメ以テ屆出期間ヲ徒過セサルヘキ樣取計ハシメラレ度此段及通牒候也

●民籍事務取扱ニ關スル件

大正五年四月十四日　官通牒第四九號
政務總監發各道長官宛

慶尙北道長官伺出（四月一日慶北地第一、一三六條）首題ノ件左記ノ通了知相成度及通牒候也

記

問　朝鮮人僧侶トシテ寺刹ニ入リタルトキ（尙佐ノトキ）ハ其民籍ハ寺刹住持ノ養子ニ準シ入籍可然哉

答　入籍スルコトヲ得ス

内地人戸籍諸届書式

（戸籍法第六十九條參照）

出生届　其一　（一通）

東京市本郷區眞砂町四番地戸主
父　銀行員　山川谷三
母　無職業　トキ
長男　谷嗣
出生ノ時　大正四年拾貳月貳拾參日午前六時
出生ノ場所　本鄕區眞砂町四番地
右出生届出候也
大正四年拾貳月貳拾四日
右届出人
父　山川谷三㊞
明治貳拾年六月拾日生
東京市本鄕區長何某殿

（戸籍法第七十二條參照）

出生届　其二　（二通）

本籍地　東京市赤坂區青山南町參番地戸主士族
寄留地　山梨縣東山梨郡加納岩村五番地
父　貿易商　金山鐵二
母　無職業　ヨネ

貳男　鐵心

出生ノ時　大正四年拾貳月拾五日午前六時
出生ノ場所　山梨縣東山梨郡加納岩村五番地
右出生届出候也
大正四年拾貳月拾八日

右届出人父海外旅行不在ニ付
母　金山ヨネ㊞
明治貳拾參年六月拾日生

東京市赤坂區長何某殿

（戸籍法第八十一條參照）

私生子認知届　其一（一通）

新潟縣中頸城郡新井町四番地戸主料理店業
浮太郎長女無業
母　島田イト
被認知者私生子男　政夫
大正參年七月拾七日生

右認知候ニ付及御届候也
大正四年拾貳月貳拾日

長野縣水內郡飯山町九番地戸主士族
認知者　有澤政廣

（戸籍法第八十八條參照）

飯山町長何某殿

養子緣組屆　（二通）

東京市京橋區北紺屋町四丁目七番地戸主
養父　官吏　北畠一騎
明治拾四年七月七日生
養母　無職業　ヒロ
明治拾七年貳月拾日生
東京市麻布區新龍土町四丁目五番地戸主
會社員勇次郎庶子男無職業
養子　菊川勇作
明治四拾貳年六月七日生
本籍地同上會社員
右實父　菊川勇次郎
東京市四谷區西信濃町藝妓業
右實母　西川ハマ

右養子緣組屆出候也
大正四年拾貳月九日

屆出人養父　北畠一騎㊞
養母　ヒロ㊞

養子勇作拾五歳未滿ニ付
承諾者實父　菊川勇次郎㊞
明治拾參年五月拾日生
同上ニ付承諾者嫡母
戸主勇次郎妻無職業　菊川ハナ子㊞
明治貳拾年拾月五日生
東京市牛込區神樂坂町四丁目四番地無職
證人　阿原才師㊞
東京市赤坂區青山北町五丁目七番地石工職
證人　星塚春太郎㊞
同意者養子ノ戸主　菊川勇次郎㊞
養子勇作ニ代リ其嫡母ハナ子カ縁組ノ承諾ヲ爲スコトヲ同意ス
親族會員　北畠太郎
同　水島流太郎
同　山岸喜助
東京市京橋區長何某殿

（戸籍法第九十五條參照）

養子離緣屆　（二通）

石川縣金澤市西町五拾參番地戸主農業
養父　山川谷之助
明治四年五月六日生

養母無職業　　　　マ　ツ
明治七年八月五日生
養子無職業　　　　武　夫
明治貳拾五年參月六日生
石川縣金澤市谷町七拾八番地戸主農業
武夫カ復籍スヘキ家ノ戸主
兄　　　　　廣　田　秀　一
武夫實父無職業　　廣　田　秀　平
同　實母無職業　　カ　ネ
右大正四年四月六日縁組候處今般協儀ノ上離縁何々同意書相添及御届候也
大正四年拾貳月九日
山　川　谷　之　助㊞
マ　ツ㊞
武　夫㊞
石川縣金澤市古寺町壹丁目宿屋業
證　人　　北　村　豊　次　郎㊞
石川縣金澤市河原町貳拾參番地無職
證　人　　宮　田　文　太　郎㊞
金澤市長何某殿

（戸籍法第百條參照）

婚　姻　届　（二通）

大阪市東區和泉町壹丁目四番地戸主士族
官吏
夫　青山三郎明治貳拾四年五月六日生
右父無職業　青山敏行
右母無職業　チヨ
大阪市東區横堀四丁目四番地士族官吏
三好妹無職業
妻　吉森トキ
明治貳拾七年八月拾日生
右父無職業　吉森作二
右母無職業　タケ

右婚姻候間別紙何々同意書相添及御届候也
大正四年拾壹月拾八日
青山三郎㊞
吉森トキ㊞
大阪市東區松屋町五丁目六番地戸主酒問屋
證人　福田二郎㊞
明治四年九月拾七日生
大阪市東區北久太郎町拾番地戸主書籍商

大阪市東區長何某殿

室木喜三郎㊞
明治八年拾月拾五日生

（戸籍法第百四條參照）

離婚届

石川縣金澤市千日町壹丁目拾番地戸主士族
會社員
夫　木村一郎
明治貳拾參年六月七日生
右父無職業　木村彌助
右母無職業　キク
妻無職業　ウメ
明治貳拾八年參月五日生
右父無職業　由田作次郎
右母無職業　タケ
石川縣金澤市松原町七番地士族銀行員
ウメカ復籍スヘキ家ノ戸主
兄　由田金作

右協議ノ上離婚候間及御届候也
大正四年拾貳月拾八日
木村一郎㊞

ウ　メ　㊞

石川縣金澤市長町四丁目五番地戸主
印刷業
證　人　高　木　初　太　郎　㊞
明治拾五年八月六日生
石川縣金澤市安治町壹丁目貳番地戸主無職業
證　人　戸　田　辰　三　郎　㊞
明治九年九月五日生

金澤市長何某殿

（戸籍法第百十六條参照）

死　亡　屆

東京市牛込區下戸塚町四丁目八番地戸主
無　職　業　西　村　久　作
明治七年六月拾五日生

一　死亡ノ時　大正四年拾貳月七日午後四時
一　死亡場所　千葉縣千葉郡津田沼町四番地
右死亡致候ニ付別紙醫師ノ診斷書相添ヘ此段及御屆候也
大正四年拾貳月九日
亡戸主久作長男大工職
屆出人同居者　西　村　喜　久　治　㊞

東京市牛込區長何某殿

明治貳拾四年五月八日生

親族圖

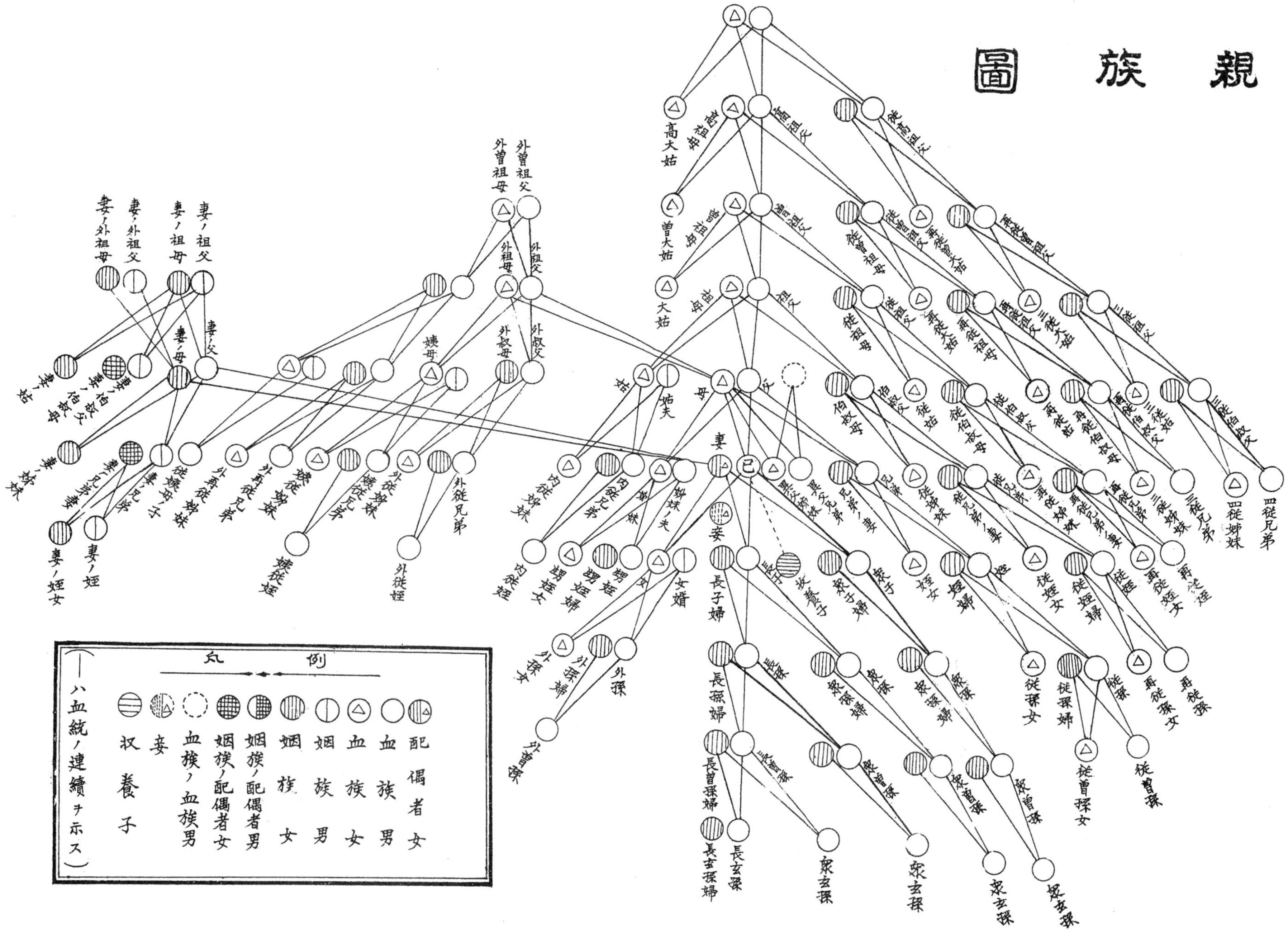
高祖父
高祖母
高大姑
從高祖父
曾祖父
曾祖母
曾大姑
從曾祖父
從曾祖母
再從曾祖父
祖父
祖母
大姑
從祖父
從祖母
再從祖父
再從祖母
三從祖父
父
母
姑
姑夫
伯叔父
伯叔母
從姑
從伯叔父
從伯叔母
再從姑
再從伯叔父
再從伯叔母
三從姑
三從伯叔父
己
妻
妾
兄弟
兄弟ノ妻
姊妹
姊妹ノ夫
從兄弟
從兄弟ノ妻
從姊妹
再從兄弟
再從姊妹
三從兄弟
三從姊妹
四從兄弟
四從姊妹
長子
長子婦
衆子
衆子婦
女
女婿
姪
姪婦
姪女
從姪
從姪婦
從姪女
再從姪
再從姪女
甥
甥婦
甥女
長孫
長孫婦
衆孫
衆孫婦
從孫
從孫婦
從孫女
再從孫
再從孫女
外孫
外孫婦
外孫女
外曾孫
長曾孫
長曾孫婦
衆曾孫
從曾孫
從曾孫女
長玄孫
長玄孫婦
衆玄孫
內從兄弟
內從姊妹
內從姪
外曾祖父
外曾祖母
外祖父
外祖母
外叔父
外叔母
姨母
外從兄弟
外從姪
姨從姪
妻ノ祖父
妻ノ祖母
妻ノ外祖父
妻ノ外祖母
妻ノ父
妻ノ母
妻ノ姑
妻ノ伯叔父
妻ノ伯叔母
妻ノ姊妹
妻ノ兄弟
妻ノ兄弟ノ妻
妻ノ姪
妻ノ姪女
凡例
配偶者女
血族男
血族女
姻族男
姻族女
姻族ノ配偶者男
姻族ノ配偶者女
血族ノ血族男
妾
養子
（—ハ血統ノ連續ヲ示ス）

譯文

朝鮮民籍法令集

朝鮮民籍法令集目次

●民籍法（隆熙三年三月法律第八號）（大正四年三月府令第一七號改正）……一
●民籍法執行心得（隆熙三年三月內部訓令第三九號）（大正四年八月訓令第四七號改正）……三
●舊口頭申告書用紙使用에關ᄒᆞᆫ件（大正四年八月官通牒第二四二號）……一四
●民籍事務에關ᄒᆞᆫ件（大正四年四月訓令第二一號）……一四
●民籍事務에關ᄒᆞᆫ件（大正四年四月官通牒第一〇〇號）……一五
●法例을朝鮮에施行ᄒᆞᆯ件（四五年三月勅令第二一號）……一六
●朝鮮民事令（拔抄）（四五年三月制令第七號）……二〇
●年齡計算에關ᄒᆞᆫ件（三五年法律第五〇）……二一
●民籍事務取扱에關ᄒᆞᆫ件（大正四年八月官通牒第二四〇號）……二三
●在外公館에서受理ᄒᆞᆫ外國在留者의身分에關ᄒᆞᆫ屆書處理方의件（大正二年六月總訓令第三二號）……三〇
●民籍法第三條의二의申告處理方에關ᄒᆞᆫ件（大正四年六月官通牒第一九三號）……三〇
●朝鮮人의姓名改稱에關ᄒᆞᆫ件（四四年十月府令第一二四號）（大正四年三月府令第一九號改正）……三〇
●朝鮮人의姓名改稱에關ᄒᆞᆫ件（大正四年四月官通牒第一〇五號）……三一

●民籍簿除籍簿의閲覽並其謄本抄本의交付에關ᄒᆞᆫ件（四四年十二月府令第一四八號）
（大正四年三月府令第一八號改正）（大正四年五月府令第五五號改正）……三一
●民籍簿、除籍簿의閲覽其他에關ᄒᆞᆫ取扱節次（大正四年六月訓令第三四號）……三二
●民籍事務에關ᄒᆞᆫ收入印紙消印의件（大正四年四月官通牒第一二〇號）……三三
●民籍事務에關ᄒᆞᆫ收入印紙의檢閲並書類保存方의件（大正四年五月官通牒第一五三號）……三三
●收入印紙의消印使用方의件（大正四年六月官通牒第一八二號）……三三
●收入印紙을貼付ᄒᆞᆫ書類處理의件（四四年五月訓令第四二號）……三三
●民籍簿閲覽並謄本抄本交付手數料報告方의件（大正四年五月官通牒第一四八號）……三四
●宿泊及居住規則（四四年府令第七五號）（大正二年府令第七一號改正）（大正四年府令第二〇號）……三四
●宿泊及居住規則取扱節次（四四年警訓令甲第三四號）（大正二年警訓令第三〇號）……三七
●土地調査令에依ᄒᆞᄂᆞᆫ地番號의設定無ᄒᆞᆫ地에統戸番號의新設變更에關ᄒᆞᆫ件（大正四年七月訓令第四一號）……四三
●法令第十三條의疑義에關ᄒᆞᆫ件（大正四年九月官通牒第二六七號）……四三
●民籍事務取扱에關ᄒᆞᆫ件（大正四年十月官通牒第二七七號）……四四
●朝鮮人의婚姻要件에關ᄒᆞᆫ件（大正四年十月官通牒第二九七號）……四五
●印鑑證明及民籍簿謄本若은抄本의下付에關ᄒᆞᆫ件（大正四年十一月官通牒第三二四號）……四六

附　錄

朝鮮民籍法令集（譯　文）

●民籍法　隆熙三年三月法律第八號　改正　大正四年三月府令第一七號

第一條　府及面에民籍簿를備홈

第一條의二　左記各號의一에該當ᄒᆞᄂᆞᆫ境遇에ᄂᆞᆫ其事實發生의日부터十日以內에本籍地所轄府尹又ᄂᆞᆫ面長에게申告홈이可홈

但事實의發生을知ᄒᆞ기不能ᄒᆞᆫ時ᄂᆞᆫ事實을知ᄒᆞᆫ日부터起算홈

一　出生

二　死亡

三　戶主變更

四　婚姻

五　離婚

六　養子

七　罷養

八　分家

九　一家創立

十　入家

十一　廢家

十二　廢絕家再興

十三　附籍

十四　移居

十五　改名

前項事實로ᄒᆞ야二面長以上所轄涉ᄒᆞᆯ時ᄂᆞᆫ申告書各本을作ᄒᆞ야申告義務者에所在地所轄面長의此를申告ᄒᆞᆷ이可ᄒᆞᆷ

第二條　第一條의申告義務者ᄂᆞᆫ左와如ᄒᆞᆷ

一　出生、死亡、戶主變更、分家、一家創立、廢家、廢絕家再興、改名及移居의境遇ᄂᆞᆫ當該戶主

二　養子及罷養의境遇ᄂᆞᆫ養家의戶主

三　婚姻及離婚의境遇ᄂᆞᆫ婚家의戶主

四　入家의境遇ᄂᆞᆫ入家케ᄒᆞᆫ戶主

五　附籍의境遇ᄂᆞᆫ附籍케ᄒᆞᆫ戶主

前項의境遇에戶主가申告를行ᄒᆞ기不能ᄒᆞᆫ時ᄂᆞᆫ戶主에代ᄒᆞᆯ主宰者、主宰者가無ᄒᆞᆫ時ᄂᆞᆫ家族又ᄂᆞᆫ親族、家族又ᄂᆞᆫ親族이無ᄒᆞᆫ時ᄂᆞᆫ事實發生의場所又ᄂᆞᆫ建物等을管理ᄒᆞᄂᆞᆫ者或은隣家로부터此를ᄒᆞᆷ이可ᄒᆞᆷ

第三條　婚姻、離婚、養子及罷養의申告ᄂᆞᆫ實家의戶主의連署로써此를ᄒᆞᆷ이可ᄒᆞᆷ但連署를得ᄒᆞ기不能ᄒᆞᆫ時ᄂᆞᆫ申告書에其旨를附記ᄒᆞᆷ이可ᄒᆞᆷ

第三條의二　民籍이養子、婚姻、其他事由에因ᄒᆞ야一府又ᄂᆞᆫ面으로他府又ᄂᆞᆫ面에轉屬ᄒᆞᄂᆞᆫ境遇에轉籍地府尹又ᄂᆞᆫ面長에申告ᄒᆞᄂᆞᆫ데ᄂᆞᆫ申告書에轉籍ᄒᆞᄂᆞᆫ者의民籍의謄本又ᄂᆞᆫ抄本을添附ᄒᆞᆷ이可ᄒᆞᆷ

第四條　第二條의申告義務者ᄂᆞᆫ本籍地以外에居住ᄒᆞᄂᆞᆫ境遇에ᄂᆞᆫ其居住地所轄府尹又ᄂᆞᆫ面長에게申告ᄒᆞᆷ을得ᄒᆞᆷ

第五條　民籍에關ᄒᆞᆫ申告ᄂᆞᆫ書面으로써此를ᄒᆞᆷ이可ᄒᆞᆷ但當分內ᄂᆞᆫ口頭로써ᄒᆞᆷ을得ᄒᆞᆷ

第六條　第一條의申告를怠ᄒᆞᆫ者ᄂᆞᆫ五十以下의笞刑又ᄂᆞᆫ五圓以下의罰金에處ᄒᆞᆷ詐欺의申告를ᄒᆞᆫ者ᄂᆞᆫ六個月以下

의懲役笞刑或은百圓以下의罰金에處홈

第七條　(削除)

第八條　本法施行에要ᄒᆞᄂᆞᆫ規程은內部大臣이此를定홈

附　則

本法은隆熙三年四月一日부터此를施行홈

建陽元年勅令第六十一號戶口調査規則은本法施行日부터此를廢止홈

附　則

本令은大正四年四月一日부터此를施行홈

民籍法執行心得

隆熙三年(明治四十二年)三月 舊韓國內部訓令第三九號 改正 大正四年八月七日本府總訓令第四七號

第一條　民籍에ᄂᆞᆫ地名及地番號又ᄂᆞᆫ統戶番號를附홈이可홈

第二條　民籍은町又ᄂᆞᆫ里(洞)마다地番號又ᄂᆞᆫ統戶番號의順序에依ᄒᆞ야此를編綴ᄒᆞ야帳簿로홈이可홈但便宜口座를設ᄒᆞ야此를合冊으로홈을得홈

戶主變更、廢家其他事由에因ᄒᆞ야民籍의全部를抹消ᄒᆞᆫ時ᄂᆞᆫ其民籍은此를民籍簿에서除ᄒᆞ고前項의準ᄒᆞ야編綴ᄒᆞ야除籍簿로홈이可홈

第三條　民籍記載의順位ᄂᆞᆫ左와如홈

一　戶主

二　戶主의直系尊屬

三　戶主의配偶者

四　戶主의直系卑屬及配偶者
五　戶主의傍系親及其配偶者
六　戶主의親屬이안닌者

第四條　（削除）

第五條　一家絕滅호境遇는其旨를記載호고除籍홈이可홈

第六條　附籍者의民籍은一家族마다別紙로써編成호야附籍主民籍의末尾에編綴홈이可홈
附籍者의民籍에는附籍主의姓名及其附籍된旨를欄外에記載호야置홈이可홈

第七條　府尹又는面長이恆常部內의民籍異動에注意호야申告를怠호는者이有호時는此를催告홈이可홈
府尹又는面長이口頭로써民籍에關호申告를受호時는口頭申告書에記載홈이可홈

第八條　（削除）

第九條　府尹又는面長에게受호申告書中他管에關호者는其府尹又는面長에送致홈이可홈

第十條　民籍簿는別紙甲號樣式、口頭申告書는別紙乙號樣式에依호야調製홈이可홈

第十一條　民籍에關호帳簿及書類의保存期間은左의區分에依홈

一	民籍簿	永久
二	除籍簿	五十年
三	申告書	五年
四	其他書類	三年

前項의保存期間은當該年度의翌年부터此를起算홈

第十二條　面長이保存期間이經過호帳簿又는書類를廢棄코져호는時는目錄을作호야郡守又는島司의認可를受홈이可홈

（甲號樣式의一）

（用紙美濃紙）

民　籍　簿

（土地ノ名稱）

何冊ノ内何號

何　府（面）

本籍

道

事由

事由

事由

戸主

本

前戸主

戸主トナリタル原因及其年月日

父

母

出生別

姓名

生年月日

身位

父

母

出生別

本

姓名

生年月日

身位

父

母

出生別

本

姓名

生年月日

（用紙美濃紙）

事由	事由	事由	事由
身位	身位	身位	身位
父	父	父	父
母	母	母	母
出生別	出生別	出生別	出生別
本	本	本	本
姓名	姓名	姓名	姓名
生年月日	生年月日	生年月日	生年月日

民籍記載例

一「本籍」의欄에ᄂᆞᆫ何道何府郡(島)何町何丁目面何里(洞)(里或은洞)何番地何統何戶를記載ᄒᆞᆷ이可ᄒᆞᆷ

二「本」의欄에ᄂᆞᆫ始祖의出生地名을記載ᄒᆞᆷ例則其의始祖가金海의出生이면金海라記載ᄒᆞᆷ과如히戶主와同姓同本된家族에對ᄒᆞ야ᄂᆞᆫ此의記載를要치아니ᄒᆞᆷ

三「前戶主欄」에ᄂᆞᆫ戶主變更될境遇에ᄂᆞᆫ前代戶主의姓名、廢絕家再興될境遇에ᄂᆞᆫ廢絕家當時戶主된者의姓名을記載ᄒᆞᆷ이可ᄒᆞᆷ但分家又ᄂᆞᆫ一家創立될時ᄂᆞᆫ空欄의ᄒᆞᆷ이可ᄒᆞᆷ

四「戶主トナリタル原因及其年月日」의欄에ᄂᆞᆫ原因으로戶主의死亡에因ᄒᆞ거나廢絕家再興에因ᄒᆞ거나又ᄂᆞᆫ分家或은一家創立을因ᄒᆞᆷ의區別及其年月日를記載ᄒᆞᆷ이可ᄒᆞᆷ例則「戶主某死亡에因ᄒᆞ야何年何月何日戶主」가됨이라記載ᄒᆞᆷ과如ᄒᆞᆷ

五「父」、「母」의欄에ᄂᆞᆫ其實父母의姓名을記載ᄒᆞᆷ이可ᄒᆞᆷ、庶子될時ᄂᆞᆫ嫡母(庶子의父의妻)를記載치아니ᄒᆞ고實母를記載ᄒᆞᆯ지며婚姻、養子緣組其他의事由에因ᄒᆞ야他家로부터入ᄒᆞᆫ者이면其의他家에在ᄒᆞᆫ實父母를記載ᄒᆞᆷ이可ᄒᆞᆷ

六「出生別」의欄에ᄂᆞᆫ其父의關係를記載ᄒᆞᆷ이可ᄒᆞᆷ例則(嫡出子에在ᄒᆞ야ᄂᆞᆫ長男、二男、長女、二女(甲)男(乙)女(丙)男(丁)女等의順에依ᄒᆞ야出生ᄒᆞᆫ時에ᄂᆞᆫ長男、二女、三男、四女로아니ᄒᆞ고長男、長女、二男、二女라男女를區別ᄒᆞ고其의順을定ᄒᆞᄂᆞᆫ거시라)고記載ᄒᆞ고庶子에在ᄒᆞ야ᄂᆞᆫ單히庶子男、庶子女、私生子에在ᄒᆞ야ᄂᆞᆫ單히私生子男、私生子女라記載ᄒᆞᆷ이可ᄒᆞᆷ

七「姓名」의欄에ᄂᆞᆫ各自의姓及名을記載ᄒᆞᆷ이可ᄒᆞᆷ但戶主와同本同姓(婚姻其事由에因ᄒᆞ야他家로부터入ᄒᆞᆫ者로本을異케ᄒᆞᆫ者卽非血族者에在ᄒᆞ야ᄂᆞᆫ姓을同케ᄒᆞᆫ것도此의記載로略ᄒᆞᆷ을不得ᄒᆞᆷ)의家族에對ᄒᆞ야ᄂᆞᆫ其의名만記載ᄒᆞᆷ이可ᄒᆞᆷ

八「生年月日」의欄에ᄂᆞᆫ其出生ᄒᆞᆫ年月日을記載ᄒᆞᆷ이可ᄒᆞᆷ

九 「身位」의欄에ᄂᆞᆫ戶主와關係를記載ᄒᆞᆷ이可ᄒᆞᆷ例則母、妻、長男、長女、弟、長男某의妻、孫、養子라記載ᄒᆞᆷ과如ᄒᆞᆷ

戶主를中心으로ᄒᆞᆫ關係(身位)와父를中心으로ᄒᆞᆫ關係(出生別)ᄂᆞᆫ父가戶主된場合의外ᄂᆞᆫ同一치아니ᄒᆞᆷ例則戶主의對ᄒᆞ야ᄂᆞᆫ孫이되나父에對ᄒᆞ야ᄂᆞᆫ子가됨과如ᄒᆞᆷ

十 「事由」의欄에ᄂᆞᆫ左의例에依ᄒᆞ야身分의異動事項을記載ᄒᆞᆷ이可ᄒᆞᆷ

出生及認知

何道何郡何面何里何番地에셔出生㊞

何年何月何日父何道何郡何面何里何番地某認知의因ᄒᆞ야除籍㊞（母의家로부터除籍ᄒᆞᆯ際私生子의事由에）

何道何郡何面何里何番地戶主某何女某의私生子男(女)何年何月何日父某認知에因ᄒᆞ야入籍㊞（父의家에入籍ᄒᆞᆯ際私生子事由欄에）

死亡

何年何月何日午前後何時何道何郡何面何里何番地에셔死亡㊞

戶主變更

戶主變更㊞

婚姻

何年何月何日何道何郡何面何里何番地戶主某何男某와婚姻에因ᄒᆞ야除籍㊞（除籍ᄒᆞᆯ際女子의事由欄에）

何道何郡何面何里何番地戶主某何女何年何月何日婚姻ᄒᆞᆷ을因ᄒᆞ야入籍㊞（入籍ᄒᆞᆯ際女子의事由欄에）

何年何月何日父某母某의婚姻에因ᄒᆞ야嫡出子가爲됨㊞（庶子가父母의婚姻을因ᄒᆞ야嫡出子의身分을取得ᄒᆞᆯ場合其의者의事由欄에）

離婚

何年何月何日離婚 何法院에셔言渡ᄒᆞᆫ바된離婚의判決確定）何年何月何日何道何郡何面何里何番地實家

某方에復籍（實家某絶家에付何道何郡何面何里何番地親族某方에入家又ᄂᆞᆫ實家某絶家에付何道何郡何面何里何番地에一家創立）에因ᄒᆞ야除籍㊞（除籍ᄒᆞᆯ際女의事由欄에）

何道何郡何面何里何番地戶主某何男某妻何年何月何日離婚（何法院에서言渡ᄒᆞᆫ비된離婚判決確定）에因ᄒᆞ야復籍（實家何道何郡何面何里何番地某絶家에付入家又ᄂᆞᆫ實家何道何郡何面何里何番地某絶家에付一家創立）㊞（實家에復籍ᄒᆞ고親族의家에入家ᄒᆞ고又은一家創立ᄒᆞᆫ場合女의事由欄에）

養子

何年何月何日何道何郡何面何里何番地某와養子緣組에因ᄒᆞ야除籍㊞（除籍ᄒᆞᆯ養子가爲된者의事由欄에）

何道何郡何面何里何番地戶主某何男何年何月何日養子緣組에因ᄒᆞ야入籍㊞（入籍ᄒᆞᆯ際養子의事由欄에）

罷養

離婚의場合의文例를準用ᄒᆞᆷ이可ᄒᆞᆷ

分家

何年何月何日何道何郡何面何里何番地에分家에因ᄒᆞ야除籍㊞（本家民籍에除籍ᄒᆞᆯ시ᄂᆞᆫ分家者의事由欄에）

何年何月何日父某分家에付共히除籍㊞（分家者의家族을本家民籍에서除籍ᄒᆞᆯ場合其의家族의事由欄에）

何年何月何日何道何郡何面何里何番地某方으로부터分家㊞（分家新戶主의事由欄에）

何年何月何日父某分家에付共히入籍㊞（分家新戶主의家族의事由欄에）

一家創立

何年何月何日一家創立同日附調書에依ᄒᆞ야記載㊞（棄兒의一家創立의場合其의者의事由欄에）

入家

何年何月何日何道何郡何面何里何番地某方에母某에從ᄒᆞ야入家에因ᄒᆞ야除籍㊞（除籍의場合入家ᄒᆞᆫ者의事由欄에）

何年何月何日戶主某妻某에從ᄒᆞ야入家㊞（入家ᄒᆞᆫ者의事由欄에）

離　籍

何年何月何日何道何郡何面何里何番地實家某方에復籍홈을因ᄒᆞ야離籍㊞（除籍의場合其의者의事由欄에）

何年何月何日何道何郡何面何里何番地某妻某에從ᄒᆞ야入家ᄒᆞᆫ바處離籍에因ᄒᆞ야復籍㊞（復籍의場合其의者의事由欄에）

廢　家

何年何月何日廢家㊞（廢家戶主의事由欄에）

絶　家

相續ᄒᆞᆯ者無홈을因ᄒᆞ야何年何月何日絶家㊞（絶家戶主의事由欄에）

廢絶家再興

何年何月何日何道何郡何面何里何番地戶主某의弟、叔父某의廢家（絶家）再興㊞（新民籍戶主의事由欄에）

何年何月何日何道何郡何面何里何番地에셔廢家（絶家）再興㊞（實家의民籍中再興者의事由欄에）

移　居（他의府、面에移居ᄒᆞᆯ場合）

何年何月何日何道何郡何面何里何番地에移居홈을因ᄒᆞ야全戶除籍㊞（原民籍中戶主의事由欄에）

何年何月何日何道何郡何面何里何番地에셔移居㊞（新民籍中戶主의事由欄에）

改　名

何年何月何日附何道長官의許可를因ᄒᆞ야改名㊞

名ノ登錄（民籍에名이記載無ᄒᆞᆫ者新히其의名의登錄을爲ᄒᆞᆫ場合）

何年何月何日命名㊞

（乙號樣式）

（注意）婚姻、離婚其他相手方을要ᄒᆞᆯ場合에ᄂᆞᆫ其의相手方에關ᄒᆞᆫ申告事項을「事實의相對者」의各欄에記入ᄒᆞᆯ事

申告日　大正　年　月　日

事實發生ノ日　年　月　日

申告事實

申告義務者　府郡島　町面　里洞　統戶　番地

申告連署者　府郡島　町面　里洞　統戶　番地

事實ノ本人

父

母

出生別　本

姓名

生年月日　年　月　日

身位

事實ノ相對者

父

母

出生別　本

姓名

生年月日　年　月　日

身位

申告日　大正　年　月　日

事實發生ノ日　年　月　日

申告事實

申告義務者　府郡島　町面　里洞　統戶　番地

申告連署者　府郡島　町面　里洞　統戶　番地

事實ノ本人

父

母

出生別　本

姓名

生年月日　年　月　日

身位

事實ノ相對者

父

母

出生別　本

姓名

生年月日　年　月　日

身位

申告日　大正　年　月　日
事實發生ノ日　年　月　日
申告事實

申告義務者　府郡島　町面　里洞　統　番地戶
申告連署者　府郡島　町面　里洞　統　番地戶

事實ノ本人
父
母
出生別
本
姓名
生年月日　年　月　日
身位

事實ノ相對者
父
母
出生別
本
姓名
生年月日　年　月　日
身位

申告日　大正　年　月　日
事實發生ノ日　年　月　日
申告事實

申告義務者　府郡島　町面　里洞　統　番地戶
申告連署者　府郡島　町面　里洞　統　番地戶

事實ノ本人
父
母
出生別
本
姓名
生年月日　年　月　日
身位

事實ノ相對者
父
母
出生別
本
姓名
生年月日　年　月　日
身位

●舊口頭申告書用紙使用에關ᄒᆞᆫ件

大正四年八月七日 官通牒第二四二號
司法部長官發各道長官宛

今般訓令第四十七號로써民籍法執行心得中改正의件發布相成口頭申告書의樣式에一二의改正을加ᄒᆞᆫ일이잇스나從來의樣式에依ᄒᆞ야旣히調製ᄒᆞᆫ口頭申告書用紙는當分의內使用ᄒᆞ게ᄒᆞ심이可ᄒᆞᆫ事로通知ᄒᆞᆷ이可ᄒᆞᆷ

●民籍事務에關ᄒᆞᆫ件

大正四年四月一日總訓令第二一號

道長官
警務總長
警務部長

民籍編成의要는各家의組織과各人의身分關係를明確히ᄒᆞ고且戶口調査의基礎를定ᄒᆞᆷ에在ᄒᆞᆫ지라身分이不定ᄒᆞ면各人의權義가恒常不安ᄒᆞ고戶口가不正ᄒᆞ면施政에錯誤를致ᄒᆞ는虞慮가有ᄒᆞ니故로民籍의編成을完全히ᄒᆞᆷ은國家施設經營의要義이니特別히重要ᄒᆞᆫ政務에屬ᄒᆞ도다

朝鮮에在ᄒᆞᆫ民籍에關ᄒᆞᆫ制度는古來幾度의變遷을經ᄒᆞ얏스나其制度가不備ᄒᆞ고此를處理ᄒᆞ는地方行政機關이亦不整ᄒᆞ야戶口調査는有名無實ᄒᆞ야民籍事務의紊亂이其極에達ᄒᆞ야殆히收拾지못ᄒᆞᆯ者이有ᄒᆞᆷ으로更히戶口의調査를嚴密히ᄒᆞ고民籍의基礎를確立ᄒᆞᆯ急務됨을認ᄒᆞ야行政機關의整理에先ᄒᆞ야隆熙二年에民籍法을制定ᄒᆞ는同時에民籍事務를警察官署에委ᄒᆞᆫ지라爾來民籍事務는警察官署의努力에依ᄒᆞ야著々改善의實를擧ᄒᆞ고一邊地方行政機關이漸備ᄒᆞ고府面의事務가亦昔日面目을改ᄒᆞᆷ에至ᄒᆞ야슴으로時勢의進運을鑑ᄒᆞ야玆에民籍事務를府尹面長의管掌에移케ᄒᆞ노라民籍事務에關ᄒᆞ야는民籍法及同執行心得이有ᄒᆞ나皆草創時代에在ᄒᆞᆫ一時的便宜規定에係ᄒᆞ야內容이極히簡單ᄒᆞ고節次가細微ᄒᆞᆷ에涉지못ᄒᆞᆫ故로其實行은一히事務處理者의手腕을俟치아니치못ᄒᆞᆯ지오又民籍事務는親族及相續에關ᄒᆞᆫ實體法規와密接의關係가有ᄒᆞᆷ은勿論이니朝鮮人의親族

及相續에關ᄒᆞᆫ事項은不可不慣習에依ᄒᆞᆯ지니此慣習調査ᄂᆞᆫ民籍事務處理上重大ᄒᆞᆫ要件이라然而人事複雜ᄒᆞᆫ뒤慣習調査의困難이有ᄒᆞᆯ뿐아니라公의秩序와善良ᄒᆞᆫ風俗에反ᄒᆞᄂᆞᆫ慣習은此를能히認容치못ᄒᆞᆯ者이有ᄒᆞᆫ지라故로從來例規에徵ᄒᆞᆯ것이無ᄒᆞᆫ慣習에對ᄒᆞ야ᄂᆞᆫ特히愼重ᄒᆞᆫ注意로써此를調査判定ᄒᆞᆷ을要ᄒᆞ고又民籍의異動은申告에基ᄒᆞ야加除訂正ᄒᆞᆷ을要ᄒᆞ나異動의申告ᄂᆞᆫ恒常怠慢에流ᄒᆞ기易ᄒᆞ니一度申告의遺漏를看過ᄒᆞ면延ᄒᆞ야民籍紊亂의因이되야戶口의精確ᄒᆞᆫ調査ᄂᆞᆫ遂히可望치못ᄒᆞᆷ에至ᄒᆞᆯ지라故로民籍事務의處理에對ᄒᆞ야ᄂᆞᆫ玆에深思를致ᄒᆞ야恒常民籍異動의事實에注意ᄒᆞ야徒히申告만俟치말고進ᄒᆞ야此를督促ᄒᆞ야써申告의遺漏가無ᄒᆞᆷ을期케ᄒᆞᆯ지어다

今에民籍事務ᄂᆞᆫ警察官署整理의後를承ᄒᆞ야地方廳監督下에府尹面長의管掌ᄒᆞᄂᆞᆫ바이된지라府面事務ᄂᆞᆫ稍히整理ᄒᆞᆫ바이有ᄒᆞ나逐年繁劇를加ᄒᆞ야負擔의重ᄒᆞᆷ을感ᄒᆞᄂᆞᆫ時를當ᄒᆞ야玆又複雜多端ᄒᆞᆫ民籍事務의附加를見ᄒᆞ니若其初에充分ᄒᆞᆫ指導를加치아니ᄒᆞ면民籍事務가再次紊亂에陷ᄒᆞᆷ이無ᄒᆞᆷ을難保이니是ᄂᆞᆫ本總督의竊爲憂慮ᄒᆞᄂᆞᆫ바이라道長官은宜히以上趣旨를體ᄒᆞ야懇篤ᄒᆞᆫ指導와嚴正ᄒᆞᆫ監督下의府尹面長으로ᄒᆞ야곰能히其職責을盡케ᄒᆞ야民籍事務를完全히ᄒᆞᆷ을期ᄒᆞᆷ이可ᄒᆞ고警務總長及警務部長은戶口調査의便宜와從來의經驗을有ᄒᆞᆫ警察官署로ᄒᆞ야곰臨機適當의援助를與ᄒᆞ야써民籍의完璧을期케ᄒᆞᆷ에努力ᄒᆞᆯ지어다

●民籍事務에關ᄒᆞᆫ件

大正四年四月一日 官通牒第一〇〇號
政務總監發各道長官宛

民籍事務ᄂᆞᆫ四月一日부터府尹面長의管掌에移屬ᄒᆞᆫ바其處理節次에對ᄒᆞ야ᄂᆞᆫ特히法令을改正ᄒᆞᆫ者外에總히從來의例에據케ᄒᆞᄂᆞᆫ趣旨이니民籍簿의樣式、民籍의編成、民籍의記載其他民籍의處理節次에對ᄒᆞ야民籍法執行心得의適用이有ᄒᆞᆷ은勿論이오從來民籍事務處理에關ᄒᆞ야警務總長의發ᄒᆞᆫ命令通牒等에準據ᄒᆞ야處理케ᄒᆞᆯ儀로斟酌ᄒᆞ시고又民籍事務의監督에對ᄒᆞ야ᄂᆞᆫ特히左記各項에留意ᄒᆞ심을爲要

記

一 民籍事務는되도록同一吏員으로ᄒᆞ야곰此에當케ᄒᆞ고隨時郡廳에召集ᄒᆞ야事務를練習케ᄒᆞ고又恒常關係法規及慣習을調査研究케ᄒᆞᆯ事

一 常히管內人事의異動에注意ᄒᆞ야申告의遺가無케ᄒᆞᆷ을期ᄒᆞᆯ事

一 事件의處理를鄭重且敏活ᄒᆞ고申告者에失費를掛치안토록注意케ᄒᆞᆯ事

一 移居와居住의區別、就籍、入籍等의處理에注意ᄒᆞ야複本籍을生치아니ᄒᆞ도록留意케ᄒᆞᆯ事

一 相續의順位에注意케ᄒᆞᆯ事

一 記載의順序、記載의事項、民籍簿及登錄簿의加除等에過誤가無ᄒᆞ도록恒常監督指導ᄒᆞᆯ事

一 文字의改竄에注意ᄒᆞ고簿冊의處理를鄭重히ᄒᆞ야毀損汚損等이無ᄒᆞ도록留意케ᄒᆞᆯ事

一 收入印紙의處理에對ᄒᆞ야特히嚴密히監督ᄒᆞᆯ事

●法例을朝鮮에施行ᄒᆞᆯ件 四五年三月勅令第二一號

法例은此을朝鮮에施行ᄒᆞᆷ

附 則

本令은明治四十五年四月一日부터此을施行ᄒᆞᆷ

法 例

第一條 法律은公布의日노부터起算ᄒᆞ야滿二十日을經ᄒᆞ야此를施行ᄒᆞᆷ但法律로써此와異ᄒᆞᆫ施行時期를定ᄒᆞᆫ뎌는此限에不在ᄒᆞᆷ

臺灣、北海道、沖繩縣其他島地에對ᄒᆞ야는勅令으로써特別의施行時期를定ᄒᆞᆷ을得ᄒᆞᆷ

第二條 公의秩序又는善良ᄒᆞᆫ風俗에反치아니ᄒᆞ는慣習은法令의規定에依ᄒᆞ야認ᄒᆞᆫ것과及法令에規定업는事項에關ᄒᆞ는것에限ᄒᆞ야法律과同一ᄒᆞᆫ效力을有ᄒᆞᆷ

第三條　人의能力은其本國法에依ᄒᆞ야此를定ᄒᆞᆷ

外國人이日本에셔法律行爲를ᄒᆞᆫ場合에셔其外國人이本國法에依ᄒᆞ면無能力者됨이可ᄒᆞᆯᄯᅵ라도日本의法律에依ᄒᆞ면能力者됨이可ᄒᆞᆯᄯᅵᄂᆞᆫ前項의規定에不拘ᄒᆞ고此를能力者로看做ᄒᆞᆷ

前項의規定은親族法又ᄂᆞᆫ相續法의規定에依ᄒᆞᆷ이可ᄒᆞᆯ法律行爲及外國에在ᄒᆞᆫ不動産에關ᄒᆞᆫ法律行爲에對ᄒᆞ야ᄂᆞᆫ此를適用치아니ᄒᆞᆷ

第四條　禁治産의原因은禁治産者의本國法에依ᄒᆞ야其宣告의效力은宣告를ᄒᆞᆫ國의法律에依ᄒᆞᆷ

日本에住所又ᄂᆞᆫ居所를有ᄒᆞᆫ外國人에게對ᄒᆞ야其本國法에依ᄒᆞ야禁治産의原因잇ᄂᆞᆫᄯᅵᄂᆞᆫ裁判所ᄂᆞᆫ其者에게對ᄒᆞ야禁治産의宣告를ᄒᆞᆷ을得ᄒᆞᆷ但日本의法律이其原因을認치아니ᄒᆞᄂᆞᆫᄯᅵᄂᆞᆫ此限에不在ᄒᆞᆷ

第五條　前條의規定은準禁治産에此를準用ᄒᆞᆷ

第六條　外國人의生死가分明치아니ᄒᆞᆫ場合에셔ᄂᆞᆫ裁判所ᄂᆞᆫ日本에在ᄒᆞᆫ財産及日本의法律에依ᄒᆞᆷ이可ᄒᆞᆯ法律關係에對ᄒᆞ야ᄂᆞᆫ日本의法律에依ᄒᆞ야失踪의宣告ᄒᆞᆷ을得ᄒᆞᆷ

第七條　法律行爲의成立及效力에對ᄒᆞ야ᄂᆞᆫ當事者의意思에從ᄒᆞ야其何의國의法律에依ᄒᆞᆷ이可ᄒᆞᆯᄂᆞᆫ지를定ᄒᆞᆷ

當事者의意思가分明치아니ᄒᆞᆫᄯᅵᄂᆞᆫ行爲地法에依ᄒᆞᆷ

第八條　法律行爲의方式은其行爲의效力을定ᄒᆞᄂᆞᆫ法律에依ᄒᆞᆷ

行爲地法에依ᄒᆞᆫ方式은前項의規定에不拘ᄒᆞ고此를有效으로ᄒᆞᆷ但物權其他登記ᄒᆞᆷ이可ᄒᆞᆯ權利를設定ᄒᆞ거나又ᄂᆞᆫ處分ᄒᆞᄂᆞᆫ法律行爲에對ᄒᆞ야ᄂᆞᆫ此限에不在ᄒᆞᆷ

第九條　法律을異히ᄒᆞᄂᆞᆫ地에在ᄒᆞᆫ者에게對ᄒᆞ야ᄒᆞᆫ意思表示에對ᄒᆞ야ᄂᆞᆫ其通知를發ᄒᆞᆫ地를行爲地로看做ᄒᆞᆷ

契約의成立及效力에對ᄒᆞ야ᄂᆞᆫ申込의通知를發ᄒᆞᆫ地를行爲地로看做ᄒᆞᆷ若其申込을受ᄒᆞᆫ者가承諾을ᄒᆞᆫ當時申込의發信地를不知ᄒᆞᆫᄯᅵᄂᆞᆫ申込者의住所地를行爲地로看做ᄒᆞᆷ

第十條　動産及不動産에關ᄒᆞᄂᆞᆫ物權其他登記ᄒᆞᆷ이可ᄒᆞᆯ權利ᄂᆞᆫ其目的物의所在地法에依ᄒᆞᆷ

前項에揭ᄒᆞᆫ權利의得喪은其原因된事實의完成ᄒᆞᆫ當時의目的物의所在地法에依ᄒᆞᆷ

第十一條　事務管理、不當利得又ᄂᆞᆫ不法行爲에因ᄒᆞ야生ᄒᆞᆯ債權의成立及效力은其原因된事實의發生ᄒᆞᆫ地의法律에依ᄒᆞᆷ

前項의規定은不法行爲에對ᄒᆞ야ᄂᆞᆫ外國에셔發生ᄒᆞᆫ事實이日本의法律에依ᄒᆞ면不法되지아니ᄒᆞᄂᆞᆫᄯᅢᄂᆞᆫ此를適用치아니ᄒᆞᆷ

外國에셔發生ᄒᆞᆫ事實이日本의法律에依ᄒᆞ야不法ᄒᆞᆫᄯᅢ라도被害者ᄂᆞᆫ日本의法律이認ᄒᆞᆫ損害賠償其他의處分이아니면此를請求ᄒᆞᆷ을不得ᄒᆞᆷ

第十二條　債權讓渡의第三者에게對ᄒᆞᄂᆞᆫ效力은債務者의住所地法에依ᄒᆞᆷ

第十三條　婚姻成立의要件은各當事者에게對ᄒᆞ야其本國法에依ᄒᆞ야此를定ᄒᆞᆷ但其方式은婚姻擧行地의法律에依ᄒᆞᆷ

前項의規定은民法第七百七十七條의適用을不妨ᄒᆞᆷ

第十四條　婚姻의效力은夫에本國法에依ᄒᆞᆷ

外國人이女戶主와入夫婚姻을ᄒᆞ거나又ᄂᆞᆫ日本人에게婿養子로된場合에셔ᄂᆞᆫ婚姻의效力은日本의法律에依ᄒᆞᆷ

第十五條　夫婦財産制ᄂᆞᆫ婚姻의當時의夫의本國法에依ᄒᆞᆷ

外國人이女戶主와入夫婚姻을ᄒᆞ거나又ᄂᆞᆫ日本人에게婿養子로된場合에셔ᄂᆞᆫ夫婦財産制ᄂᆞᆫ日本의法律에依ᄒᆞᆷ

第十六條　離婚은其原因된事實의發生ᄒᆞᆫ時의夫의本國法에依ᄒᆞᆷ但裁判所ᄂᆞᆫ其原因된事實이日本의法律에依ᄒᆞ야도離婚의原因된ᄯᅢ가아니면離婚의宣告를ᄒᆞᆷ을不得ᄒᆞᆷ

第十七條　子의嫡出인지與否ᄂᆞᆫ其出生ᄒᆞᆫ當時母의夫의屬ᄒᆞᆫ國의法律에依ᄒᆞ야此를定ᄒᆞᆷ若其夫가子의出生前에死亡ᄒᆞᆫᄯᅢᄂᆞᆫ其最後에屬ᄒᆞᆫ國의法律에依ᄒᆞ야此를定ᄒᆞᆷ

第十八條　私生子認知의要件은其父又ᄂᆞᆫ母에게關ᄒᆞ야ᄂᆞᆫ認知의當時父又ᄂᆞᆫ母의屬ᄒᆞᄂᆞᆫ國의法律에依ᄒᆞ야此를

定ᄒᆞ고其子에게關ᄒᆞ야ᄂᆞᆫ認知의當時子의屬ᄒᆞᄂᆞᆫ國의法律에依ᄒᆞ야此를定홈

認知의效力은父又ᄂᆞᆫ母의本國法에依홈

第十九條　養子緣組의要件은各當事者에게對ᄒᆞ야其本國法에依ᄒᆞ야此를定홈

養子緣組의效力及離緣은養親의本國法에依홈

第二十條　親子間의法律關係ᄂᆞᆫ父의本國法에依홈若父잇지아니ᄒᆞᄂᆞᆫ때ᄂᆞᆫ母의本國法에依홈

第二十一條　扶養의義務ᄂᆞᆫ扶養義務者의本國法에依ᄒᆞ야此를定홈

第二十二條　前九條에揭ᄒᆞᆫ것의外親族關係及此에因ᄒᆞ야生ᄒᆞᆯ權利義務ᄂᆞᆫ當事者의本國法에依ᄒᆞ야此를定홈

第二十三條　後見은被後見人의本國法에依홈

日本에住所又ᄂᆞᆫ居所를有ᄒᆞᄂᆞᆫ外國人의後見은其本國法에依ᄒᆞ면後見開始의原因이잇셔도後見의事務를行ᄒᆞᆯ者업ᄂᆞᆫ때와及日本에셔禁治產의宣告잇ᄂᆞᆫ때에限ᄒᆞ야日本의法律에依홈

第二十四條　前條의規定은保佐人에게此를準用홈

第二十五條　相續은被相續人의本國法에依홈

第二十六條　遺言의成立及效力은其成立ᄒᆞᆫ當時의遺言者의本國法에依홈

遺言의取消ᄂᆞᆫ其當時의遺言者의本國法에依홈

前二項의規定은遺言의方式에對ᄒᆞ야行爲地法에依홈을不妨홈

第二十七條　當事者의本國法에依홈이可ᄒᆞᆯ場合에셔其當事者가二箇以上의國籍을有ᄒᆞᄂᆞᆫ때ᄂᆞᆫ最後에取得ᄒᆞᆫ國籍에依ᄒᆞ야其本國法을定홈但其一이日本의國籍인ᄂᆞᆫ때ᄂᆞᆫ日本의法律에依홈

國籍을有치아니ᄒᆞᄂᆞᆫ者에게對ᄒᆞ야ᄂᆞᆫ其住所地法으로ᄡᅥ本國法으로看做홈其住所가不知케된때ᄂᆞᆫ其居所地法에依홈

地方에依ᄒᆞ야法律을異히ᄒᆞᄂᆞᆫ國의人民에게對ᄒᆞ야ᄂᆞᆫ其者의屬ᄒᆞᄂᆞᆫ地方의法律에依홈

第二十八條　當事者의住所地法에依홈이可홀場合에셔其住所가不知케된ᄯᅢ는其居所地法에依홈
前條第一項及第三項의規定은當事者의住所地法에依홈이可홀場合에此를準用홈
第二十九條　當事者의本國法에依홈이可홀場合에셔其國의法律에從ᄒᆞ야日本의法律에依홈이可홀ᄯᅢ는日本의法律에依홈
第三十條　外國法에依홈이可홀場合에셔其規定이公의秩序又는善良ᄒᆞᆫ風俗에反ᄒᆞ는ᄯᅢ는此를適用치아니홈

●朝鮮民事令（抜抄）　四五年三月十八日制令第七號

朝鮮民事令을明治四十四年法律第三十號第一條及第二條에依ᄒᆞ야勅裁를得ᄒᆞ고玆에此를公布홈

朝鮮民事令

第一條　民事에關ᄒᆞ는事項은本令其他의法令에特別ᄒᆞᆫ規定잇는場合을除ᄒᆞ는外左의法律에依홈

一　民事
二　明治三十五年法律第五十號
三　明治三十七年法律第十七號
四　明治三十二年法律第四十號
五　明治三十三年法律第五十一號
六　明治三十三年法律第十三號
七　民法施行法
八　商法
九　明治三十三年法律第十七號
十　商法施行法

十一　明治二十三年法律第三十二號
十二　商法施行條例
十三　民事訴訟法
十四　外國裁判所의囑託에因ᄒᆞᄂᆞᆫ共助法
十五　明治三十二年法律第五十號
十六　家資分散法
十七　人事訴訟手續法
十八　非訴訟事件手續法
十九　民事訴訟費用法
二十　商事非訴訟事件印紙法
二十一　執達吏手數料規則
二十二　供託法
二十三　競賣法

第十一條　第一條의法律中能力、親族及相續에關ᄒᆞᄂᆞᆫ規定은朝鮮人에게此를適用치아니홈
朝鮮人에게關ᄒᆞᄂᆞᆫ前項의事項에對ᄒᆞ야ᄂᆞᆫ慣習에依홈

●年齡計算에關ᄒᆞᆫ件

明治三五年法律第五〇號

年齡은出生의日부터此을起算홈
民法第百四十三條의規定은年齡의計算에此을準用홈

●民籍事務取扱에關ᄒᆞᆫ件

大正四年八月七日政務總監發各道長官宛通牒第二四〇號

自今民籍事務ᄂᆞᆫ左記例에依ᄒᆞ야取扱케ᄒᆞᆷ이可ᄒᆞ기로玆에通牒ᄒᆞᆷ

記

一 民籍의編製、記載及除籍의取扱에關ᄒᆞᆫ事項

一 民籍은府又ᄂᆞᆫ面의區域內에本籍을定ᄒᆞᆫ者에對ᄒᆞ야戶主ᄅᆞᆯ本位로ᄒᆞ야一戶마다此ᄅᆞᆯ編製ᄒᆞᆯ事

二 同一家屋에居住ᄒᆞᄂᆞᆫ者라도生計ᄅᆞᆯ異케ᄒᆞᄂᆞᆫ時ᄂᆞᆫ別戶로ᄒᆞ고家屋을異케ᄒᆞᄂᆞᆫ者라도同一ᄒᆞᆫ生計下에在ᄒᆞᆫ者ᄂᆞᆫ一戶로看做ᄒᆞᆯ事

三 一戶의民籍이數張이되ᄂᆞᆫ時ᄂᆞᆫ府尹又ᄂᆞᆫ面長은職印으로써每張綴目에契印ᄒᆞᆯ事

四 地番號ᄅᆞᆯ細別ᄒᆞ야號數ᄅᆞᆯ附ᄒᆞᆫ境遇에ᄂᆞᆫ其號數도記載ᄒᆞᆯ事

五 民籍의記載ᄂᆞᆫ本節第十一項第十二項及第十三節의境隅ᄅᆞᆯ除ᄒᆞᆫ外ᄂᆞᆫ申告義務者로부터申告가有ᄒᆞᆫ時에만限ᄒᆞ야此ᄅᆞᆯᄒᆞᆯ事

六 民籍의記載ᄒᆞᄂᆞᆫᄃᆡᄂᆞᆫ墨을用ᄒᆞ고此抹消ᄂᆞᆫ朱線으로써ᄒᆞᆯ事

七 民籍의記載ᄂᆞᆫ字畫을明瞭히ᄒᆞ고略字、符號又ᄂᆞᆫ同音異字ᄅᆞᆯ不用ᄒᆞ고數字ᄅᆞᆯ記載ᄒᆞᄂᆞᆫᄃᆡᄂᆞᆫ壹、貳、參、拾의文字ᄅᆞᆯ用ᄒᆞᆯ事

八 民籍의文字ᄂᆞᆫ改竄ᄒᆞᆷ이不可ᄒᆞ니或訂正、揷入又ᄂᆞᆫ削除ᄅᆞᆯ爲ᄒᆞᆫ時ᄂᆞᆫ府尹又ᄂᆞᆫ面長이此에認印ᄒᆞ고削除에係ᄒᆞᆫ文字ᄂᆞᆫ分明히讀ᄒᆞᆯ만ᄒᆞ게字體ᄅᆞᆯ存ᄒᆞ야抹消ᄒᆞ고其字數ᄅᆞᆯ欄外에記載ᄒᆞᆯ事

九 民籍用紙中의一欄을用盡ᄒᆞᆫ時ᄂᆞᆫ掛紙ᄒᆞ야此ᄅᆞᆯ補充ᄒᆞ고府尹又ᄂᆞᆫ面長은其繼目에職印으로써契印을ᄒᆞᆯ事

十 民籍事由欄의記載ᄅᆞᆯᄒᆞᆫ時ᄂᆞᆫ其每次府尹又ᄂᆞᆫ面長은其文末에認印ᄒᆞᆯ事

十一 民籍記載에錯誤又ᄂᆞᆫ遺漏가有ᄒᆞᆷ을發見ᄒᆞᆫ時ᄂᆞᆫ府尹又ᄂᆞᆫ面長은此ᄅᆞᆯ訂正ᄒᆞ고其年月日及事由ᄅᆞᆯ事由欄

에記載ᄒᆞᆯ事

十二 民籍에記載ᄒᆞᆫ土地의名稱又ᄂᆞᆫ統戶番號或은地番號에變更이生ᄒᆞᆫ時ᄂᆞᆫ其每次此ᄅᆞᆯ改訂ᄒᆞᆯ事

十三 就籍의申告가有ᄒᆞᆫ境遇에在ᄒᆞ야漏籍者가一戶全部되ᄂᆞᆫ時ᄂᆞᆫ新히民籍을編製ᄒᆞ야戶主의事由欄에又漏籍者가家族되ᄂᆞᆫ時ᄂᆞᆫ其戶主의民籍에登錄ᄒᆞ고家族의事由欄에「何年何月何日就籍申告에因ᄒᆞ야登錄ᄒᆞᆷ」이라記載ᄒᆞᆯ事

十四 婚姻、養子、離婚、罷養、入家、一家創立其他事由로因ᄒᆞ야一戶의全員又ᄂᆞᆫ一戶內의一人或은數人을民籍에서除ᄒᆞᆯ時ᄂᆞᆫ其事由ᄅᆞᆯ記載ᄒᆞ야民籍의全部又ᄂᆞᆫ一部ᄅᆞᆯ抹消ᄒᆞᆯ事

十五 除籍될者가他家의民籍에入ᄒᆞ며又ᄂᆞᆫ一家ᄅᆞᆯ創立ᄒᆞ고或은他의府、面에移居ᄒᆞᄂᆞᆫ境遇에在ᄒᆞ야ᄂᆞᆫ其入籍又ᄂᆞᆫ創立或은移居에因ᄒᆞᆫ民籍의登錄을終ᄒᆞᆫ後에前項의抹消ᄅᆞᆯᄒᆞᆯ事

十六 同一府面內에移居ᄒᆞᆫ境遇에在ᄒᆞ야ᄂᆞᆫ其民籍의本籍欄을訂正ᄒᆞ고事由欄에其事由ᄅᆞᆯ記載ᄒᆞᆫ後此ᄅᆞᆯ當該順位로編綴ᄒᆞ야置ᄒᆞᆯ事

十七 府面區域變更이有ᄒᆞᆫ時ᄂᆞᆫ民籍及此에關ᄒᆞᆯ書類ᄂᆞᆫ此ᄅᆞᆯ當該府面에引繼ᄒᆞᆯ事

十八 民籍簿及除籍簿ᄂᆞᆫ法令의規定에依ᄒᆞᆫ境遇又ᄂᆞᆫ事變을避ᄒᆞ기爲ᄒᆞ야ᄒᆞᄂᆞᆫ境遇ᄅᆞᆯ除ᄒᆞᆫ外ᄂᆞᆫ府廳又ᄂᆞᆫ面事務所外에此ᄅᆞᆯ持出ᄒᆞᆷ이不可ᄒᆞᆯ事

二 申告에關ᄒᆞᆫ事項

一 申告書에ᄂᆞᆫ申告義務者로ᄒᆞ야금署名捺印케ᄒᆞᆯ지며或은署名ᄒᆞ기不能ᄒᆞᄂᆞᆫ時ᄂᆞᆫ府尹又ᄂᆞᆫ面長은其事由로附記ᄒᆞ야代署ᄒᆞᆫ後捺印케ᄒᆞ고印을不有ᄒᆞᄂᆞᆫ時ᄂᆞᆫ拇印케ᄒᆞᆯ事

二 口頭로써申告ᄅᆞᆯᄒᆞᆫ境遇에在ᄒᆞ야ᄂᆞᆫ府尹又ᄂᆞᆫ面長은口頭申告書에其事項을錄取ᄒᆞ고此ᄅᆞᆯ口讀ᄒᆞ야聞知케ᄒᆞᆫ後前項의取扱을ᄒᆞᆯ事

三 戶主以外者가ᄒᆞᄂᆞᆫ申告書에ᄂᆞᆫ戶主가申告ᄅᆞᆯ行ᄒᆞ기不能ᄒᆞᆫ事由及申告者와戶主의關係ᄅᆞᆯ記載케ᄒᆞᆯ事

四 連署ᄅᆞᆯ要ᄒᆞᄂᆞᆫ申告가有ᄒᆞᆫ境遇에在ᄒᆞ야ᄂᆞᆫ連署者에對ᄒᆞ야亦第一項第二項의取扱을ᄒᆞᆯ事

五 民籍法第三條但書에依ᄒᆞᆫ連署不能의附記가有ᄒᆞᆫ境遇라도連署ᄅᆞᆯᄒᆞᆯ者가申告에異議업시不在其他障碍에因ᄒᆞ야連署ᄅᆞᆯᄒᆞ기不能ᄒᆞᆷ으로認ᄒᆞᆯ事情이有ᄒᆞᆷ이아니면其申告ᄂᆞᆫ此ᄅᆞᆯ受理ᄒᆞᆷ이不可ᄒᆞᆯ事

六 申告에ᄂᆞᆫ左의事項을具備케ᄒᆞᆯ事

一 申告事件

出生、死亡、婚姻、移居其他事件의種類

二 事實發生의年月日(出生又ᄂᆞᆫ死亡에對ᄒᆞ야ᄂᆞᆫ其時刻)

三 出生又死亡에對ᄒᆞ야ᄂᆞᆫ事實이發生ᄒᆞᆫ處所

四 事件本人의本籍、居住地、姓名、生年月日、身位、出生別、本貫及父母의姓名

五 事件의相對者가有ᄒᆞᆫ時ᄂᆞᆫ其者의本籍、居住地、姓名、生年月日、身位、出生別、本貫及父母의姓名

六 申告者의本籍、居住地、姓名及生年月日

七 申告者가事件의本人이아닌時ᄂᆞᆫ其本人과關係

八 申告의年月日

九 前各號外法令에定ᄒᆞᆫ事項

七 府尹又ᄂᆞᆫ面長이申告書ᄅᆞᆯ受理ᄒᆞᆫ時ᄂᆞᆫ即時此에受附年月日을記載ᄒᆞ고遲滯업시民籍의記載ᄅᆞᆯᄒᆞᆯ事

八 申告義務者居住地의府尹又ᄂᆞᆫ面長이申告書ᄅᆞᆯ受理ᄒᆞᆫ時ᄂᆞᆫ遲滯업시此ᄅᆞᆯ本籍地의府尹又ᄂᆞᆫ面長에게送付ᄒᆞᆯ事

九 申告事件本人의本籍이他의府又ᄂᆞᆫ面에轉屬ᄒᆞᄂᆞᆫ境遇에在ᄒᆞ야轉籍地의府尹又ᄂᆞᆫ面長이申告書ᄅᆞᆯ受理ᄒᆞᆫ時ᄂᆞᆫ遲滯업시民籍의記載ᄅᆞᆯᄒᆞᆫ後申告書의一通에「入籍濟」라記載ᄅᆞᆯᄒᆞ고此ᄅᆞᆯ本籍地의府尹又ᄂᆞᆫ面長에게

十 送付ᄒᆞᆯ事

前項境遇에在ᄒᆞ야本籍地의府尹又ᄂᆞᆫ面長이申告書를受理ᄒᆞᆫ時ᄂᆞᆫ遲滯업시轉籍地의府尹又ᄂᆞᆫ面長에게申告書의一通을送付ᄒᆞ고入籍濟라ᄂᆞᆫ通知를受ᄒᆞᆫ後其除籍을ᄒᆞᆯ事

三 民籍의記載順位에關ᄒᆞᆫ事項

一 直系尊屬은親等이遠ᄒᆞᆫ者를先히ᄒᆞᆯ事

二 直系卑屬及其配遇者ᄂᆞᆫ親等이近ᄒᆞᆫ者를先히ᄒᆞ고親等이同ᄒᆞᆫ者ᄂᆞᆫ嫡을先히ᄒᆞ고嫡庶同ᄒᆞᆫ者에在ᄒᆞ야ᄂᆞᆫ長을先히ᄒᆞ고妻ᄂᆞᆫ其夫의次位에記載ᄒᆞᆯ事

三 傍系親族及其配遇者ᄂᆞᆫ親等이近ᄒᆞᆫ者를先히ᄒᆞ고其他ᄂᆞᆫ前項에準ᄒᆞᆯ事

四 民籍編製後其家에入ᄒᆞᆫ者에對ᄒᆞ야ᄂᆞᆫ入籍日附의順序에依ᄒᆞ야民籍末尾에登錄ᄒᆞᆯ事

四 出生에關ᄒᆞᆫ事項

一 嫡出子ᄂᆞᆫ其出生順에依ᄒᆞ야長男(女)二男(女)이라記載ᄒᆞᆯ지니庶子가有ᄒᆞᆯ지라도嫡出子의順位에影響치아니ᄒᆞᆯ事

二 妾이生ᄒᆞᆫ子ᄂᆞᆫ庶子로ᄒᆞ고無夫婦女가生ᄒᆞᆫ子ᄂᆞᆫ私生子로ᄒᆞ야取扱ᄒᆞᆯ事

三 男子十七歲未滿女子十五歲未滿ᄒᆞᆫ者間에生ᄒᆞᆫ子ᄂᆞᆫ其男女가婚姻의式을擧ᄒᆞᆫ境遇라도庶子로ᄒᆞ야取扱ᄒᆞᆯ事

四 前項의境遇에在ᄒᆞ야庶子의父母가後日婚姻의申告를ᄒᆞᆫ時ᄂᆞᆫ庶子의身位를嫡出子로改ᄒᆞ고出生別其他關係事項을訂正ᄒᆞᆯ事

五 私生子ᄂᆞᆫ母의民籍에登錄ᄒᆞ고父의欄을空欄으로ᄒᆞᆯ事

六 私生子에對ᄒᆞ야認知의申告가有ᄒᆞᆫ時ᄂᆞᆫ父의屬ᄒᆞᆫ家의民籍에庶子로ᄒᆞ야登錄ᄒᆞ고母의欄에ᄂᆞᆫ母의姓名을記入ᄒᆞ고其事由를事由欄에記載ᄒᆞᆯ事

七 前項의登錄을ᄒᆞᆫ時又ᄂᆞᆫ入籍濟의通知ᄅᆞᆯ受ᄒᆞᆫ時ᄂᆞᆫ當該私生子의事由欄에其事由ᄅᆞᆯ記載ᄒᆞ고母의家의民籍에셔此ᄅᆞᆯ除ᄒᆞᆯ事

八 庶子又ᄂᆞᆫ私生子의身位欄에ᄂᆞᆫ庶子男(女)又ᄂᆞᆫ私生子男(女)이라記載ᄒᆞ고長男長女라記載ᄒᆞᆷ이不可ᄒᆞᆷ

五 失踪에關ᄒᆞᆫ事項

一 失踪의宣告ᄅᆞᆯ受ᄒᆞᆫ者ᄂᆞᆫ死亡者로ᄒᆞ야取扱ᄒᆞᆯ事

二 失踪의宣告ᄅᆞᆯ受ᄒᆞᆫ者가有ᄒᆞᆫ時ᄂᆞᆫ其申告ᄂᆞᆫ確定判決의謄本을添ᄒᆞ야此ᄅᆞᆯᄒᆞ게ᄒᆞ고「何年何月何日何法院에셔失踪宣告、何年何月何日死亡으로看做됨」이라事由欄에記載ᄒᆞᆯ事

三 失踪宣告의取消가有ᄒᆞᆫ時ᄂᆞᆫ其申告ᄂᆞᆫ確定判決의謄本을添ᄒᆞ야此ᄅᆞᆯᄒᆞ게ᄒᆞ며「何年何月何日何法院에셔失踪宣告取消」라事由欄에記載ᄒᆞᆯ事

四 戶主가失踪의宣告ᄅᆞᆯ受ᄒᆞᆫ後其取消ᄅᆞᆯᄒᆞᆫ時ᄂᆞᆫ戶主變更의境遇에準ᄒᆞ야取扱ᄒᆞᆯ事

五 失踪宣告의取消ᄅᆞᆯ受ᄒᆞᆫ者家族인時ᄂᆞᆫ更히民籍에登錄ᄒᆞᆯ事

六 戶主變更에關ᄒᆞᆫ事項

一 相續其他戶主의變更을生ᄒᆞᆯ事項에對ᄒᆞ야申告가有ᄒᆞᆫ時ᄂᆞᆫ新戶主ᄅᆞᆯ本位로ᄒᆞ야民籍을編製ᄒᆞ고舊戶主의民籍은變更의事由ᄅᆞᆯ記載ᄒᆞᆫ後此ᄅᆞᆯ抹消ᄒᆞᆯ事

二 戶主變更에因ᄒᆞ야新히民籍을編製ᄒᆞᄂᆞᆫ境遇에在ᄒᆞ야ᄂᆞᆫ舊戶主의民籍中抹消에係치아니ᄒᆞᆫ家族만登錄ᄒᆞᆯ事

三 戶主死亡ᄒᆞ고男子(養子ᄅᆞᆯ含ᄒᆞᆷ)업ᄂᆞᆫ時ᄂᆞᆫ亡戶主의祖母、母、妻가順次로戶主가되되亡戶主에養子ᄅᆞᆯᄒᆞᆫ時ᄂᆞᆫ養子가戶主되고女戶主ᄂᆞᆫ其地位ᄅᆞᆯ退ᄒᆞᆯ것이니新戶主의民籍中戶主가된原因欄에ᄂᆞᆫ「前戶主何某의孫(男又ᄂᆞᆫ夫)亡何某의養子로何年何月何日戶主가됨」이라記載ᄒᆞᆯ事

四 戶主男子가업지死亡ᄒᆞᆫ後遺腹의男子가生ᄒᆞᆫ時ᄂᆞᆫ其男子ᄂᆞᆫ出生과同時에戶主가될거신故로新戶主의民籍

中戶主가된原因欄에ᄂᆞᆫ「何年何月何日出生에因ᄒᆞ야戶主가됨」이라記載ᄒᆞᆯ事

七　相續人의廢除에關ᄒᆞᆫ事項

一　實子된相續人廢除의申告ᄂᆞᆫ此ᄅᆞᆯ受理ᄒᆞᆷ이不可ᄒᆞᆯ事

八　婚姻에關ᄒᆞᆫ事項

一　男十七歲未滿女十五歲未滿ᄒᆞᆫ者의婚姻申告ᄂᆞᆫ此ᄅᆞᆯ受理ᄒᆞᆷ이不可ᄒᆞᆯ事

二　有夫又ᄂᆞᆫ有妻ᄒᆞᆫ者가重複ᄒᆞ야ᄒᆞᄂᆞᆫ婚姻의申告ᄂᆞᆫ此ᄅᆞᆯ受理ᄒᆞᆷ이不可ᄒᆞᆯ事

三　夫死後에在ᄒᆞᆫ再嫁ᄂᆞᆫ婚家ᄅᆞᆯ去ᄒᆞᆫ後에ᄒᆞᆫ것이아니면其申告ᄅᆞᆯ受理ᄒᆞᆷ이不可ᄒᆞᆯ事

四　朝鮮人의女子가婚姻에因ᄒᆞ야內地人의家에入ᄒᆞᆫ時ᄂᆞᆫ其旨ᄅᆞᆯ民籍의事由欄에記載ᄒᆞ고民籍은此ᄅᆞᆯ除ᄒᆞᆯ事

五　朝鮮人이內地人을妻로ᄒᆞᆫ時ᄂᆞᆫ婚姻에因ᄒᆞᆫ入籍의取扱을ᄒᆞᆯ事

九　離婚에關ᄒᆞᆫ事項

一　妻가離婚에因ᄒᆞ야其實家로復籍ᄒᆞᆯ境遇에在ᄒᆞ야實家가旣히絕ᄒᆞᆫ故로親族의家에入코져ᄒᆞᄂᆞᆫ時ᄂᆞᆫ離婚申告와同時에入家의申告ᄅᆞᆯᄒᆞ게ᄒᆞᆯ지며或親族의家에入ᄒᆞ기不能ᄒᆞᄂᆞᆫ時ᄂᆞᆫ一家創立의申告ᄅᆞᆯᄒᆞ게ᄒᆞᆯ事

二　裁判上離婚의申告에ᄂᆞᆫ確定判決의謄本을添附케ᄒᆞᆯ事

一〇　養子에關ᄒᆞᆫ事項

一　養子ᄅᆞᆯᄒᆞᆯ者ᄂᆞᆫ戶主와家族됨을勿論ᄒᆞ고旣婚ᄒᆞᆫ男子로써實子孫(男)업ᄂᆞᆫ者에限ᄒᆞ며又養子가될者ᄂᆞᆫ養親의男系血族男子中子列에當ᄒᆞ고또養親보담年少ᄒᆞᆫ者에限ᄒᆞᆷ으로써此에反ᄒᆞᄂᆞᆫ養子의申告ᄂᆞᆫ此ᄅᆞᆯ受理ᄒᆞᆷ이不可ᄒᆞᆯ事

二　朝鮮人의男子가養子又ᄂᆞᆫ婿養子緣組로因ᄒᆞ야內地人의家에入ᄒᆞᆫ時ᄂᆞᆫ其旨ᄅᆞᆯ民籍의事由欄에記載ᄒᆞ고民籍은此ᄅᆞᆯ除ᄒᆞᆷ이不可ᄒᆞᆯ事

三　妻子가有ᄒᆞᆫ者가養子가된時ᄂᆞᆫ其妻子ᄂᆞᆫ當然히養家에入ᄒᆞᆯ것이니別로入家의申告ᄅᆞᆯ要치아니ᄒᆞᆯ事

四 收養子의申告는此를受理ᄒᆞᆷ이不可ᄒᆞᆯ事但旣히受理ᄒᆞᆫ것은從前디로其取扱을ᄒᆞᆯ事

一一 罷養에關ᄒᆞᆫ事項

一 戶主가된養子의罷養의申告는此를受理ᄒᆞᆷ이不可ᄒᆞᆯ事

二 罷養에因ᄒᆞᆫ復籍에對ᄒᆞ야는離婚에關ᄒᆞ는事項中第一項의例에依ᄒᆞ야此를取扱ᄒᆞᆯ事

三 裁判上의罷養申告에는確定判決의謄本을添附케ᄒᆞᆯ事

四 收養子가養家를去ᄒᆞ는境遇에在ᄒᆞ야는罷養에準ᄒᆞ야其節次를ᄒᆞ게ᄒᆞᆫ後收養子된者로부터 一家創立의申告를ᄒᆞ게ᄒᆞᆯ事

一二 分家에關ᄒᆞᆫ事項

一 長男又는女子의分家申告는此를受理ᄒᆞᆷ이不可ᄒᆞᆯ事

一三 一家創立에關ᄒᆞᆫ事項

一 棄兒가發見된時는府尹又는面長은姓名을命ᄒᆞ고本籍을定ᄒᆞ며年月日을推定ᄒᆞ고發見ᄒᆞᆫ場所、年月日時、附屬品、其他狀況과共히此를調書에記載ᄒᆞ고其調書에依ᄒᆞ야民籍을編製ᄒᆞ며 一家創立의取扱을ᄒᆞᆯ事

二 右調書는此를申告書와同히取扱ᄒᆞᆯ事

一四 入家에關ᄒᆞᆫ事項

一 戶主가他家에在ᄒᆞᆫ自己又는家族의親族을婚姻又는養子緣組로因치아니ᄒᆞ고其家에入케ᄒᆞ고져ᄒᆞ는時는入家의申告를ᄒᆞ게ᄒᆞᆯ事

二 入家ᄒᆞᆫ者가戶主의親族이아닌時는身位欄에其家族과關係를記載ᄒᆞᆯ事

三 戶主가廢家ᄒᆞ고他家에入ᄒᆞᆫ境遇에在ᄒᆞ야는家族에對ᄒᆞ야別로入家의申告를要치아니ᄒᆞᆯ事

四 入家ᄒᆞᆫ者를離籍케ᄒᆞ고져ᄒᆞ는時는戶主로부터其申告를ᄒᆞ게ᄒᆞᆯ事

一五 廢家에關ᄒᆞᆫ事項

一 相續에因ᄒᆞ야繼承ᄒᆞᆫ家의廢家申告ᄂᆞᆫ本家相續으로爲ᄒᆞ야ᄒᆞᄂᆞᆫ境遇ᄅᆞᆯ除ᄒᆞᆫ外ᄂᆞᆫ此ᄅᆞᆯ受理ᄒᆞᆷ이不可ᄒᆞᆯ事

二 分家又ᄂᆞᆫ一家創立에因ᄒᆞ야新히戶主가된者의廢家申告ᄂᆞᆫ此ᄅᆞᆯ受理ᄒᆞᆯ事

三 相續에因ᄒᆞ야家ᄅᆞᆯ繼承ᄒᆞᆫ子가父死後再嫁ᄒᆞᆫ母와共히新夫의家에同居ᄒᆞ야도其家ᄂᆞᆫ廢ᄒᆞᆯ것시아님으로써廢家及入家의申告ᄂᆞᆫ此ᄅᆞᆯ受理ᄒᆞᆷ이不可ᄒᆞᆯ事

一六 廢絶家再興에關ᄒᆞᆫ事項

一 祭ᄒᆞᆯ祖先이無ᄒᆞᆫ廢絶家再興의申告ᄂᆞᆫ此ᄅᆞᆯ受理ᄒᆞᆷ이不可ᄒᆞᆯ事

一七 附籍에關ᄒᆞᆫ事項

一 附籍의申告ᄂᆞᆫ되도록此ᄅᆞᆯ受理ᄒᆞᆷ이不可ᄒᆞᆯ事

二 附籍解消의申告ᄂᆞᆫ附籍主로부터此ᄅᆞᆯᄒᆞ게ᄒᆞᆯ事

一八 名에關ᄒᆞᆫ事項

一 民籍에名의記載가無ᄒᆞᆫ者又ᄂᆞᆫ名으로認치못ᄒᆞᆯ稱呼(召史、姓女、氏、小岳伊、小斤者、小者의類)의記載가有ᄒᆞᆫ者에對ᄒᆞ야ᄂᆞᆫ其名의登錄을申告케ᄒᆞᆯ事

二 改名申告에ᄂᆞᆫ道長官의許可書ᄅᆞᆯ添附케ᄒᆞᆯ事

三 民籍에名으로認치못ᄒᆞᆯ稱呼의記載가有ᄒᆞᆫ者가新히其名의登錄을求ᄒᆞᄂᆞᆫ時ᄂᆞᆫ改稱의節次ᄅᆞᆯ要치아니ᄒᆞᆯ事

四 諺文으로記ᄒᆞᆫ名을同音의漢文字로改ᄒᆞ고져ᄒᆞᄂᆞᆫ境遇ᄂᆞᆫ改稱의節次ᄅᆞᆯ要치아니ᄒᆞᆯ事

五 民籍에登錄된名과異ᄒᆞᆫ名을使用ᄒᆞᆫ者가其同一ᄒᆞᆫ人되ᄂᆞᆫ것의證明을願出ᄒᆞᄂᆞᆫ境遇에在ᄒᆞ야ᄂᆞᆫ適當ᄒᆞᆫ方法에依ᄒᆞ야事實을調査ᄒᆞᆫ後此ᄅᆞᆯ付與ᄒᆞᆯ事

一九 妾에關ᄒᆞᆫ事項

一 妾의入籍申告ᄂᆞᆫ此ᄅᆞᆯ受理ᄒᆞᆷ이不可ᄒᆞᆯ事但旣히受理ᄒᆞᆫ것은從前ᄃᆡ로其取扱을ᄒᆞᆯ事

●在外公舘에서受理ᄒᆞᆫ外國在留者의身分에關ᄒᆞᆫ屆書處理方의件

大正二年六月六日總訓令第三二號

警務總長
警務部長
警察署長
警察分署長
警察事務를處理ᄒᆞ는 憲兵分隊長
同 憲兵分遣所長

在外帝國公舘에서受理ᄒᆞᆫ外國在留朝鮮人의身分에關ᄒᆞᆫ願書又는證書謄本의送付를受ᄒᆞᆫ時는民籍法에依ᄒᆞᆫ申告에準ᄒᆞ야此를處理ᄒᆞᆷ이可ᄒᆞᆷ

●民籍法第三條의二의申告處理方에關ᄒᆞᆫ件

大正四年六月十八日 官通牒第一九三號
司法部長官發各道長官宛

民籍法第三條의二의境遇에對ᄒᆞ야府尹又는面長이民籍의謄本又는抄本의添附가無ᄒᆞᆫ申告書를受理ᄒᆞ야一邊本籍地의府尹又는面長에對ᄒᆞ야職務上右謄、抄本의送付를要求ᄒᆞ는者도往往有之趣ᄒᆞ나斯의如ᄒᆞᆫ境遇에對ᄒᆞ야職務上謄、抄本의送付를要求ᄒᆞᆷ은筋合에아님으로써今後는右謄、抄本의添附가無ᄒᆞᆫ申告는此를受理치아니ᄒᆞ고申告者에對ᄒᆞ야懇切히法令의趣旨를說示ᄒᆞ야必히謄、抄本을添附케ᄒᆞᆫ後에此를受理ᄒᆞᆯ樣取扱케ᄒᆞ심이可ᄒᆞᆯ旨로爲念及通牒候也

●朝鮮人의姓名改稱에關ᄒᆞᆫ件

明治四十四年十月二十六日總府令第一二四號 改正 大正四年三月二十一日總府令第一九號

第一條　朝鮮人이姓名을改稱코자ᄒᆞᄂᆞᆫ時ᄂᆞᆫ左의事項을具ᄒᆞ야民籍謄本을添ᄒᆞ야所轄府尹又ᄂᆞᆫ面長을經由ᄒᆞ야道長官에願出ᄒᆞ야許可를受홈이可홈

一　本籍、住所、職業、年齡

二　改稱코자ᄒᆞᄂᆞᆫ姓名

三　改稱의理由

第二條　前條의願書에ᄂᆞᆫ妻又ᄂᆞᆫ妾에在ᄒᆞ야ᄂᆞᆫ其夫의承諾書、滿二十歲以下의者에在ᄒᆞ야ᄂᆞᆫ戶主의承諾書를添附홈이可홈

前項의境遇에其承諾을與ᄒᆞᆯ者이無ᄒᆞᆫ時ᄂᆞᆫ願書에其事實을記載홈이可홈

第三條　第一條에依ᄒᆞ야姓名改稱의出願을爲ᄒᆞᄂᆞᆫ者ᄂᆞᆫ手數料로五十錢을納付홈이可홈

前項手數料ᄂᆞᆫ收入印紙를願書에貼付ᄒᆞ야此를納付홈이可홈

附　則

本令은大正四年四月一日부터此를施行홈

●朝鮮人의姓名改稱에關ᄒᆞᆫ件

大正四年四月五日官通牒第一〇五號

朝鮮人의姓名改稱은舊慣其他特別ᄒᆞᆫ事情을因ᄒᆞ야改稱을必要로認ᄒᆞᄂᆞᆫ境遇의外ᄂᆞᆫ濫히許可치아니ᄒᆞ도록處理홈을爲要

●民籍簿除籍簿의閱覽並其謄本抄本의交付에關ᄒᆞᆫ件

明治四十四年十二月六日總府令第一四八號
大正四年三月二十日總府令第一八號改正
大正四年五月二十四日總府令第五五號改正

第一條　民籍簿或은除籍簿를閱覽又ᄂᆞᆫ民籍或은除籍謄本、抄本의交付를受코ᄌᆞᄒᆞᄂᆞᆫ者ᄂᆞᆫ本籍地所轄府尹及面

長에請求홈을得홈

第二條　民籍簿或은除籍簿의閱覽을請求ᄒᆞ는者는手數料로金五錢、民籍或은除籍謄本、抄本의交付를請求ᄒᆞ는者는手數料로一枚에金五錢을納홈이可홈其一枚에未滿者도亦同홈但枚數는原本에依ᄒᆞ야計算홈

前項手數料는收入印紙를請求書에貼付ᄒᆞ야此를納홈

手數料外에郵便料를納ᄒᆞ야謄本、抄本의交付를請求홈을得홈

第三條　官吏又는公吏其職務로써民籍簿或은除籍簿의閱覽又는民籍或은除籍의謄本、抄本의交付를請求ᄒᆞ는境遇에在ᄒᆞ야는手數料及郵便料를要치아니홈

附　則

本令은大正四年五月二十四日부터此을施行홈

●民籍簿、除籍簿의閱覽其他에關ᄒᆞᆫ取扱節次

大正四年六月一日總訓令第三四號

第一條　民籍簿又는除籍簿의閱覽은係員의面前에서ᄒᆞ게홈이可홈

第二條　民籍又는除籍의謄本、抄本은原本과同一様式의用紙로써此를作ᄒᆞ고其記載에接續ᄒᆞ야府尹又는面長은左의認證文、年月日、職氏名을記載ᄒᆞ고職印을押捺ᄒᆞ야此를交付홈이可홈

右謄(抄)本은民(除)籍의原本과相違가無홈을認證홈

謄本又는抄本이數張이되는時는職印으로써每張의綴目에契印홈이可홈

前項의規定은謄本又는抄本에掛紙를ᄒᆞᆫ境遇에此를準用홈

第三條　民籍簿或은除籍簿의閱覽又는民籍或은除籍의謄本、抄本交付의請求書는府郡島에서收合ᄒᆞ야此를保存홈이可홈

前項의保存期間은當該年度의翌年으로부터起算ᄒᆞ야二年으로홈

●民籍事務에關ᄒᆞᆫ收入印紙消印의件

大正四年四月十六日 官通牒第一二〇號
政務總監發各道長官宛

面長이 民籍事務에關ᄒᆞ야收入印紙ᄅᆞᆯ貼付ᄒᆞᆫ書類ᄅᆞᆯ接受ᄒᆞ야 其ᄅᆞᆯ可히受理ᄒᆞᆯ者이됨을認ᄒᆞᄂᆞᆫ時ᄂᆞᆫ右書類의紙面과 貼付印紙의彩紋을掛ᄒᆞ야消印ᄒᆞᆷ이可ᄒᆞ되其消印은當分間面長의職印으로ᄡᅥ此ᄅᆞᆯ代用ᄒᆞ기로定ᄒᆞ얏기茲에通牒ᄒᆞᆷ

●民籍事務에關ᄒᆞᆫ收入印紙의檢閱竝書類保存方의件

大正四年五月十二日 官通牒第一五三號
政務總監發各道長官宛

面長은民籍事務에關ᄒᆞ야收入印紙貼用ᄒᆞᆫ書類ᄅᆞᆯ受理ᄒᆞᆫ時ᄂᆞᆫ其印紙에消印ᄒᆞᆫ後每日其書類ᄅᆞᆯ取集ᄒᆞ야翌月十五日ᄶᅡ지所轄郡守又ᄂᆞᆫ島司에差出ᄒᆞ고郡守又ᄂᆞᆫ島司ᄂᆞᆫ右貼用印紙의當否及消印의有無ᄅᆞᆯ檢閱ᄒᆞ야餘白에檢印을押捺ᄒᆞᆫ後에郡又ᄂᆞᆫ島에保管ᄒᆞ게ᄒᆞᆷ을要ᄒᆞᆷ

●收入印紙의消印使用方의件

大正四年六月七日 官通牒第一八二號
政務總監發各道長官宛

民籍事務에關ᄒᆞᆫ收入印紙의消印에就ᄒᆞ야ᄂᆞᆫ大正四年四月官通牒第百二十號을以ᄒᆞ야通牒ᄒᆞ여두ᄂᆞᆫ바明治四十四年五月本府訓令第四十二號에基ᄒᆞᆫ消印又ᄂᆞᆫ本府의承認을得ᄒᆞᆫ消印을有ᄒᆞᆫ面에셔其의消印을以ᄒᆞ야前記通牒의方法에依ᄒᆞ야消印ᄒᆞᆷ이勿論差支가無ᄒᆞᆷ에右御了知可相成此段及通牒候也

●收入印紙을貼付ᄒᆞᆫ書類處理의件

明治四十四年五月十三日總訓令第四二號

收入印紙ᄅᆞᆯ貼付ᄒᆞᆫ書類ᄅᆞᆯ收受ᄒᆞᆫ時ᄂᆞᆫ其收受ᄒᆞᆯ者이됨을確認ᄒᆞᆫ後當該主任者가書類의紙面과貼付印紙의彩紋을掛ᄒᆞ야左記雛形의消印을押捺ᄒᆞᆷ이可ᄒᆞᆷ

收入印紙를貼付ᄒᆞᆫ書類ᄂᆞᆫ少ᄒᆞ야도每月一回當該監督官이貼付印紙의當否及消印의有無를檢閱ᄒᆞ고餘白에檢印을押捺ᄒᆞᆷ이可ᄒᆞᆷ

（雛形略）

●民籍簿閱覽竝謄本抄本交付手數料報告方의件

大正四年五月六日 政務總監發各道長官宛　官通牒第一四八號

慶尙北道長官伺出에係ᄒᆞᆫ首題件을左記와如히照亮ᄒᆞ심을望ᄒᆞᆷ

記

問　明治四十四年十二月朝鮮總督府令第百四十八號에依ᄒᆞᆫ民籍閱覽竝謄本抄本交付手數料ᄂᆞᆫ今回民籍事務가府面에移屬ᄒᆞᆷ에對ᄒᆞ야ᄂᆞᆫ收入印紙收入額報告를要치아니ᄒᆞᄂᆞᆫ지若要ᄒᆞᆯ진ᄃᆡ如何ᄒᆞᆫ形式에依ᄒᆞ야處理ᄒᆞ올지

答　本府報告例別冊第一二九號에示ᄒᆞᆫ備考第四號에依ᄒᆞ야該表末尾에「民籍謄本抄本下付及閱覽手數料」로揭記ᄒᆞᆷ이可ᄒᆞᆷ

●宿泊及居住規則

明治四十四年總府令第七五號　改正 大正二年總府令第七一號 大正四年總府令第二〇號

第一條　旅店主其他營業에依ᄒᆞ야他人을宿泊케ᄒᆞᆫ者ᄂᆞᆫ其宿泊人의著發마다左記各號의事項를宿泊人名簿에記載ᄒᆞ고到著의際에ᄂᆞᆫ第一號乃至第三號의事項을、出發의際에ᄂᆞᆫ宿泊人의氏名（軍隊又多數一團學生、生徒ᄂᆞᆫ其人員及指揮者又引率者氏名）及第四號의事項을具ᄒᆞ야當日午前九時々지의分은午前十時々지其以後의分은翌日午前二時々지所轄警察署（警察分署及警察署事務를處理ᄒᆞᄂᆞᆫ憲兵分隊、憲兵分遣所를包含以下同）又ᄂᆞᆫ巡査駐在所（巡査派出所、憲兵派遣所憲兵出張所를包含以下同）에届出ᄒᆞᆷ이可ᄒᆞᆷ但警察署又ᄂᆞᆫ巡査駐在所의所在地外에在ᄒᆞ야ᄂᆞᆫ特히警察署長의指示ᄒᆞᆫ境遇를除ᄒᆞᆫ外宿泊人名簿에所定事項을記載ᄒᆞ야臨檢의警

察官又ᄂᆞᆫ憲兵에게提示ᄒᆞ야届出ᄅᆞᆯ省畧ᄒᆞᆷ을得ᄒᆞᆷ

一　宿泊人의氏名、本籍（外國人에在ᄒᆞ야ᄂᆞᆫ國籍）住所、職業、年齡但軍隊又ᄂᆞᆫ多數一團의學生、生徒ᄂᆞᆫ其隊名學校名及人員並指揮者又ᄂᆞᆫ引率者의官職及氏名을、華族、貴族은其族稱及氏名、官公吏又ᄂᆞᆫ法令으로써組織ᄒᆞᆫ議會의議員은其官公職及氏名만記載ᄒᆞᆷ을得ᄒᆞᆷ

二　前宿泊地

三　到著年月日時

四　出發年月日時及行先地

營業에依치아니ᄒᆞ고他人을宿泊케ᄒᆞ야十日에至ᄒᆞᄂᆞᆫ者ᄂᆞᆫ宿泊에對ᄒᆞ야ᄂᆞᆫ前項第一號乃至第三號의事項을其翌日中에、出發의際에ᄂᆞᆫ宿泊人의氏名（軍隊又多數一團學生、生徒ᄂᆞᆫ其人員及指揮者又引率者氏名）及前項第四號의事項ᄅᆞᆯ三日內에所轄警察署又ᄂᆞᆫ巡査駐在所에届出ᄒᆞᆷ이可ᄒᆞᆷ

第二條　宿泊者ᄂᆞᆫ其家의主人이나管理人의請求가有ᄒᆞᆫ時ᄂᆞᆫ前條에依ᄒᆞ야届出을要ᄒᆞᆫ事項을告ᄒᆞ고又ᄂᆞᆫ主人이나管理人의交付ᄒᆞᄂᆞᆫ用紙에此ᄅᆞᆯ記載ᄒᆞᆷ이可ᄒᆞᆷ

第三條　一戶ᄅᆞᆯ構ᄒᆞ야居住ᄒᆞ거나又ᄂᆞᆫ一戶ᄅᆞᆯ構치아니ᄒᆞ고라도二箇月以上同一府郡內에居住ᄒᆞᄂᆞᆫ者ᄂᆞᆫ自己及其携帶ᄒᆞᆫ家族에關ᄒᆞ야左의事項을記載ᄒᆞ야居住日로부터十日以內에所轄府尹又ᄂᆞᆫ面長에届出ᄒᆞᆷ이可ᄒᆞᆷ

一　氏名

二　本籍（外國人은國籍及外國의住所）

三　職業

四　生年月日

五　居住所

六　居住의日

七 前居住所
八 戶主非戶主의別(非戶主에在ᄒᆞ야ᄂᆞᆫ戶主의氏名及戶主와關連)
前項第一號乃至第三號及第八號事項에變更이生ᄒᆞᆫ時又ᄂᆞᆫ出生、死亡、失踪或은國籍의變更이有ᄒᆞᆫ時ᄂᆞᆫ十日內에屆出ᄒᆞᆷ이可ᄒᆞᆷ但居住者死亡又ᄂᆞᆫ失踪의境遇에ᄂᆞᆫ相續人、戶主、家族又ᄂᆞᆫ同居者가屆出의節次를ᄒᆞᆷ이可ᄒᆞᆷ

第四條 居住者一戶를構치아니ᄒᆞᆫ境遇에ᄂᆞᆫ此를寄寓케ᄒᆞᆫ者又ᄂᆞᆫ他人의家屋을借受ᄒᆞ야一戶를構ᄒᆞᆫ境遇에ᄂᆞᆫ家屋所有者나家屋管理人은前條의屆書에連署ᄒᆞᆷ이可ᄒᆞᆷ但連署를得ᄒᆞ기能치못ᄒᆞᆫ事情이有ᄒᆞᆫ時ᄂᆞᆫ屆出人이其旨를屆書에附記ᄒᆞᆷ이可ᄒᆞᆷ

第五條 居住所를移轉ᄒᆞᄂᆞᆫ時ᄂᆞᆫ移轉前又ᄂᆞᆫ移轉後十日以內에移轉年月日及移轉處를所轄府尹又ᄂᆞᆫ面長에屆出ᄒᆞᆷ이可ᄒᆞᆷ

第六條 第三條及前條의屆出은單身者ᄂᆞᆫ本人、家族携帶者ᄂᆞᆫ戶主又ᄂᆞᆫ此에準ᄒᆞᆫ者가此를爲ᄒᆞᆷ이可ᄒᆞᆷ
前項者其屆出를ᄒᆞ기能치못ᄒᆞᆫ時ᄂᆞᆫ家屋又ᄂᆞᆫ土地를管理ᄒᆞᄂᆞᆫ者이其事實를知ᄒᆞᆫ日로부터十日以內에屆出ᄒᆞᆷ이可ᄒᆞᆷ

第七條 (削除)

第八條 府及面에ᄂᆞᆫ登錄簿를備ᄒᆞ야第三條及第五條의屆書를受ᄒᆞᆫ時其屆出事項을登錄ᄒᆞᆷ이可ᄒᆞᆷ

第九條 何人을勿論ᄒᆞ고前條의登錄의閱覽又ᄂᆞᆫ登錄簿의謄本이나抄本의交付를請求ᄒᆞᆷ을得ᄒᆞᆷ
登錄簿의閱覽를請求ᄒᆞᄂᆞᆫ者ᄂᆞᆫ手數料로五錢、謄本이나抄本의交付를請求ᄒᆞᄂᆞᆫ者ᄂᆞᆫ一枚에五錢를納ᄒᆞᆷ이可ᄒᆞᆷ其一枚에滿치안인者도亦同ᄒᆞᆷ(大正三年六月府令第百號手數料額十錢改五錢)
前項의手數料ᄂᆞᆫ收入印紙로써納ᄒᆞᆷ이可ᄒᆞᆷ

第十條 第一條에依ᄒᆞ야屆出를要ᄒᆞᄂᆞᆫ事項에關ᄒᆞ야警察官又ᄂᆞᆫ憲兵의尋問를受ᄒᆞᆫ者ᄂᆞᆫ答ᄒᆞᆷ이可ᄒᆞᆷ旅券其他國

籍를證明홀證書를携帶훈外國人은警察官又는憲兵의請求가有훈時는此를提示홈이可홈
第十一條　前條에違犯후야警察官又는憲兵의尋問에答지안커나答후야도不以其實者는五十圓以下의罰金又는拘留或은科料에處홈
第十二條　第一條、第三條、又는第五條의屆出를爲후지안커나屆出를후야도其實로써후지안코又는第二條或은第四條에違犯훈者는拘留又는科料에處홈

附　則

本令은大正四年四月一日부터此를施行홈

●宿泊及居住規則取扱節次

明治四十四年警務總監部訓令甲第三四號　改正　大正二年警訓令第三〇號

第一條　規則第一條에依훈宿泊人名簿는第一號様式宿泊屆는第一號様式의二에出發屆는第二號様式에依후야調製케홈이可홈但營業에依치아니후고他人을宿泊케후는者에對후야는此限에不在홈
第二條　規則第八條의登錄簿는第三號様式에依후야內地人朝鮮人及外國人別로調製후야一戶一號로후야寄寓者는其號內에記載홈이可홈記載事項이各人同一훈者는此을省略홈을得홈
第三條　登錄簿는內地人及朝鮮人에在후야는「イロハ」順으로外國人에在후야는國籍別로編綴후야索引을附홈이可홈
登錄簿記載方은左의順位에依홈이可홈但編綴後記載후는者는戶主(包含準戶主者以下同)을除훈外此順位에依치아니홈을得홈

一　戶主
二　戶主의直系尊屬
三　戶主의配偶者
四　戶主의直系卑屬及其配偶者

五 戶主의傍系親及其配偶者

六 其他의寄寓者

第四條 登錄簿ᄂᆞᆫ便宜上此ᄅᆞᆯ數冊에分割ᄒᆞᆷ을得ᄒᆞᆷ

第五條 登錄ᄒᆞᆫ者死亡、失踪或은移轉ᄒᆞᆫ時ᄂᆞᆫ其事由及年月日ᄅᆞᆯ登錄簿의事由欄에記載ᄒᆞ고朱線으로其姓名ᄅᆞᆯ抹消ᄒᆞᆷ國籍喪失에因ᄒᆞ야居住所ᄅᆞᆯ去ᄒᆞᆫ時도亦同ᄒᆞᆷ

全戶ᄅᆞᆯ抹消ᄒᆞᆫ境遇에ᄂᆞᆫ此ᄅᆞᆯ登錄簿로除ᄒᆞ야內地人에在ᄒᆞ야ᄂᆞᆫ「イロハ順」外國人에在ᄒᆞ야ᄂᆞᆫ國籍別로編綴ᄒᆞ야索引ᄅᆞᆯ附ᄒᆞ야除戶簿로ᄒᆞᆷ

第六條 規則第九條에依ᄒᆞ야登錄簿의閱覽又ᄂᆞᆫ其謄本이나抄本의請求ᄅᆞᆯᄒᆞᄂᆞᆫ者이有ᄒᆞᆫ時ᄂᆞᆫ請求書ᄅᆞᆯ徵ᄒᆞ야速히左의處理ᄅᆞᆯᄒᆞᆷ이可ᄒᆞᆷ

一 閱覽은擔任者의面前에爲케ᄒᆞᆯ事

二 謄本又ᄂᆞᆫ抄本은登錄簿用紙ᄅᆞᆯ用ᄒᆞ야事項의終에空行을存치아니ᄒᆞ고其末尾에第四號樣式에依ᄒᆞ야認證文을附記ᄒᆞ야交付ᄒᆞᆯ事

第七條 明治四十四年五月朝鮮總督府訓令第四十二號第二項의當該監督官은前條의境遇에在ᄒᆞ야ᄂᆞᆫ警察署長(警察分署長又憲兵分隊長을包含以下同)으로ᄒᆞᆷ

第八條 外國人으로提出ᄒᆞᄂᆞᆫ屆書에ᄂᆞᆫ其氏名及外國에在ᄒᆞᆫ住所에原語ᄅᆞᆯ附記케ᄒᆞᆷ이可ᄒᆞᆷ

第九條 規則第三條第五條의屆出을怠ᄒᆞᆫ者이有ᄒᆞᆷ을發見ᄒᆞ야도不得已ᄒᆞᆫ事由가有ᄒᆞᆷ으로認ᄒᆞᄂᆞᆫ者ᄂᆞᆫ되도록將來ᄅᆞᆯ戒飭ᄒᆞᆷ에止ᄒᆞ야懇篤ᄒᆞᆫ處理ᄅᆞᆯᄒᆞᆷ이可ᄒᆞᆷ

第十條 警察署長은登錄簿의閱覽又ᄂᆞᆫ其謄本이나抄本交付의件數ᄅᆞᆯ第五號樣式에依ᄒᆞ야前年度分을一月十五日ᄭᆞ지京城에在ᄒᆞ야ᄂᆞᆫ警務總長、各道에在ᄒᆞ야ᄂᆞᆫ警務部長에報告ᄒᆞᆷ이可ᄒᆞᆷ

警務部長이前項의報告ᄅᆞᆯ受理ᄒᆞᆫ時ᄂᆞᆫ此ᄅᆞᆯ都聚ᄒᆞ야一月二十日ᄭᆞ지警務總長에게報告ᄒᆞᆷ이可ᄒᆞᆷ

第十一條 登錄簿及除戶簿ᄂᆞᆫ永久히其他의帳簿書類ᄂᆞᆫ翌年부터起算ᄒᆞ야滿二箇年間保存ᄒᆞᆯ者로ᄒᆞᆷ

（第一號樣式）

宿泊人名簿

氏名 年齡	職業	住所	本籍道府縣名又ᄂᆞᆫ國籍	前夜宿泊地 行先地	到着月日時 出發月日時

注意

一 本帳簿에ᄂᆞᆫ其表紙에曆年別를記載ᄒᆞᆷ이可ᄒᆞᆷ但翌年에繼續使用ᄒᆞᄂᆞᆫ境遇ᄂᆞᆫ此를分明히ᄒᆞ기爲ᄒᆞ야口座를

設ᄒᆞᆷ이可ᄒᆞᆷ

二　本帳簿를曆年內二冊以上에分ᄒᆞᄂᆞᆫ時ᄂᆞᆫ其號數를表紙에記載ᄒᆞᆷ이可ᄒᆞᆷ

三　宿泊人轉宿의境遇ᄂᆞᆫ前宿泊地欄에ᄂᆞᆫ前宿泊所、行先地欄에ᄂᆞᆫ轉宿先을記載ᄒᆞᆷ

（第一號樣式의二）

年　月　日　宿泊届　宿主

到着月日時	前宿泊地	國籍住所	職業	氏名	年齡

注意

宿泊人轉宿의境遇ᄂᆞᆫ前宿泊地欄에前宿泊地을記載ᄒᆞᆷ이可ᄒᆞᆷ

（第二號樣式）

年　月　日出發届　宿主

出發月日時	行先地	氏名

注意

宿泊人轉宿의境遇는行先地欄에轉宿先을記載홈

（第三號樣式）

第　　號

居住所	事由				居住所	事由				居住所
前居住所					前居住所					前居住所
國籍竝外國의住所	職業	（例）戶主		生年月日	國籍竝外國의住所	職業	（例）妻		生年月日	國籍竝外國의住所

事由	生年月日
	(例)長男

(第四號樣式)

右謄(抄)本ᄂᆞᆫ登錄簿의原本과相違가無ᄒᆞᆷ을認證ᄒᆞᆷ

明治　年　月　日

署印

警察署長(警察分署長)(何何警察署何駐在所勤務)
(憲兵分隊長)(憲兵分遣所長)
(警視)(警部)(巡査)
(憲兵曹長)(伍長)　何　某　印

(第五號樣式)

明治　年度登錄簿閱覽其他手數料表　警務部 印		
種別	件數	手數料高
登錄簿閱覽		圓
登錄謄本交付		
登錄抄本交付		
合計		

●土地調査令에依ᄒᆞᄂᆞᆫ地番號의設定無ᄒᆞᆫ地에

統戶番號의新設變更에關ᄒᆞᆫ件

大正四年七月八日總訓令第四一號

道長官
府尹
郡守
島司
面長
警務總長
警務部長
警察署長
憲兵分隊長 警察署事務을取扱ᄒᆞᆫ
憲兵分遣所長 同

土地調査令에依ᄒᆞᄂᆞᆫ地番號의設定이업ᄂᆞᆫ地에서統戶番號의新設、變更을要ᄒᆞᄂᆞᆫ ᄯᅢᄂᆞᆫ郡守又ᄂᆞᆫ島司의認可을受ᄒᆞ야面長이此ᄅᆞᆯ定ᄒᆞᆷ이可ᄒᆞᆷ

大正三年朝鮮總督府訓令第四十八號ᄂᆞᆫ此ᄅᆞᆯ廢止ᄒᆞᆷ

●法令第十三條의疑義에關ᄒᆞᆫ件

大正四年九月二十日 官通牒第二六七號
政務總監發各道長官宛

京畿道長官照會首題의件左記의通了知可相成及通牒候也

記

問 朝鮮在住의外國人間에서婚姻을爲ᄒᆞᆫ境遇에ᄂᆞᆫ法例第十三條의所謂婚姻의方式은如何ᄒᆞᆫ手續을要ᄒᆞᄂᆞᆫㅣ朝鮮에서ᄂᆞᆫ宿泊及居住規則第三條第二項에依ᄒᆞᄂᆞᆫ非戶主의屆出을가지고其方式으로認ᄒᆞ야處理ᄒᆞᆷ이ㅣ

ᄒᆞᆯ지

答　居住의屆出을受ᄒᆞᆫ府尹又ᄂᆞᆫ面長으로婚姻의屆出을爲ᄒᆞᆷ으로써方式으로ᄒᆞᆷ其의屆書ᄂᆞᆫ府尹又ᄂᆞᆫ面長에게此를保管ᄒᆞᄂᆞᆫ것시며宿泊及居住規則第三條에依ᄒᆞᄂᆞᆫ屆出으로써婚姻의屆出을代ᄒᆞᆷ을不得ᄒᆞᆷ

●民籍事務取扱에關ᄒᆞᆫ件

大正四年十月十一日 司法部長官發各道長官宛 官通牒第二七七號

全羅南道長官照會首題에件左記의通了知相成度及通牒候也

記

問一　官通牒第二百四十號左記第一項第十一號ᄂᆞᆫ當事者의申告와民籍簿를對照ᄒᆞ야民籍簿에錯誤又ᄂᆞᆫ遺漏잇ᄂᆞᆫ境遇에만爲ᄒᆞᄂᆞᆫ手續으로認ᄒᆞ겟소마ᄂᆞᆫ申告者에錯誤遺漏잇ᄂᆞᆫ境遇及從前의民籍記載가事實과一致치아닌境遇ᄂᆞᆫ單히當事者로부터相當ᄒᆞᆫ申請을ᄒᆞ게ᄒᆞᆫ後訂正ᄒᆞ야因ᄒᆞ여爲監督廳의指揮을受ᄒᆞ고又ᄂᆞᆫ證憑書類等을提出ᄒᆞ게ᄒᆞᄂᆞᆫ必要가無ᄒᆞᄂᆞᆫ지

答　申告書와民籍簿를對照ᄒᆞ야民籍簿에錯誤又ᄂᆞᆫ遺漏잇ᄂᆞᆫ境遇에ᄂᆞᆫ府尹又ᄂᆞᆫ面長의職權을가지고此를訂正ᄒᆞ고其他의境遇에ᄂᆞᆫ現在의申告義務者로（連署者잇ᄂᆞᆫ申告를訂正ᄒᆞ고져ᄒᆞᄂᆞᆫ데ᄂᆞᆫ本申請에도亦連署을要ᄒᆞᆷ）부터訂正申請을爲ᄒᆞ게ᄒᆞ고府尹又ᄂᆞᆫ面長은其에申請의正當ᄒᆞᆷ을調査確認ᄒᆞᆫ後에民籍簿의訂正을爲ᄒᆞᆯ事

問二　同通牒第二項第六號에셔申告事項을定ᄒᆞ엿ᄂᆞᆫ바處該事項은口頭申告의境遇에도亦必要ᄒᆞᆯ가認ᄒᆞ나然이나口頭申告書樣式中申告者의生年月日、本人과關係、事件의本人及相對者의本籍地居住地를記載ᄒᆞᄂᆞᆫ欄이업고又例컨ᄃᆡ離婚의境遇에셔ᄂᆞᆫ妻가入ᄒᆞᄂᆞᆫ家又ᄂᆞᆫ一家創立地、分家의境遇에셔ᄂᆞᆫ分家者를從ᄒᆞ야入籍ᄒᆞᄂᆞᆫ者等을記載ᄒᆞᄂᆞᆫ箇所가無ᄒᆞ니右ᄂᆞᆫ如何이處理ᄒᆞᄂᆞᆫ지

答　便宜適當欄에（例컨ᄃᆡ事實의本人의本籍은其의姓名欄에申告義務者의生年月日은申告義務者欄에記載

ᄒᆞᆷ과如ᄒᆞ다）記載ᄒᆞ니若記載ᄒᆞ기能치못ᄒᆞᆫᄯᅢᄂᆞᆫ附箋又ᄂᆞᆫ罫紙를ᄒᆞ야此를補ᄒᆞᆯ事
例示離婚에因ᄒᆞ야一家를創立ᄒᆞᄂᆞᆫ境遇에셔ᄂᆞᆫ離婚申告ᄒᆞᆷ과其時에別紙로一家創立의申告를ᄒᆞ게ᄒᆞᆯ事

問三　同通牒第二項第十號에依ᄒᆞᆫ즉本籍地의府尹又ᄂᆞᆫ面長은轉籍地의府尹又ᄂᆞᆫ面長으로부터入籍濟의通知를受ᄒᆞᆫ後의除籍을ᄒᆞᆷ이可ᄒᆞᆷ이라고잇스나訓令第四十七號民籍記載例에ᄂᆞᆫ例컨ᄃᆡ婚姻의部에셔ᄂᆞᆫ「年月日道郡面里番地戶主某何男某와婚姻에因ᄒᆞ야除籍」이라잇슴으로若此의記載를入籍通知를受ᄒᆞᆫ時에ᄒᆞ기로ᄒᆞ면婚姻의申告가잇드리도入籍通知가無ᄒᆞ면民籍簿에婚姻事項의記載가無ᄒᆞ게되니本項第七號에도抵觸ᄒᆞᆯ念慮가잇슬가ᄒᆞᆷ에依ᄒᆞ야本件의境遇에ᄂᆞᆫ爲先申告事項만記載ᄒᆞ고（例컨ᄃᆡ「年月日道郡面里番地戶主某何男某와婚姻」이라記入ᄒᆞᄂᆞᆫ「類」入籍通知를受ᄒᆞᆫ時에ᄂᆞᆫ婚姻事項의下에「年月日入籍通知를受ᄒᆞ기로因ᄒᆞ야除籍」이라記載ᄒᆞᆷ으로取扱ᄒᆞ야差支가無ᄒᆞᆫ지

答　申告가잇드리도入籍濟의通知를受ᄒᆞᆫ後가안니면民籍의記載를ᄒᆞ지못ᄒᆞᆯ事

問四　同通牒第九項第二號의確定判決의謄本은夫妻各本籍地에셔面을異케ᄒᆞᆫ境遇에ᄂᆞᆫ二通을要ᄒᆞᄂᆞᆫ지又此를要ᄒᆞ여도一通은寫本이라ᄒᆞᆷ이可ᄒᆞᄂᆞᆫ지

答　本籍地及轉籍地에對ᄒᆞᆫ申告書에各確定判決의謄本을添附ᄒᆞ게ᄒᆞ고右謄本은各히裁判所에셔作成ᄒᆞᆫ것을要ᄒᆞᆷ

問五　同通牒第十項第一號에ᄂᆞᆫ養親及養子가될者의資格을明히ᄒᆞᆫ바棄兒로引受人이永히養育되고引受人에게子가無ᄒᆞᆫ故로此를養子로ᄒᆞ고져ᄒᆞᄂᆞᆫ者와如ᄒᆞᆫ것슨事實上何等不都合이無ᄒᆞ나慣習에反ᄒᆞᄂᆞᆫ것스로絕對히受理치아니ᄒᆞᆷ이可ᄒᆞᄂᆞᆫ지

答　御意見의通

●朝鮮人의婚姻要件에關ᄒᆞᆫ件

大正四年十月二十八日　官通牒第二九七號
政務總監發各道長官宛

京畿道長官照會首題의件左記의通了知可相成及通牒候也

記

問 朝鮮人은前婚의解消又는取消의後一定의期間을經過ᄒᆞ지안니면再家를ᄒᆞ지못ᄒᆞ는지若爲홈을得ᄒᆞ면其制限期間幾何인지

答 前婚의解消又는取消後再嫁를ᄒᆞ는되一定期間의經過를必要치아니홈

●印鑑證明及民籍簿謄本若은抄本의下付에關ᄒᆞᆫ件

大正四年十一月二十七日 官通牒第三二四號
政務總監發各道長官宛

忠淸北道長官伺出(十一月八日忠北地第九八七號)首題의件左記의通히了知相成度及通牒候也

問 面長된個人으로부터申出에係ᄒᆞᆫ印鑑證明及民籍簿謄本若은抄本은面長에게此를認證을爲ᄒᆞ여도差支가無ᄒᆞ는지

答 御意見의通

●民籍事務取扱에關ᄒᆞᆫ件

大正四年十二月七日 官通牒第三三九號
政務總監發各道長官宛

京畿道長官照會首題의件左記의通了知可相成此段及通牒候也

記

問一 甲者乙者에對ᄒᆞ야罷養確認、家督相續届取消及相續請求의訴를提起ᄒᆞ야判決의結果乙者는甲者에對ᄒᆞ야罷養된事實를確認ᄒᆞ야家督相續届의取消手續을ᄒᆞ라고言渡를受ᄒᆞ얏스되甲者는其의確認判決의謄本을添附ᄒᆞ야家督相續에因ᄒᆞ는戶主變更申告及罷養申告書를提出ᄒᆞᆫ境遇에는民籍法第三條但書의附記를要치아니ᄒᆞ고此를受理ᄒᆞ여差支가無ᄒᆞ는지

答　養子乙者가正當히罷養된後戶主라冒稱ᄒᆞ야居ᄒᆞᆫ것신故로此의境遇에ᄂᆞᆫ甲者로부터罷養確認이確定判決謄本을添附ᄒᆞ야民籍訂正의申請을ᄒᆞ게ᄒᆞ고乙者의民籍事由欄에罷養並訂正의事由를記載ᄒᆞ야該民籍을抹消ᄒᆞ고此를除籍簿에編綴ᄒᆞ야更히甲者를戶主로ᄒᆞ야新히民籍을編製ᄒᆞ야戶主變更의手續을홈이可ᄒᆞ고新民籍의戶主가된原因欄의戶主及前戶主欄에ᄂᆞᆫ乙者의前戶主를記載ᄒᆞᄂᆞᆫ것시며又罷養된乙者ᄂᆞᆫ離婚의境遇를準ᄒᆞ야其의取扱을爲홈이可홈

問二　前項의申告를受理ᄒᆞᆫ時ᄂᆞᆫ罷養된者ᄂᆞᆫ此를除籍ᄒᆞ야當然實家로入籍ᄒᆞ게ᄒᆞ고差支가無ᄒᆞ게ᄒᆞ고罷養된者의入籍에就ᄒᆞ야ᄂᆞᆫ更히實家戶主의入籍申告를要ᄒᆞᄂᆞᆫ지若後와如ᄒᆞ면은實家戶主가入籍을拒ᄒᆞᄂᆞᆫ境遇에셔ᄂᆞᆫ一家를創立ᄒᆞ게ᄒᆞᄂᆞᆫ지

答　養子가罷養된時ᄂᆞᆫ當然實家에復籍ᄒᆞᄂᆞᆫ거시니別로實家戶主의入籍申告를要홈

問三　民籍簿에閱覽을請求ᄒᆞᄂᆞᆫ時ᄂᆞᆫ一戶의民籍一回의閱覽每히手數料金五錢을納케ᄒᆞᄂᆞᆫ것신지將一人이一度에十數地番又ᄂᆞᆫ十數戶의民籍을閱覽ᄒᆞ여도其의手數料ᄂᆞᆫ五錢을納ᄒᆞ게ᄒᆞ여야足ᄒᆞᄂᆞᆫ일인지

答　前段貴見의通

問四　戶主의長男戶主死亡以前에ᄂᆞᆫ民籍上分家戶主가되얏슴으로써同籍者된二男에ᄂᆞᆫ相續人이되고民籍上戶主變更의手續을完了ᄒᆞ얏스나其의後該長男으로부터二男의相續은全혀誤謬홈으로써相當訂正을申出ᄒᆞ니此의境遇에在ᄒᆞ야法定相續人及本件民籍事務ᄂᆞᆫ此를如何히處理ᄒᆞᄂᆞᆫ지

答　長男으로부터訂正을申請을ᄒᆞ게ᄒᆞ고長男의分家及二男의本家에各民籍에其의事由를記載ᄒᆞ야各히此를抹消ᄒᆞ야除籍簿에編綴ᄒᆞ야新히長男을戶主로ᄒᆞ고二男을家族으로ᄒᆞᆫ民籍을編製ᄒᆞ야戶主變更의手續을홈이可홈

問五　朝鮮에셔ᄂᆞᆫ隱居의慣習을認치안님으로써甲者本籍에有ᄒᆞ야其의實父本籍에有치아닌境遇에셔ᄂᆞᆫ其의實父를戶主로ᄒᆞ야入籍케홈을得ᄒᆞᄂᆞᆫ지若戶主로ᄒᆞ야入籍케홈은得치못ᄒᆞᄂᆞᆫ境遇에셔ᄂᆞᆫ身位에「父」라記入

ᄒᆞ야家族으로ᄒᆞ야入籍ᄒᆞ게ᄒᆞᄂᆞᆫ지又ᄂᆞᆫ別로一家를創立ᄒᆞ게ᄒᆞᄂᆞᆫ지

答 父의就籍申告를ᄒᆞ게ᄒᆞᆫ後父를戶主로ᄒᆞ고甲者를家族으로ᄒᆞ야新히民籍을作ᄒᆞ야甲者의民籍은其의事由를記載ᄒᆞ야此를抹消ᄒᆞ야除籍簿에編綴ᄒᆞᆷ이可ᄒᆞᆷ

●民籍事務取扱에關ᄒᆞᆫ件

大正五年四月十四日 官通牒第四九號
政務總監發各道長官宛

慶尙北道長官伺出(四月一日慶北地第一、一三六號)首題의件左記의通了知相成度及通牒候也

記

問 朝鮮人僧侶로ᄒᆞ야寺刹에入ᄒᆞᆫ時(尙佐의時)ᄂᆞᆫ其民籍은寺刹住持의養子에準ᄒᆞ야入籍可然哉

答 入籍ᄒᆞᆯ事를不得ᄒᆞᆷ

大正四年十二月二十日第一版印刷
大正四年十二月二十四日第一版發行
大正五年五月十一日第二版印刷
大正五年五月十五日第二版發行

著作兼發行者　京城西小門町七十八番地　酒井與三吉
印刷者　京城西小門町七十八番地　酒井與三吉
發行兼印刷所　京城西小門町七十八番地　大成印刷社

大正十一年九月

改正 朝鮮稅令

朝鮮總督府財務局

凡例

一本書ハ最近改正ノ內國稅法規、驛屯土賣拂關係法規等ヲ輯錄セリ

二本書所載ノ法規ハ大正十一年九月一日現行ノモノトス

大正十一年九月

朝鮮總督府財務局

改正朝鮮税令目次

○地　税

○所　得　税

○登錄稅

○驛屯土

改正朝鮮税令

地税令（大正三、三、制令第一號）改正（大正七、六、制令第九號）（大正一一、三、制令第四號）

第一條　土地ノ地目ハ其ノ種類ニ從ヒ左ノ如ク區別ス
一　田、畓、垈、池沼、雜種地
二　林野、社寺地、墳墓地、公園地、鐵道用地、水道用地、道路、河川、溝渠、溜池、堤防、城堞、鐵道線路、水道線路
前項第一號ニ掲クル土地ニハ地税ヲ賦課ス社寺地ニシテ有料借地ナルトキ亦同シ
國有ノ土地ニハ地税ヲ賦課セス
第二條　郡島ニ土地臺帳又ハ地税臺帳ヲ備ヘ地税ニ關スル事項ヲ登錄ス
第三條　地税ハ土地臺帳又ハ地税臺帳ニ登錄シタル地價ノ千分ノ十七ヲ以テ一年ノ税額トス
地價ハ土地ノ收益其ノ他ノ事項ヲ審査シ地方ノ狀況ニ應シテ之ヲ定ム
第四條　地税ヲ賦課セサル土地カ之ヲ賦課スル土地ト爲リタルトキハ新ニ地價ヲ定ム
地税ヲ賦課スル土地カ之ヲ賦課スル他ノ地目ノ土地ト爲リタルトキハ地價ヲ修正ス但シ第十條ノ規定ニ依

リ地價ノ据置ヲ爲スモノニ付テハ此ノ限ニ在ラス

第五條　削除

第六條　地税ハ左ニ掲クル者ヨリ之ヲ徴收ス

一　質權又ハ質ノ性質ヲ有スル典當權ノ目的タル土地ニ付テハ質權者又ハ典當權者

二　二十年以上ノ存續期間ノ定アル地上權ノ目的タル土地ニ付テハ地上權者

三　前二號以外ノ土地ニ付テハ所有者

前項ニ於テ質權者、典當權者、地上權者、所有者ト稱スルハ土地臺帳又ハ地税臺帳ニ質權者、典當權者、地上權者、所有者トシテ登錄セラレタル者ヲ謂フ

第七條　地税ハ年額ヲ二分シ左ノ納期ニ於テ之ヲ徴收ス但シ納税義務者ノ一面ニ於ケル地税年額二圓以下ナルトキハ朝鮮總督ノ定ムル所ニ依リ第一期又ハ第二期ニ於テ一時ニ之ヲ徴收スルコトヲ得

第一期　十二月一日ヨリ同月二十八日限

第二期　翌年二月一日ヨリ同月末日限

第八條　國、府、面又ハ朝鮮總督ノ指定スル公共團體ニ於テ公用又ハ公共ノ用ニ供スル土地ニ付テハ地税ヲ免除ス但シ有料借地ハ此ノ限ニ在ラス

地方費支辨ノ事業ノ用ニ供スル土地ニ付亦前項ニ同シ

第九條　天災ニ因リ土地ノ形狀ヲ變シ又ハ作土ヲ害シタルトキハ其ノ狀況ニ依リ十年以内ノ期間ヲ定メ地税ヲ免除スルコトヲ得

第九條ノ二　前條ノ期間滿了スルモ其ノ土地ニシテ被害ノ形狀ヲ存スルモノハ更ニ十年以内ノ期間ヲ定メ地税ヲ免除スルコトヲ得

第九條ノ三　第九條又ハ前條ノ期間滿了スルモ其ノ土地ニシテ原狀ニ復シ難キモノハ十年以内ノ期間ヲ定メ地價ヲ低減スルコトヲ得

前項ノ期間滿了シ尙原狀ニ復シ難キ土地ニ付テハ地價ヲ修正ス

第十條　地税ヲ賦課スル土地ニ著シキ勞費ヲ加ヘ地税ヲ賦課スル他ノ地目ニ變換シタルトキハ其ノ狀況ニ依リ二十年以内ノ期間ヲ定メ原地價ヲ据置クコトヲ得

第十條ノ二　地税ヲ賦課セサル土地ニ特ニ勞費ヲ加ヘテ地税ヲ賦課スル土地ト爲シタルトキハ其ノ狀況ニ依リ二十年以内ノ期間ヲ定メ地税ヲ免除スルコトヲ得

第十條ノ三　海面、水面、浮洲等ニ勞費ヲ加ヘテ地税ヲ賦課スル土地ト爲シタルトキハ其ノ狀況ニ依リ六十年以内ノ期間ヲ定メ地税ヲ免除スルコトヲ得

第十一條　地税ヲ賦課スル土地カ地税ヲ賦課セサル土地ト爲リタルトキ又ハ地税ヲ免除セラレタルトキハ其ノ以後ニ開始スル納期ヨリ地税ヲ徵收セス

地税ヲ賦課セサル土地ニシテ地税ヲ賦課スル土地ト為リタルトキ又ハ地税ヲ免除スル土地ニシテ免除ノ事由止ミタルトキハ其ノ以後ニ開始スル納期ヨリ地税ヲ徴收ス但シ其ノ年經過後地税ヲ賦課スル土地ト為リタルモノ又ハ地税免除ノ事由止ミタルモノハ其ノ年分地税ノ翌年ニ於ケル納期ニ於テハ地税ヲ徴收セス

第十二條　地價ヲ修正シタル土地ニ付テハ其ノ年ヨリ修正地價ニ依リ地税ヲ徴收ス但シ其ノ年ニ係ル地税ノ納期開始後地價ヲ修正シタルトキハ翌年分ヨリ修正地價ニ依リ地税ヲ徴收ス

第十三條　税務官吏ハ土地ノ檢査ヲ為シ又ハ納税義務者若ハ土地所有者ニ對シ必要ノ事項ヲ尋問スルコトヲ得

第十四條　納税義務者地税ヲ逋脱シタルトキハ百圓以下ノ罰金又ハ科料ニ處シ土地ノ現狀ニ依リ税額ヲ定メ逋脱シタル地税ヲ追徴ス但シ自首シタル者ハ刑ヲ免ス

第十五條　前條ノ所犯ニ付納税義務者其ノ情ヲ知ラサル場合ニ於テ土地ノ管理人又ハ借地人ノ行為ニ基クトキハ其ノ管理人又ハ借地人ヲ前條ノ罰ニ處ス但シ自首シタル者ハ刑ヲ免ス

前項ノ場合ニ於テ地税ハ納税義務者ヨリ之ヲ追徴ス

附　則

本令ハ大正三年分地税ヨリ之ヲ適用ス

從來各土地ニ付シタル結價八圓ハ十一圓、六圓六十錢ハ九圓、五圓三十錢ハ八圓、四圓二十錢四圓又ハ三圓

七十錢ハ六圓、三圓二十錢ハ五圓、二圓六十錢又ハ二圓十錢ハ四圓、一圓三十錢以下ハ二圓トス

附　則（大正七、六、制令第九號）

本令ハ大正七年七月一日ヨリ之ヲ施行ス但シ大正七年分地稅ハ本令ニ依リ之ヲ徵收ス

本令施行ノ際本令ニ依リ一面ニ於テ地稅年額十圓未滿ヲ納ムル義務アル者ノ各土地ノ地稅年額カ從前ノ規定ニ依ル地稅年額ノ二倍ヲ超ユルトキハ其ノ超過額ハ本令施行後岱ニ在リテハ五年間其ノ他ノ土地ニ在リテハ三年間之ヲ徵收セス但シ其ノ土地ノ所在面ニ於ケル同一地目ノ土地ノ地稅年額ノ平均額カ當該土地ノ從前ノ規定ニ依ル地稅年額ノ二倍ヲ超ユル場合ニ於テ平均額カ地稅年額以上ナルトキハ其ノ地稅年額ヲ、地稅年額未滿ナルトキハ平均額ヲ徵收ス

前項ノ規定ハ本令施行後一面ニ於テ地稅年額十圓以上ヲ納ムル義務アルニ至リタル者ノ土地ニ付テハ之ヲ適用セス前項ノ規定ニ依リ地稅ヲ徵收セサル土地ノ所有權又ハ第六條第一項第一號及第二號ニ掲クル權利カ本令施行後相續以外ノ事由ニ因リ移轉シタル場合ニ於テ其ノ土地ニ付亦同シ

大正三年制令第三號施行前國有未墾地利用法ニ依リ賣下又ハ付與シタル土地ノ地稅ハ其ノ賣下又ハ付與ノ翌年ヨリ五年ノ期間滿了スルニ至ル迄仍從前ノ例ニ依ル

附　則（大正一一、三、制令第四號）

本令ハ大正十一年分地稅ヨリ之ヲ適用ス但シ第九條ノ二乃至第十條ノ三ノ改正規定ハ大正十一年四月一日ヨ

リ之ヲ適用ス
大正七年制令第九號附則第二項ノ規定ヲ適用スヘキ垈ノ地稅ニ付テハ大正十一年分ニ限リ從前ノ地稅額ニ其ノ土地ノ地價ノ千分ノ四ニ相當スル金額ヲ加ヘタルモノヲ徵收ス

地稅令施行規則

（大正七、七、總令第七三號）改正（大正一〇、一〇、總令第一三九號）（大正一一、四、總令第六九號）

第一條　面ハ地稅名寄帳及地籍略圖ヲ備フヘシ
第二條　地稅名寄帳ニハ地稅ヲ徵收スル土地ニ付左ニ揭クル事項ヲ登錄スヘシ
一　土地ノ所在
二　地　番
三　地　目
四　地　積
五　地　價
六　稅　額
七　納稅義務者ノ住所、氏名又ハ名稱
八　納稅管理人ノ住所氏名

第三條　地稅令第七條但書ニ規定スル地稅ハ第一期ニ於テ一時ニ之ヲ徵收スヘシ

第四條　地稅令第八條ニ規定スル土地ト爲リタルトキハ第一號樣式ニ依リ郡守又ハ島司ニ申告スヘシ

第五條　地稅令第九條ノ規定ニ依リ地稅ノ免除ヲ受ケムトスル者ハ第二號樣式ニ依リ郡守又ハ島司ニ申請スヘシ

前項ノ申請アリタル場合ニ於テ地稅ノ免除期間ハ被害ノ年ヨリ起算シ十年ヲ超エサル範圍內ニ於テ之ヲ定ムヘシ

第五條ノ二　地稅令第九條ノ二ノ規定ニ依リ更ニ地稅ノ免除ヲ受ケムトスル者ハ第二號樣式ノ二ニ依リ郡守又ハ島司ニ申請スヘシ

前項ノ申請アリタル場合ニ於テ地稅ノ免除期間ハ地稅令第九條ノ規定ニ依ル地稅ノ免除期間滿了ノ年ノ翌年ヨリ起算シ十年ヲ超エサル範圍內ニ於テ之ヲ定ムヘシ

第六條　地稅令第九條ノ三第一項ノ規定ニ依リ地價ノ低減ヲ受ケムトスル者ハ第三號樣式ニ依リ郡守又ハ島司ニ申請スヘシ

前項ノ申請アリタル場合ニ於テ地價ノ低減期間ハ地稅令第九條又ハ第九條ノ二ノ規定ニ依ル地稅ノ免除期間滿了ノ年ノ翌年ヨリ起算シ十年ヲ超エサル範圍內ニ於テ之ヲ定ムヘシ

第七條　地稅令第九條ノ三第一項ノ規定ニ依リ地價ヲ低減シタル土地ニシテ其ノ低減期間滿了シ尙原狀ニ

復シ難キモノハ第四號樣式ニ依リ郡守又ハ島司ニ申告スヘシ

第七條ノ二　第五條ノ二乃至第七條ノ規定ニ依ル申告申請ハ地税ノ免除期間又ハ地價ノ低減期間ノ滿了後六十日內ニ之ヲ爲スヘシ

第八條　地税令第十條ノ規定ニ依リ地價ノ据置ヲ受ケムトスル者ハ第五號樣式ニ依リ郡守又ハ島司ニ申請スヘシ

前項ノ申請アリタル場合ニ於テ地價ノ据置期間ハ地目變換ノ年ヨリ起算シ二十年ヲ超エサル範圍內ニ於テ之ヲ定ムヘシ

第九條　地税令第十條ノ二又ハ第十條ノ三ノ規定ニ依リ地税ノ免除ヲ受ケムトスル者ハ第六號樣式ニ依リ郡守又ハ島司ニ申請スヘシ

前項ノ申請アリタル場合ニ於テ地税ノ免除期間ハ事業竣功ノ年ヨリ起算シ地税令第十條ノ二ノ規定ニ該當スル土地ニ在リテハ二十年、地税令第十條ノ三ノ規定ニ該當スル土地ニ在リテハ六十年ヲ超エサル範圍內ニ於テ之ヲ定ムヘシ但シ國カ拂下又ハ讓與シタル土地ニ付テハ其ノ拂下又ハ讓與シタル年ヨリ起算スヘシ

第十條　地税令第九條、第九條ノ二又ハ第九條ノ三ノ規定ニ依リ地税ヲ免除シ又ハ地價ヲ低減シタル場合ニ於テ地税ノ免除期間又ハ地價ノ低減期間中更ニ地税令第九條ノ規定ニ依リ地税ヲ免除シタルトキハ前ノ

免除又ハ低減ハ其ノ效力ヲ失フ
地稅令第九條ノ三ノ規定ニ依リ地價ヲ低減シタル場合ニ於テ地價ノ低減期間中地稅ヲ賦課スル他ノ地目ノ土地ト爲リタルトキ亦前項ニ同シ
第十一條　地稅令第十條ノ規定ニ依リ地價ヲ据置キタル土地カ地價ノ据置期間中地稅ヲ賦課スル他ノ地目ノ土地ト爲リタルトキハ据置期間ノ滿了ニ至ル迄尙地價ヲ据置クモノトス但シ据置期間中原地目ノ土地ト爲リタルトキハ此ノ限ニ在ラス
地稅令第九條、第九條ノ二、第十條ノ二又ハ第十條ノ三ノ規定ニ依リ地稅ヲ免除シタル土地カ地稅ノ免除期間中地稅ヲ賦課スル他ノ地目ノ土地ト爲リタルトキハ免除期間ノ滿了ニ至ル迄尙地稅ヲ免除スルモノトス
第十二條　土地臺帳ニ登錄シタル一地番ノ土地中一部分左ノ事項ニ該當スルトキハ其ノ土地ヲ分割ス
一　地稅ヲ賦課セサル土地カ之ヲ賦課スル地目ノ土地ト爲リタルトキ
二　地稅ヲ賦課スル土地カ之ヲ賦課スル他ノ地目ノ土地ト爲リタルトキ
三　地稅ヲ賦課スル土地カ之ヲ賦課セサル地目ノ土地ト爲リタルトキ
四　地稅ヲ賦課セサル土地カ之ヲ賦課セサル他ノ地目ノ土地ト爲リタルトキ
五　地稅ヲ賦課セサル土地カ海面、水面ト爲リタルトキ
六　地稅ノ免除又ハ地價ノ低減若ハ据置ヲ受クルトキ

七　行政區劃ヲ異ニスルニ至リタルトキ
八　所有權ヲ移轉スルトキ
九　質權又ハ二十年以上ノ存續期間ノ定アル地上權ヲ設定スルトキ
十　前各號ノ外土地ノ分割ヲ必要トスルトキ
前項第一號乃至第六號又ハ第八號乃至第十號ニ該當スルトキハ第七號樣式ニ依リ郡守又ハ島司ニ申告スヘシ
第十三條　前條第二項ニ規定スル申告ヲ爲ス爲必要アル場合ニ於テハ第八號樣式ニ依リ分割地ノ測量ヲ郡守又ハ島司ニ申請スルコトヲ得
前項ノ申請ヲ爲ス場合ニ於テハ分割後ノ一地番毎ニ郡島所在ノ面ニ在リテハ八十錢其ノ他ノ面ニ在リテハ一圓五十錢ノ手數料ヲ納付スヘシ但シ國有地ヲ分割シ又ハ國有ト爲ルヘキ事由ニ因リ土地ヲ分割スルトキハ手數料ノ納付ヲ要セス
前項ノ手數料ハ收入印紙ヲ以テ納付スルコトヲ得
第十四條　削除
第十五條　土地臺帳ニ登錄シタル二地番以上ノ土地ヲ合併スルトキハ第九號樣式ニ依リ郡守又ハ島司ニ申告スヘシ

左ノ各號ノ一ニ該當スル土地ハ之ヲ合併スルコトヲ得ス
一　行政區劃ヲ異ニスルモノ
二　地目ヲ異ニスルモノ
三　道路、河川、溝渠等ヲ隔テ土地ノ連續セサルモノ
四　地税ノ免除又ハ地價ノ低減若ハ据置中ニ在ルモノ
五　所有者、地上權者又ハ地上權ノ存續期間ヲ異ニスルモノ
六　異ナリタル債權ヲ擔保スル質權又ハ典當權ノ目的タルモノ
第十六條　左ノ各號ノ一ニ該當スルトキハ第十號樣式ニ依リ郡守又ハ島司ニ申告スヘシ但シ第一號ノ場合ニ於テ國有ノ土地ヲ拂下、交換、讓與シタルトキ若ハ第九條ノ規定ニ依リ地税ノ免除ヲ申請シタルトキ第二號ノ場合ニ於テ第九條ノ規定ニ依リ地税ノ免除ヲ申請シタルトキ又ハ第三號ノ場合ニ於テ第八條ノ規定ニ依リ地價ノ据置ヲ申請シタルトキハ此ノ限ニ在ラス
一　地税ヲ賦課セサル土地カ之ヲ賦課スル地目ノ土地ト爲リタルトキ
二　海面、水面、浮洲等ヲ埋立テ地税ヲ賦課スル土地ト爲シタルトキ
三　地税ヲ賦課スル土地カ之ヲ賦課スル他ノ地目ノ土地ト爲リタルトキ
四　地税ヲ賦課スル土地カ之ヲ賦課セサル地目ノ土地ト爲リタルトキ

五　土地臺帳ニ登錄シタル土地ニシテ地稅ヲ賦課セサルモノカ之ヲ賦課セサル他ノ地目ノ土地ト爲リタルトキ

六　土地臺帳規則ニ依リ土地ニ關スル事務ノ取扱ヲ爲ス地域ニ於テ土地臺帳ニ登錄セサル土地ニシテ地稅ヲ賦課セサルモノカ社寺地、墳墓地、公園地、鐵道用地、水道用地又ハ溜池ト爲リタルトキ但シ林野臺帳ニ登錄シタル土地カ墳墓地ト爲リタルモノヲ除ク

七　土地臺帳規則ニ依リ土地ニ關スル事務ノ取扱ヲ爲ス地域ニ於テ海面、水面、浮洲等ヲ埋立テ社寺地、墳墓地、公園地、鐵道用地、水道用地又ハ溜池ト爲シタルトキ

八　地稅令第八條ノ規定ニ依リ地稅ノ免除ヲ受ケタル場合ニ於テ免除ノ事由止ミタルトキ

第十六條ノ二　土地臺帳規則ニ依リテ土地ニ關スル事務ノ取扱ヲ爲ス地域ニ於ケル土地ニ付第九條第一項ニ規定スル申請若ハ前條第一號、第二號及第六號ニ規定スル申告ヲ爲ス爲必要ナル場合ニ於テハ第十三號樣式ニ依リ其ノ土地ノ測量ヲ郡守又ハ島司ニ申請スルコトヲ得

前項ノ申請ヲ爲ス場合ニ於テハ一地番ニ付郡島所在ノ面ニ在リテハ一圓其ノ他ノ面ニ在リテハ二圓ノ手數料ヲ納付スヘシ但シ國有ノ土地ニ付テハ手數料ノ納付ヲ要セス

前項ノ手數料ハ收入印紙ヲ以テ納付スルコトヲ得

第十六條ノ三　第十三條及前條ノ規定ニ依リ測量ノ申請アリタルトキハ郡守又ハ島司ハ其ノ土地ノ測量ヲ爲

シ測量圖ヲ作成シテ之ヲ申請者ニ交付スヘシ

第十七條　地稅令第九條又ハ第九條ノ二ノ規定ニ依リ地稅ヲ免除シタル土地又ハ地稅ヲ賦課セサル土地カ海面、水面ト爲リ其ノ現狀原地ニ復セス又ハ他ノ地目ト爲ル見込ナキトキハ申告ニ依リ其ノ土地ニ關スル土地臺帳ノ登錄ヲ抹消スヘシ

前項ノ申告ハ第十一號樣式ニ依ルヘシ

第十八條　第四條乃至第九條及第十六條第八號ノ規定ニ依ル申告申請又ハ第九條第一項ノ申請ヲ爲スニ必要ナル第十六條ノ二ノ規定ニ依ル土地測量ノ申請ハ納稅義務者ヨリ其ノ他ノ申告申請ハ土地所有者ヨリ之ヲ爲スヘシ

前項ニ規定スル申告申請ハ國有ノ土地ニ在リテハ其ノ土地ヲ保管スル官廳ヨリ之ヲ爲スヘシ

第十九條　土地臺帳規則ニ依リテ土地ニ關スル事務ノ取扱ヲ爲サヽル地域ヲ管轄スル郡島ニハ其地域內ニ在ル地稅ヲ賦課スル土地ニ付地稅臺帳及課稅地見取圖ヲ備フ

第二十條　地稅臺帳ノ抄本ヲ受ケムトスル者ハ一地番ニ付手數料十錢ヲ添ヘ郡守又ハ島司ニ請求スヘシ

地稅臺帳ノ抄本ハ第十二號樣式ニ依リ調製スヘシ

第二十一條　第十二條、第十五條、第十七條及第十八條ノ規定ハ地稅臺帳ニ登錄シタル土地ニ付之ヲ準用ス」土地臺帳規則第一條第一項、第二條、第三條第二項、第四條第二項乃至第四項、第五條第二項、第六條及

第八條ノ規定ハ地稅臺帳、其ノ抄本又ハ課稅地見取圖ニ之ヲ準用ス
第二十二條　土地ヲ分割シタルトキハ實地ノ狀況ニ依リ分割前ノ地價ヲ各地番ノ土地ニ配分シテ其ノ地價ヲ決定ス
土地ヲ合併シタルトキハ合併前ノ地價ヲ合計シタルモノヲ以テ其ノ地價トス
第二十二條ノ二　地稅ハ納期開始ノ日ニ於テ土地臺帳又ハ地稅臺帳ニ登錄セラレタル者ヨリ之ヲ徵收ス
第二十三條　地稅ハ各納稅義務者ニ付同一面內ニ於ケル地價ヲ合計シタルモノニ稅率ヲ乘シ之ヲ算出ス
第二十四條　面ハ地稅ノ納期每ニ其ノ開始前二十日迄ニ地價及地稅ノ總額並其ノ各納期ニ於ケル納額ヲ郡守又ハ島司ニ報告スヘシ
前項ニ依リ報告ヲ爲シタル日ヨリ納期開始迄ニ地價及地稅ノ總額又ハ納額ニ異動ヲ生シタルトキハ面ハ其ノ額ヲ郡守又ハ島司ニ報告スヘシ
第二十五條　本令ニ規定スル申告ヲ怠リ又ハ虛僞ノ申告ヲ爲シタル者ハ科料ニ處ス

附　則

本令ハ發布ノ日ヨリ之ヲ施行ス

附　則（大正一〇、一〇、總令第一三九號）

本令ハ發布ノ日ヨリ之ヲ施行ス但シ第十三條中改正規定及第二十條中改正規定ハ大正十年十一月一日ヨリ之

ヲ施行ス

附　則（大正一一、四、總令第六九號）

本令ハ發布ノ日ヨリ之ヲ施行ス

大正十一年制令第四號施行前期間ヲ定メテ地價ヲ低減シ若ハ据置キ又ハ地稅ヲ免除シタル土地ノ地價ノ低減、据置及地稅ノ免除ノ期間ニ付テハ尚從前ノ例ニ依ル

第一號樣式（用紙美濃紙）

公用地成（公共用地成）地稅免除申告書

土地所在 面	土地所在 町里洞	地番	地目	種目	地積	地價	公用地成（公共用地成）年月日	摘要
何	何	三	垈	面事務所敷地	千二五〇坪	六円二五	大正何年何月何日	

右申告候也

大正何年何月何日

何郡(島)何面何町(里洞)何番地

所有者　何　　某　印

何郡守(島司)宛

備考　一　本申告書ハ土地所在ノ面毎ニ之ヲ調製スヘシ

二　種目欄ニハ面事務所敷地、何道地方費種苗場用地等其ノ用途ヲ掲記スヘシ

三　地税令第九條乃至第十條ノ三ノ規定ニ依リ地税ヲ免除シタル土地又ハ地價ヲ低減シ若ハ据置キタル土地ナルトキハ其ノ事由ヲ摘要欄ニ掲記スヘシ

四　申告者カ質權者、典當權者又ハ地上權者ナルトキハ所有者トアルヲ質權者、典當權者又ハ地上權者ト爲スヘシ

連名ヲ以テ申告スル場合ニ於テハ摘要欄ニ申告者ノ住所、氏名又ハ名稱ヲ掲記スヘシ此ノ場合ニ於テハ其ノ氏名又ハ名稱ノ下ニ捺印シ申告書ノ末尾ニ署名捺印スルヲ要セス

第二號樣式(用紙美濃紙)

荒地成地税免除申請書

土地所在 面	土地所在 町里洞	地番	地目	地積	地價	被害年月日	被害狀況	免税期間	摘要
何	何	五	畓	千六三五坪	一二七円〇〇	大正何年何月何日	土砂入三尺	自大正何年至大正何年何年	
何	何	三〇	畓	二五九	五二〇〇	大正何年何月何日	河川成（海成）（湖成）	自大正何年至大正何年何年	

右申請候也

大正何年何月何日

何郡（島）何面何町（里洞）何番地

所有者　何　　某　印

何郡守（島司）宛

備考　一　第一號樣式備考第一號、第三號及第四號ハ本樣式ニ之ヲ準用ス

二　被害狀況ハ作土流失、潮水浸入、土砂入、石砂入、押堀、山崩、川缺、河川成、海成、湖成等ニ區分掲記スヘシ

第二號樣式ノ二（用紙美濃紙）

荒地成地税免除繼續申請書

土地所在 面	土地所在 町里洞	地番	地目	地積	地價	原免税期間	被害狀況	繼續免税期間	摘要
何	何	五番		六三五坪	一三七円〇〇	自大正何年 至大正何年 何年	土砂入三尺	自大正何年 至大正何年 何年	
何	何	三〇番		二五五	五一〇〇	自大正何年 至大正何年 何年	河川成	自大正何年 至大正何年 何年	

右申請候也

大正何年何月何日

何郡（島）何面何町（里洞）何番地

所有者　何　某　印

何郡守（島司）宛

備考　第一號樣式備考第一號、第三號、第四號及第二號樣式備考第二號ハ本樣式ニ之ヲ準用ス

第三號樣式（用紙美濃紙）

地價低減申請書

土地所在 面	土地所在 町里洞	地番	地目	地積	地價	低減地價	被害年月日	免稅期間滿了ノ年	土地狀況	地價低減期間	摘要
何	何	五	畓	千六三五坪	一三七円〇〇	円	大正何年何月何日	大正何年	收益四割五分ニ減少	自大正何年何年至大正何年	

右申請候也

大正何年何月何日

何郡（島）何面何町（里洞）何番地

所有者　何　　某　印

何郡守（島司宛）

備考　一　第一號樣式備考第一號及第四號ハ本樣式ニ之ヲ準用ス

二　低減地價ハ申請者ニ於テ掲記ヲ要セス

第四號樣式（用紙美濃紙）

地價低減地地價修正申告書

土地所在 面	土地所在 町里洞	地番	地目	地積	地價	低減地價	修正地價	地價低減期間滿了ノ年	土地狀況	摘要
何	何	五	畓	千六三五坪	一二七円〇〇	五七円一五	円	大正何年	収益六割ニ減少	

右申告候也

大正何年何月何日

何郡（島）何面何町（里洞）何番地

所有者　何　某　印

何郡守（島司）宛

備考　一　第一號樣式備考第一號及第四號ハ本樣式ニ之ヲ準用ス

二　修正地價ハ申告者ニ於テ掲記ヲ要セス

第五號樣式（用紙美濃紙）

地價据置申請書

土地所在 面	土地所在 町里洞	地番	原地目	現地目	地積	地價	地目變換年月日	摘要
何	何	一六	雜種地	畓	一千二八坪	一〇円〇六	大正何年何月何日	

右申請候也

大正何年何月何日

何郡（島）何面何町（里洞）何番地

所有者　何　某　印

何郡守（島司）宛

備考　一　第一號樣式備考第一號及第四號ハ本樣式ニ之ヲ準用ス

二　地税令第九條ノ三ノ規定ニ依リ地價ヲ低減シタル土地ナルトキハ其ノ事由、第十條ノ規定ニ依リ地價ヲ据置キタル土地ナルトキハ現地目ト爲スニ付要シタル勞費及實地ノ狀況等摘要欄ニ掲記スヘシ

第六號樣式（用紙美濃紙）

開墾地（埋立地）地税免除申請書

土地所在 面	土地所在 町里洞	地番	原地目	現地目	地積	地價	開墾（埋立）着手年月日 開墾（埋立）竣功年月日	地税免除期間	摘要
何	何	一四ノ一	林野	畓	千 五三五坪	円	大正何年何月何日 大正何年何月何日	自大正何年 至大正何年　何年	

右測量圖及證憑書類何通添附申請候也

大正何年何月何日

何郡(島)何面何町(里洞)何番地

所有者　何　　某　印

何郡守(島司)宛

備考　一　第一號樣式備考第一號及第四號ハ本樣式ニ準用ス

二　開墾又ハ埋立ニ要シタル勞費及實地ノ狀況等ハ詳細之ヲ摘要欄ニ掲記スヘシ

三　土地臺帳、林野臺帳又ハ地稅臺帳ニ登錄ナキ土地ニ付テハ申請者カ所有者、質權者、典當權者又ハ地上權者タルコトヲ證スヘキ書類ヲ證憑トシテ添附スヘシ

四　地價ハ申告者ニ於テ掲記ヲ要セス

四ノ二　第十六條ノ二ノ規定ニ依リ土地ノ測量ヲ申請スルトキハ測量圖ノ添附ヲ要セス

五　測量圖ハ左ノ雛形ニ依リ調製スヘシ

測　量　圖

何面何町(里洞)一三四番ノ一　五二五坪

縮尺千二百分一(六百分一又ハ二千四百分一)

第七號樣式（用紙美濃紙）

土地分割申告書

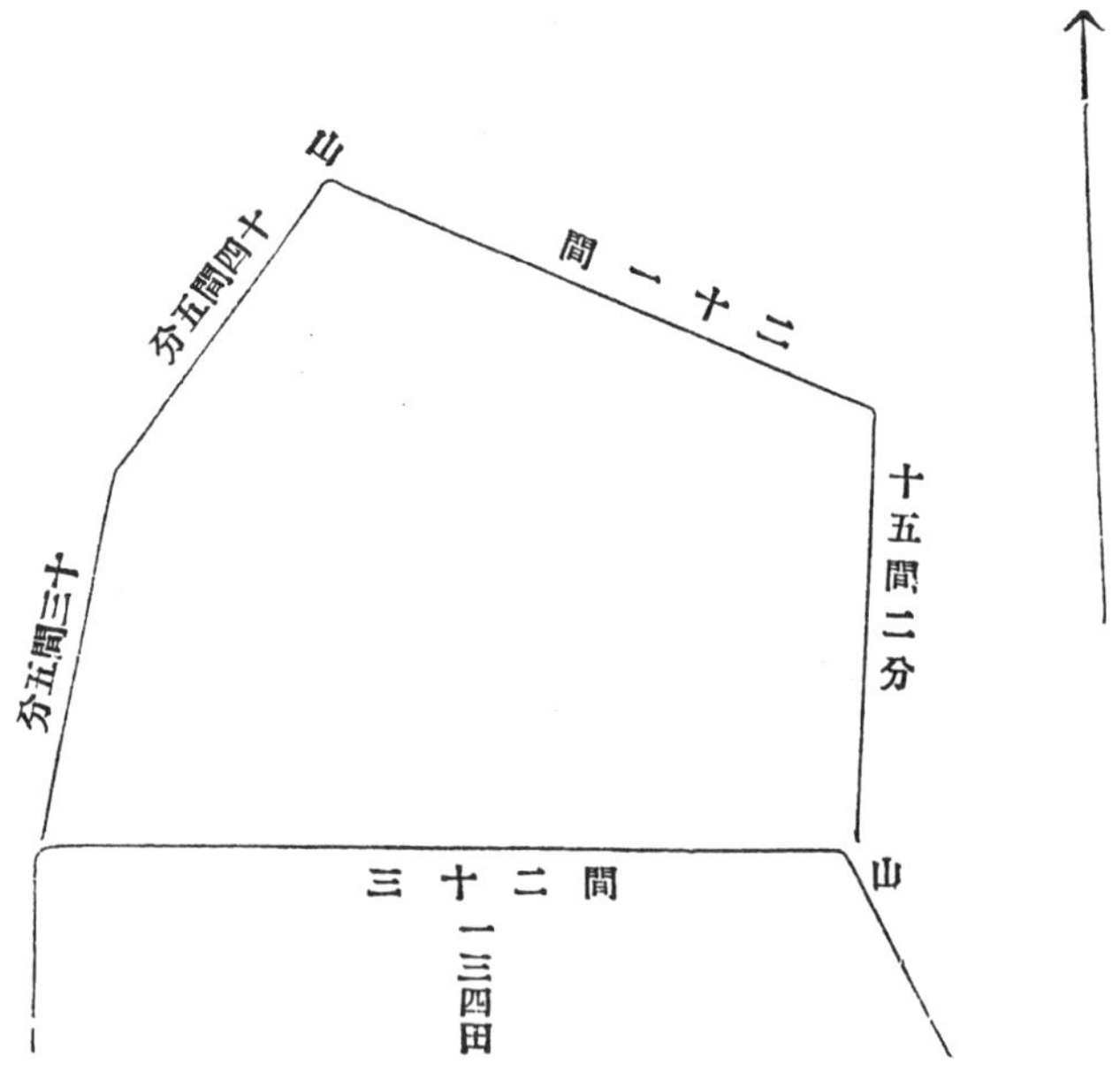

土地所在		地番	地目	地積	地價	分割			摘要
面	町里洞					地番	地積	地價	
何	何	一五	田	千 三〇二 坪	三〇・二〇 円	一五ノ一	千 一二六 坪	円	
						一五ノ二	一七六		

右測量圖添附申告候也

大正何年何月何日

何郡(島)何面何町(里洞)何番地

所有者　何　　某　印

何郡守(島司)宛

備考　一　第一號樣式備考第一號、第三號及第四號ハ本樣式ニ準用ス

二　分割地ノ地番及地價ハ申告者ニ於テ揭記ヲ要セス

三　地稅令施行規則第十三條ノ規定ニ依リ分割地ノ測量ヲ申請スルトキハ測量圖ノ添附ヲ要セス

四　測量圖ハ左ノ雛形ニ依リ調製スヘシ

測　量　圖

何面何町(里洞)一五番　三〇二坪

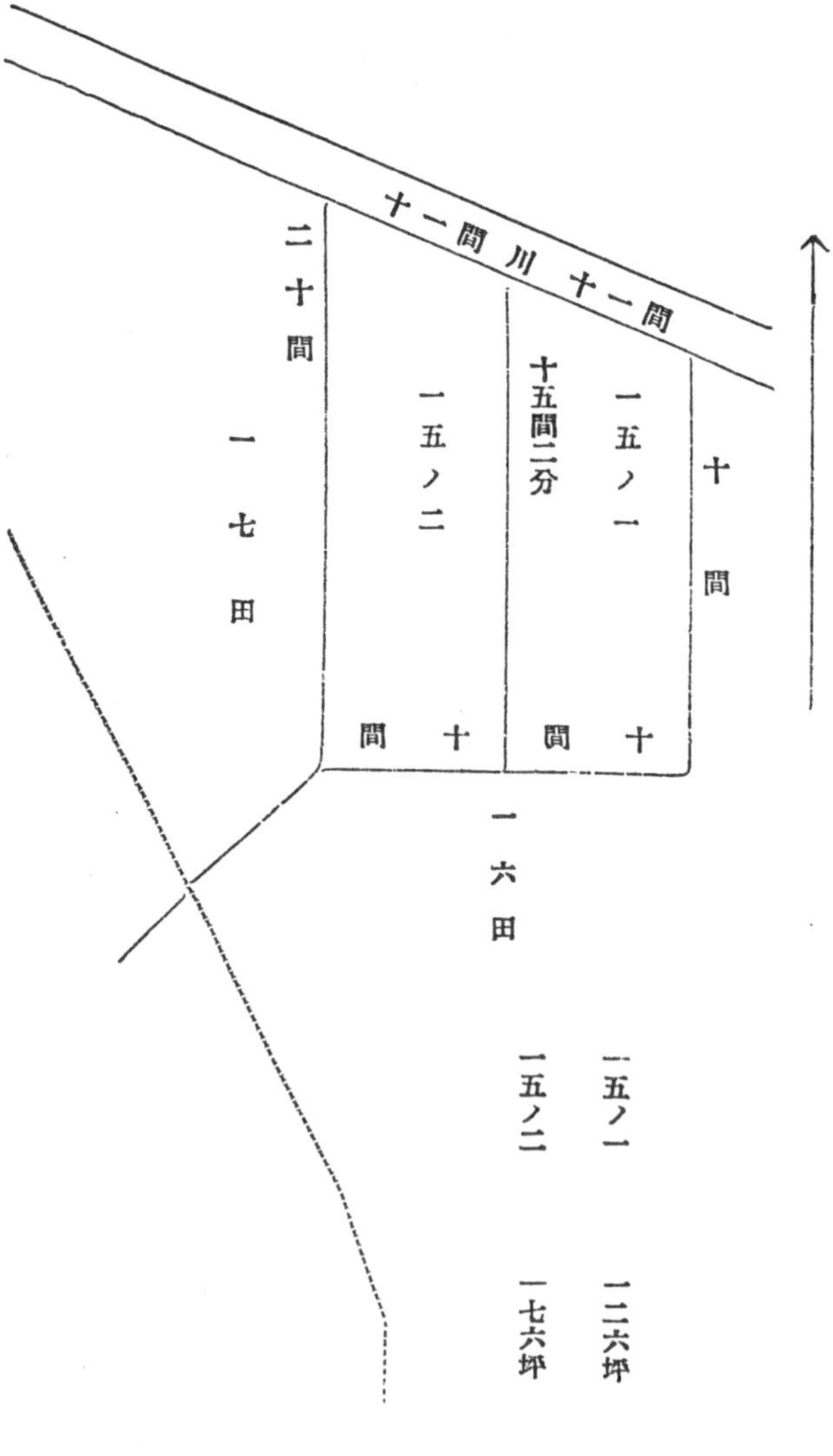

縮尺千二百分一(六百分一又ハ二千四百分一)

第八號樣式（用紙半紙）

分割地測量申請書

土地所在		地番	地目	摘要
面	町里洞			
何	何	一〇〇	田	

右申請候也

大正何年何月何日

何郡（島）何面何町（里洞）何番地

所有者　何　某　印

何郡守（島司）宛

備考　一　土地分割ヲ要スル事由及分割地番數ハ摘要欄ニ之ヲ揭記スヘシ

二　本申請ハ土地分割申告書ニ附記シテ之ヲ為スコトヲ得

第九號様式（用紙美濃紙）

土地合併申告書

土地所在 面	土地所在 町里洞	地番	地目	地積	地価	合併 地番	合併 地積	合併 地価	摘要
何	何	一〇	畓	千 三八六坪	七二円 一〇	一〇	千 五九五坪	円	
何	何	二	畓	二〇九	四二 八〇				

右申告候也

大正何年何月何日

何郡（島）何面何町（里洞）何番地

所有者　何　　某　印

何郡守（島司）宛

備考 一 第一號樣式備考第一號及第四號ハ本樣式ニ準用ス

二 合併地價ハ申告者ニ於テ掲記ヲ要セス

第十號樣式ノ一(用紙美濃紙)

課稅地成申告書

土地所在 面	土地所在 町里洞	地番	原地目	現地目	地積	地價	課稅地成年月日	摘要
何	何	六四ノ一	林野	畓	千四六坪	円	大正何年何月何日	

右測量圖及證憑書類何通添附申告候也

大正何年何月何日

何郡(島)何面何町(里洞)何番地

所有者 何 某 印

何郡守(島司)宛

備考　一　第一號樣式備考第一號、第四號及第六號樣式備考第四號ノ二ハ本樣式ニ準用ス

二　土地臺帳、林野臺帳又ハ地稅臺帳既登錄地ニ付テハ測量圖及證憑書類ノ添附ヲ要セス但シ林野臺帳登錄地ニ付テハ其ノ地番ヲ摘要欄ニ附記スヘシ

三　開墾、埋立ノ土地ニ付テハ其ノ事業竣功ノ日ヲ課稅地成年月日欄ニ掲記スヘシ

四　地價ハ申告者ニ於テ掲記ヲ要セス

五　測量圖ハ第六號樣式備考第五號雛形ニ準シ調製スヘシ

第十號樣式ノ二(用紙美濃紙)

地目變換申告書

土地所在 面	土地所在 町里洞	地番	地積	原 地目	原 地價	現 地目	現 地價	地目變換年月日	摘要
何	何	七	千 五三六坪	田	五三円八〇	畓	円	大正何年何月何日	

右申告候也

大正何年何月何日

何郡(島)何面何町(里洞)何番地

所有者　何　某　印

何郡守(島司)宛

備考　一　第一號様式備考第一號、第三號及第四號ハ本様式ニ準用ス

二　變換地價ハ申告者ニ於テ掲記ヲ要セス

第十號様式ノ三(用紙美濃紙)

非課税地成申告書

土地所在		地番	原地目	現地目	地積	地價	非課税地成年月日	摘要
面	町里洞							
何	何	三八	田	道路	千 〇三坪	三円二〇	大正何年何月何日	

右申告候也

大正何年何月何日

何郡(島)何面何町(里洞)何番地

所有者　何　某　印

何郡守(島司)宛

備考　第一號樣式備考第一號、第三號及第四號ハ本樣式ニ準用ス

第十號樣式ノ四(用紙美濃紙)

非課税地地目變換申告書

土地所在 面	土地所在 町里洞	地番	原地目	現地目	地積	地目變換年月日	摘要
何	何	一〇〇	公園地	墳墓地	千 二〇〇坪	大正何年何月何日	

右測量圖及證憑書類何通添附申告候也

大正何年何月何日

何郡（島）何面何町（里洞）何番地

所有者　何　某　印

何郡守（島司）宛

備考　一　第一號樣式備考第一號第四號及第六號樣式備考第三號、第四號ノ二ハ本樣式ニ準用ス

二　土地臺帳既登錄地ニ付テハ測量圖及證憑書類ノ添付ヲ要セス

三　測量圖ハ第六號樣式備考第五號雛形ニ準シ調製スヘシ

第十號樣式ノ五（用紙美濃紙）

公用（公共用）廢止申告書

土地所在 面	土地所在 町里洞	地番	種目	地目	地積	地價	公用（公共用）廢止年月日	摘要
何	何	一三六	面事務所敷地	垈	千 二九三坪	一四六円五〇	大正何年何月何日	

右申告候也

大正何年何月何日

何郡(島)何面何町(里洞)何番地

所有者　何　　某　印

何郡守(島司)宛

備考　第一號樣式備考第一號、第二號及第四號ハ本樣式ニ準用ス

第十一號樣式(用紙美濃紙)

土地臺帳抹消申告書

土地所在 面	土地所在 町里洞	地番	地目	地積	土地現狀	地稅免除期間	摘要
何	何	五〇	畓	千 二〇〇坪	海面	自大正何年何年 至大正何年何年	

右申告候也

大正何年何月何日

何郡(島)何面何町(里洞)何番地

所有者　何　某　印

何郡守(島司)宛

備考　第一號樣式備考第一號及第四號ハ本樣式ニ準用ス

第十二號樣式(用紙美濃紙)

地稅臺帳抄本

面	何
町里洞	何
地番	地五
地目	田
事故	自大正何年 至大正何年 何年間荒地成地稅免除
納稅義務者 住所	何町何番戸
納稅義務者 氏名又ハ名稱	何　某

大正何年何月何日

何郡守(島司)印

第十三號樣式(用紙美濃紙)

土地測量申請書

土地所在 面	土地所在 町里洞	地番	原地目	現地目	摘要
何	何	壹	林野	田	

右申請候也

大正何年何月何日

何郡（島）何面何町（里洞）何番地

所有者　何　某　印

何郡守（島司）宛

備考　一　第一號樣式備考第四號ハ本樣式ニ之ヲ準用ス

二　測量ヲ要スル事由ハ摘要欄ニ之ヲ掲記スヘシ

三　本申請ハ開墾地又ハ埋立地ノ場合ハ開墾地(埋立地)地税免除申請書、課税地成ノ場合ニ於テハ課税地成申告書、非課税地地目變換ノ場合ニ於テハ非課税地地目變換申告書ニ附記シテ之ヲ為スコトヲ得

市街地税令

(大正三、三、制令第二號)改正(大正七、六、制令第一〇號)(大正一一、三、制令第五號)

第一條　市街地内ニ在ル土地ニハ本令ニ依リ市街地税ヲ賦課ス

前項ノ市街地ハ朝鮮總督之ヲ指定ス

第二條　市街地税ハ土地臺帳ニ登録シタル地價ノ千分ノ九、五ヲ以テ一年ノ税額トス

地價ハ時價ヲ標準トシテ之ヲ決定ス

第三條　市街地税ヲ賦課セサル土地カ之ヲ賦課スル土地ト為リタルトキハ新ニ地價ヲ定ム

市街地税ヲ賦課スル土地ニシテ垈ヲ垈以外ノ地目ニ變換シ又ハ垈以外ノ地目ヲ垈ニ變換シタルトキハ地價ヲ修正ス

新ニ地價ヲ定メ又ハ地價ヲ修正スヘキトキハ類地ニ比準シテ之ヲ決定ス

第四條　地價ハ十年毎ニ一般ニ之ヲ改正ス

第五條　市街地税ハ年額ヲ二分シ左ノ納期ニ於テ之ヲ徴收ス

第一期　四月一日ヨリ同月三十日限
第二期　十月一日ヨリ同月三十一日限

第六條　地稅令第一條、第二條、第六條及第八條乃至第十三條ノ規定ハ市街地稅ニ之ヲ準用ス

第七條　納稅義務者市街地稅ヲ逋脫シタルトキハ百圓以下ノ罰金又ハ科料ニ處シ土地ノ現狀ニ依リ稅額ヲ定メ逋脫シタル市街地稅ヲ追徵ス但シ自首シタル者ハ刑ヲ免ス

第八條　前條ノ所犯ニ付納稅義務者其ノ情ヲ知ラサル場合ニ於テ土地ノ管理人又ハ借地人ノ行爲ニ基クトキハ其ノ管理人又ハ借地人ヲ前條ノ罰ニ處ス但シ自首シタル者ハ刑ヲ免ス

前項ノ場合ニ於テ市街地稅ハ納稅義務者ヨリ之ヲ追徵ス

附　則

本令ハ大正三年分市街地稅ヨリ之ヲ適用ス

居留地ノ市街地稅ハ大正三年分ニ限リ年額ノ四分ノ三トス

大正三年分ノ市街地稅ノ納期ハ第一期ヲ九月一日ヨリ同月三十日限、第二期ヲ十二月一日ヨリ同月二十八日限トス

清津土地規則ハ之ヲ廢止ス

附　則（大正一一、三、制令第五號）

本令ハ大正十一年分市街地税ヨリ之ヲ適用ス

市街地税令施行規則（大正七、八、總令第七九號）改正（大正一一、四、總令第七〇號）

第一條　市街地ナル府面ニハ市街地税名寄帳及地籍略圖ヲ備フヘシ

第二條　地税令施行規則第二條、第四條乃至第十八條及第二十二條乃至第二十四條ノ規定ハ市街地税ニ之ヲ準用ス

第三條　本令ニ規定スル申告ヲ怠リ又ハ虚僞ノ申告ヲ爲シタル者ハ科料ニ處ス

附　則

本令ハ發布ノ日ヨリ之ヲ施行ス

附　則（大正一一、四、總令第七〇號）

本令ハ發布ノ日ヨリ之ヲ施行ス

大正十一年制令第五號施行前期翔ヲ定メテ地價ヲ低減シ若ハ据置キ又ハ市街地税ヲ免除シタル土地ノ地價ノ低減、据置及地税ノ免除ノ期間ニ付テハ尙從前ノ例ニ依ル

土地臺帳規則（大正三、四、總令第四五號）改正（大正四、五、總令第五〇號）（大正七、七、總令第七五號）（大正一〇、一〇、總令第一四〇號）

第一條　土地臺帳ニハ左ニ掲クル事項ヲ登錄ス

一　土地ノ所在

二　地　番

三　地　目

四　地　積

五　地　價

六　所有者ノ住所、氏名又ハ名稱

七　質權、質ノ性質ヲ有スル典當權又ハ二十年以上ノ存續期間ノ定アル地上權ノ設定アル土地ナルトキハ其ノ質權者、典當權者若ハ地上權者ノ住所、氏名又ハ名稱

前項第五號及第七號ノ事項ハ地稅又ハ市街地稅ヲ賦課スル土地ニ限リ之ヲ登錄ス

道路、河川、溝渠、堤防、城堞、鐵道線路、水道線路及土地調査ヲ爲ササル林野ハ土地臺帳ニ登錄セス但シ既登錄ノ土地ニシテ道路、河川、溝渠、堤防、城堞、鐵道線路又ハ水道線路ト爲リタルモノハ此ノ限ニ在ラス

土地臺帳ハ第一號樣式ニ依ルヘシ

第二條　左ニ掲クル事項ハ登記官吏ノ通知アルニ非サレハ土地臺帳ニ登錄セス但シ國有地ノ拂下、交換、讓

與又ハ未登記土地ノ收用ニ因リ所有權ノ移轉シタル場合及未登記土地ノ國有ト爲リタル場合ハ此ノ限ニ在ラス

一　所有權ノ移轉

二　質權、質ノ性質ヲ有スル典當權又ハ地上權ノ設定、移轉、消滅又ハ地上權ノ存續期間ノ變更

相續又ハ遺贈ノ場合ニ於テ相續人又ハ受遺者カ未登記土地ニ付所有權保存ノ登記ヲ爲シタルトキハ保存登記ニ關スル登記官吏ノ通知ニ依リ所有權ノ移轉ヲ登錄ス

第三條　府郡島ニハ地籍圖ヲ備フヘシ

地籍圖ニハ土地臺帳ニ登錄シタル土地ニ付左ニ掲クル事項ヲ登錄ス

一　所　在

二　地　番

三　地　目

四　疆　界

第四條　土地臺帳ヲ閲覽シ又ハ土地臺帳若ハ地籍圖ノ謄本ノ交付ヲ受ケムトスル者ハ左ノ手數料ヲ添ヘ府尹、郡守又ハ島司ニ請求スヘシ

一　土地臺帳ノ閲覽　　一冊一回ニ付　五　錢

二　土地臺帳ノ謄本　一地番ニ付　十　錢
三　地籍圖ノ謄本　地籍圖一圖葉一地番ニ付硬質紙五十錢薄紙三十錢同一圖葉ニ二地番以上ヲ描畫スルトキハ一地番ヲ増ス毎ニ十錢ヲ加フ
前項ノ手數料ハ收入印紙ヲ以テ之ヲ納付スルコトヲ得
謄本ハ郵便ヲ以テ請求スルコトヲ得此ノ場合ニ於テハ返信料ニ相當スル郵便切手ヲ添送スルコトヲ要ス」
國カ土地臺帳ノ閲覽又ハ土地臺帳若ハ地籍圖ノ謄本ノ交付ヲ請求スルトキハ手數料ノ納付ヲ要セス
第五條　土地臺帳ノ謄本ハ第二號樣式ニ依リ調製スヘシ
同一人ニシテ二地番以上ノ謄本ヲ請求シタルトキハ同一用紙ニ連記スルコトヲ得但シ請求者ニ於テ毎地番各別ノ謄本ヲ請求シタルトキハ此ノ限ニアラス
第五條ノ二　地籍圖ノ謄本ハ第四號樣式ニ依リ調製スヘシ
第六條　土地臺帳ニ登錄シタル土地ノ所有者、質權者、典當權者又ハ地上權者其ノ住所、氏名若ハ名稱ヲ變更シタルトキハ第三號樣式ニ依リ直ニ府尹、郡守又ハ島司ニ申告スヘシ但シ變更ニ付登記ヲ申請シタルトキハ此ノ限ニ在ラス
第七條　新ニ土地臺帳ニ土地ヲ登錄スルトキ又ハ土地臺帳ニ登錄シタル土地ヲ分割スルトキハ府尹、郡守又ハ島司ハ地盤ヲ測量ス

第八條　地積ニ一坪未滿ノ端數アルトキハ五合未滿ハ切捨テ五合以上ハ一坪ニ切上ケ地積一坪未滿ナルトキハ之ヲ合位ニ止メ一合未滿ナルトキハ之ヲ一合トス
市街地稅令第一條ニ依リ指定シタル地域內ニ在ル土地ノ地積ハ合位ヲ存シ勺位以下ヲ切捨フ

附　則

本令ハ發布ノ日ヨリ之ヲ施行ス

附　則（大正一〇、一〇、總令第一四〇號）

本令ハ大正十年十一月一日ヨリ之ヲ施行ス

第一號樣式ノ一（用紙厚紙）

表紙

「何」町（里）（洞）「何」面「何」町（里）（洞）

土　地　臺　帳

「何」冊ノ內
第「何」號

「何」府「郡」

（用紙美濃生漉紙）

町里洞「何」町	地番	六五	等級		摘要	

地目	地積	地價	沿革 年月日	事項	所有者 住所	所有者 氏名又ハ名稱
垈	二六三坪	九二〇五円	大正「何」年「何」月「何」日	査定	「何」町「何」番戸	何某
	坪	円	年月日			
			年月日			
			年月日			
			年月日			
			年月日			
			年月日			
			年月日			
			年月日			
			年月日			
			年月日			

土地臺帳

備考　一　本簿ハ一町（里）（洞）毎ニ別冊トスヘシ但シ紙數ノ少ナキモノハ數町（里）（洞）ヲ合綴スルコトヲ

得

二　本簿ハ一町(里)(洞)内ニ於ケル土地ノ各地目ヲ通シ地番順ニ登錄スヘシ

三　質權、典當權又ハ地上權ノ設定アル土地ナルトキハ年月日欄ニ設定年月日、事故欄ニ其ノ權利ノ區分、所有者住所、氏名又ハ名稱欄ニ權利者ノ住所、氏名又ハ名稱ヲ朱記スヘシ

四　所有者、質權者、典當權者又ハ地上權者ノ住所ト土地ノ所在ト町(里)(洞)ヲ同フスルトキハ其ノ町(里)(洞)ノ揭記ヲ省略スヘシ其面、府、郡若ハ道ヲ同フスルトキ亦之ニ準ス

五　共有地ニ付テハ所有者氏名又ハ名稱欄ニ「何某外何名」ト揭記シ別ニ第一號樣式ノ二ノ共有地連名簿ニ揭記スヘシ但シ共有者二名ニシテ其ノ所有權步合同一ナルトキハ之ヲ連記シ共有地連名簿ニ揭記セス

六　本簿ハ約二百枚ヲ以テ一冊ト爲スヘシ

第一號樣式ノ二(用紙厚紙)

表紙

「何」町(里)(洞)(「何」面「何」町(里)(洞))

共有地連名簿

「何」冊ノ内
第「何」號　　「何」府(郡)

（用紙美濃生漉紙）

町里洞	「何」	町	地番	一〇一	摘要

年月日	事故	所有權歩合	所有者 住所	所有者 氏名又ハ名稱	年月日	事故	所有權歩合	所有者 住所	所有者 氏名又ハ名稱
大正「何」年「何」月「何」日				何某	年 月 日				
大正「何」年「何」月「何」日			「何」町「何」番戸	何某	年 月 日				
大正「何」年「何」月「何」日				何某	年 月 日				
大正「何」年「何」月「何」日				何某	年 月 日				
〈共有地連名簿〉									
年月日	事故	所有權歩合	所有者 住所	所有者 氏名又ハ名簿	年月日	事故	所有權歩合	所有者 住所	所有者 氏名又ハ名稱
年 月 日					年 月 日				

備考　第一號樣式ノ一備考第一號、第二號、第四號及第六號ハ本樣式ニ準用ス

第二號樣式（用紙美濃紙）

土地臺帳謄本

府郡	面	町里洞	地番	地目	地積	地價	事故	所有者 住所	所有者 氏名又ハ名稱
「何」	「何」		五	垈	〇千三〇八坪	三、〇〇八円〇〇	自大正「何」年至大正「何」年「何」年間荒地成地税免除	「何」町「何」番戸	何某

大正「何」年「何」月「何」日

「何」府尹（郡守）印

備考　質權、典當權又ハ地上權ノ設定アル土地ナル時ハ所有者欄右傍ニ所有者ノ住所氏名又ハ名稱ヲ掲記シ左傍ニ其ノ權利ノ區分及權利者ノ住所、氏名又ハ名稱ヲ朱記スヘシ

第三號樣式（用紙美濃紙）

住所（氏名又ハ名稱）變更申告書

町（面）	里洞	地番	所有者（質權者）（典當權者）（地上權者） 新住所（新氏名又ハ名稱）	所有者（質權者）（典當權者）（地上權者） 舊住所（舊氏名又ハ名稱）	變更年月日	摘要
「何」	「何」	八	「何」府（郡）「何」町（「何」面「何」里（洞）「何」番戸（「何」統「何」戸）	「何」府（郡）「何」町（「何」面「何」里（洞）「何」番戸（「何」統「何」戸）	大正「何」年「何」月「何」日	

右（證憑書類「何」通添附）申告候也

大正「何」年「何」月「何」日

「何」府（郡）「何」町（「何」面「何」里（洞）「何」番戸（「何」統「何」戸）

所有者　何　某　印

「何」府尹（郡守）宛

備考　一　本申告書ハ土地所在ノ府面毎ニ之ヲ調製スヘシ

二　申告者カ質權者、典當權者又ハ地上權者ナルトキハ所有者トアルヲ質權者、典當權者又ハ地上權者トスヘシ

三　氏名變更ノ場合ニ在リテハ民籍又ハ戸籍ノ謄本若ハ抄本ヲ證憑トシテ添附スヘシ

第四號樣式（用紙厚質紙地籍圖大）

何府（郡島何面）何町（里洞）五四七番、五四八番ノ二、五四九番ノ二、五五一番、五五二番、五五四番、五五五番地籍圖謄本縮尺千二百分一地籍圖第何號

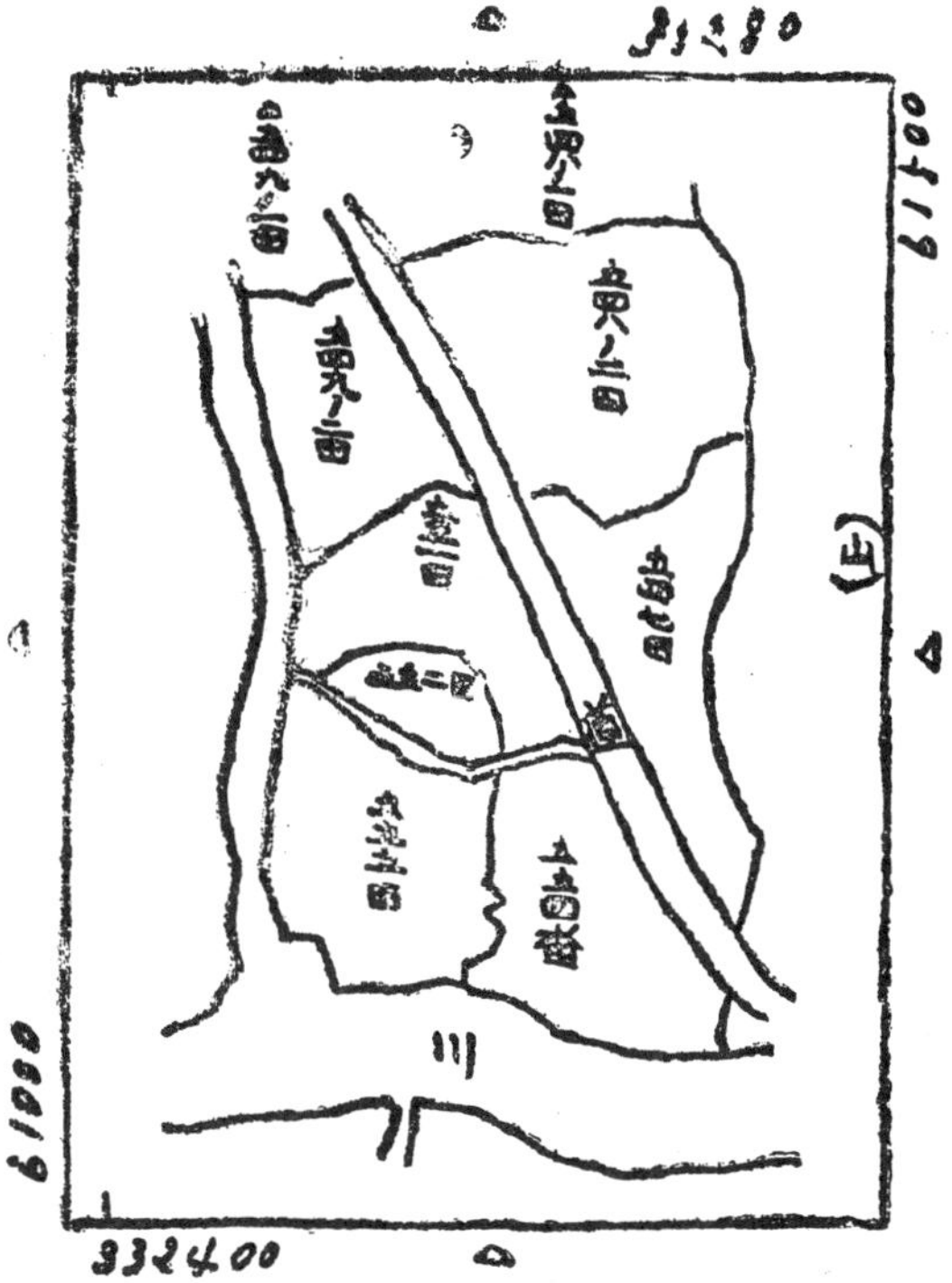

大正　年　月　日

製圖者　官　氏　名印

何　府　尹（郡守島司）印

備考　圖郭、其ノ數値及△ヲ附シタル事項ハ洋紅ヲ以テ描畫又ハ揭記スヘシ

災害地地税免除ニ關スル件（大正三、三、制令第四號）改正（大正七、六、制令第一一號）

第一條　道ノ全部又ハ一部ニ亘ル災害又ハ天候不順ニ因リ收穫皆無ニ歸シタル田畓ノ地税ハ納税義務者ノ申請ニ因リ其ノ年分ニ限リ之ヲ免除ス

前項ノ申請ハ被害現狀ノ存スル間ニ於テ其ノ事實ヲ證明シテ之ヲ爲スコトヲ要ス

第二條　地目ヲ變換シタル土地ニシテ土地臺帳又ハ地税臺帳ニ登錄セラレサルモノニ付テハ其ノ新地目カ田畓ナルトキハ現地税ニ付前條ノ規定ヲ準用ス但シ命令ノ定ムル所ニ依リ地目ヲ變換シタル旨ノ申告アリタルモノニ限ル

第三條　被害ノ調査中ハ其ノ年分地税ノ徵收ヲ猶豫スルコトヲ得

第四條　前三條ノ規定ハ田畓ニ對スル市街地税ニ付之ヲ準用ス

附　則

本令ハ公布ノ日ヨリ之ヲ施行ス

附　則（大正七、六、制令第一一號）

本令ハ大正七年七月一日ヨリ之ヲ施行ス

災害地ノ地税又ハ市街地税免除ニ關スル施行方ノ件（大正三、五、總令第六〇號）

第一條　大正三年制令第四號ニ依リ地税又ハ市街地税ノ免除ヲ請ハムトスル者ハ別紙樣式ニ依リ府尹又ハ郡守ニ申請スヘシ

第二條　前條ノ申請ヲ爲ストキハ收穫皆無ノ事實ヲ證明スルニ足ルヘキ作毛ヲ其ノ土地ニ存置スヘシ但シ府尹又ハ郡守ノ承認ヲ受ケタルモノニ付テハ此ノ限ニ在ラス

第三條　第一條ノ申請ハ納税義務者ヨリ其ノ土地ノ所在地ヲ管轄スル府尹又ハ郡守ニ之ヲ爲スヘシ

附　則

本令ハ發布ノ日ヨリ之ヲ施行ス

別紙樣式（用紙美濃紙）

災害地地税（市街地税）免除申請書

面（町）	里洞	地番		地目	地積	結數（地價）	被害月日	摘要
「何」	「何」	天	一	畓	三百八坪	結〇 〇六〇	「何」月「何」日ヨリ「何」月「何」日マテ	

右申請候也

大正「何」年「何」月「何」日

「何」郡（府）「何」面（町）「何」里（洞）「何」統「何」戸（「何」番戸）

何　　某　印

「何」郡「何」面長　何　　某　印

「何」府尹（郡守）宛

備考　一　本申請書ハ土地所在ノ府、面毎ニ之ヲ調製スヘシ

二　面ニ在ル土地ニ付テハ當該面長ノ連署ヲ要ス

三　被害ノ原因、狀況、作物ノ種類等ヲ摘要欄ニ掲記スヘシ

地稅免除ノ期間ニ關スル件（大正一一、七、制令第九號）

地稅令第十條ノ規定ニ依リ原地價ヲ据置キ又ハ第十條ノ二若ハ第十條ノ三ノ規定ニ依リ地稅ヲ免除シタル土地ニ對シ同令第九條又ハ第九條ノ二ノ規定ニ依リ地稅ヲ免除シタルトキハ其ノ期間ハ同令第十條、第十條ノ二又ハ第十條ノ三ニ規定スル期間中ニ之ヲ算入セス

前項ノ規定ハ市街地稅ニ付之ヲ準用ス

附則

本令ハ現ニ地税令第十條ノ規定ニ依リ原地價ヲ据置キ又ハ第十條ノ二若ハ第十條ノ三ノ規定ニ依リ地税ヲ免除シタル土地ニ亦之ヲ適用ス

前項ノ規定ハ市街地税ニ付之ヲ準用ス

朝鮮所得税令（大正九、七、制令第一六號）改正（大正一〇、四、制令第七號）

第一條　朝鮮ニ本店又ハ主タル事務所ヲ有スル法人ハ本令ニ依リ所得税ヲ納ムル義務アルモノトス

第二條　前條ノ規定ニ該當セサル法人朝鮮ニ資産又ハ營業ヲ有スルトキハ其ノ資産又ハ營業ヨリ生スル所得ニ付所得税ヲ納ムル義務アルモノトス但シ所得税法施行地、臺灣、關東州又ハ樺太ニ本店又ハ主タル事務所ヲ有スル法人ニ付テハ此ノ限ニ在ラス

第三條　所得税ハ左ノ所得ニ付之ニ賦課ス

一　法人ノ超過所得

二　法人ノ留保所得

三　法人ノ配當所得

四　法人ノ清算所得

五　前條ノ規定ニ依リ納稅義務アル法人ノ朝鮮ニ於ケル資産又ハ營業ヨリ生スル所得

第四條　法人ノ所得ハ各事業年度ノ總益金ヨリ總損金ヲ控除シタル金額ニ依ル但シ保險會社ニ在リテハ各事業年度ノ利益金又ハ剩餘金ニ依ル

前項ノ總益金、利益金又ハ剩餘金中國債ノ利子又ハ貯蓄債券法ニ依リ發行シタル貯蓄債券ノ利子アルトキハ之ニ相當スル金額ハ總益金、利益金又ハ剩餘金ヨリ之ヲ控除ス

第二條ノ規定ニ依リ納稅義務アル法人ノ所得ハ朝鮮ニ於ケル資産又ハ營業ニ付前二項ノ規定ニ準シ之ヲ計算ス

法人カ事業年度中ニ解散シ又ハ合併ニ因リテ消滅シタル場合ニ於テハ其ノ事業年度ノ始ヨリ解散又ハ合併ニ至ル迄ノ期間ヲ以テ一事業年度ト見做ス

第五條　法人ノ各事業年度ノ所得カ同年度ノ資本金額ニ對シ年百分ノ十ノ割合ヲ以テ算出シタル金額ヲ超過スルトキハ其ノ超過金額ヲ以テ法人ノ超過所得トス

第六條　法人ノ各事業年度ノ資本金額ハ各月末ニ於ケル拂込株式金額、出資金額又ハ基金及積立金額ノ月割平均ヲ以テ之ヲ計算ス

前項計算ノ場合ニ於テ繰越缺損金アルトキハ其ノ各月末ニ於ケル金額ノ月割平均ヲ以テ之ヲ計算シ資本金額ヨリ控除ス

第七條　第二條ノ規定ニ依リ納税義務アル法人又ハ所得税ヲ課スヘキ所得ト其ノ他ノ所得トヲ有スル法人ノ各事業年度ノ資本金額ハ朝鮮總督ノ定ムル所ニ依リ之ヲ計算ス

第八條　本令ニ於テ積立金ト稱スルハ積立金其ノ他名義ノ何タルヲ問ハス法人ノ所得中其ノ留保シタルモノヲ謂フ

第九條　法人ノ各事業年度ノ所得中積立金ト爲シタル金額ヲ以テ法人ノ留保所得トス

法人カ積立金ヲ減少シタルトキハ其ノ減少額ヲ塡補スルニ至ル迄其ノ後ノ各事業年度ノ留保所得ニ付所得税ヲ課セス

積立金ヲ減少シタル法人カ合併ニ因リテ消滅シタルトキハ合併後存續スル法人又ハ合併ニ因リテ設立シタル法人ニ付前項ノ規定ヲ適用ス但シ合併ノ際合併ニ因リテ消滅シタル法人ノ積立金ヲ以テ合併後存續スル法人又ハ合併ニ因リテ設立シタル法人ノ株式金額又ハ出資金額ニ充當シタルモノニ付テハ此ノ限ニ在ラス

第十條　法人ノ各事業年度ノ所得中利益ノ配當又ハ剩餘金ノ分配ニ充當シタル金額ヲ以テ法人ノ配當所得トス

法人ノ積立金ヲ減少シテ利益ノ配當又ハ剩餘金ノ分配ニ充當シタル金額ハ之ヲ前項ノ配當所得ニ加算ス

第十一條　法人解散シタル場合ニ於テ其ノ殘餘財産ノ價格カ解散當時ノ拂込株式金額、出資金額、積立金及最後ノ事業年度ニ於ケル留保所得ノ合計金額ヲ超過スルトキハ其ノ超過金額ヲ以テ法人ノ清算所得トス法人合併ヲ爲シタル場合ニ於テ合併ニ因リテ消滅シタル法人ノ株主又ハ社員カ合併後存續スル法人若ハ合併ニ因リテ設立シタル法人ヨリ合併ニ因リテ取得スル株式ノ拂込濟金額又ハ出資金額及金錢ノ總額カ合併ニ因リテ消滅シタル法人ノ合併當時ノ拂込株式金額、出資金額、積立金及最後ノ事業年度ニ於ケル留保所得ノ合計金額ヲ超過スルトキハ其ノ超過金額ハ之ヲ合併ニ因リテ消滅シタル法人ノ淸算所得ト看做ス

第十二條　合併後存續スル法人又ハ合併ニ因リテ設立シタル法人ハ合併ニ因リテ消滅シタル法人ノ所得ニ付所得稅ヲ納ムル義務アルモノトス

第十二條ノ二　所得稅法施行地、臺灣、關東州又ハ樺太ニ本店又ハ主タル事務所ヲ有スル法人カ所得稅法施行地、臺灣、關東州、樺太又ハ朝鮮ニ本店又ハ主タル事務所ヲ有スル法人ト合併ヲ爲シタル場合ニ於テ合併後存續スル法人又ハ合併ニ因リテ設立シタル法人カ朝鮮ニ本店又ハ主タル事務所ヲ有スルトキハ第九條第三項及前條ノ規定ヲ準用ス

第十三條　左ニ掲クル法人ニハ所得稅ヲ課セス

一　朝鮮總督ノ指定スル公共團體

二　民法第三十四條ノ規定ニ依リ設立シタル法人、金融組合、金融組合聯合會、漁業組合、水産組合、重要物産同業組合、重要物産同業組合聯合會、商業會議所其ノ他之ニ類スル法人ニシテ朝鮮總督ノ指定スルモノ

第十四條　一ノ場所ニ於テ一年五千二百五十佛噸以上ノ製銑能力又ハ製鋼能力ヲ有スル設備ヲ以テ製鐵事業ヲ營ム法人ニハ朝鮮總督ノ定ムル所ニ依リ開業ノ年及其ノ翌年ヨリ十年間其ノ事業ヨリ生スル所得ニ付所得税ヲ免除ス

前項ノ規定ニ依リ所得税ノ免除ヲ受クヘキ製鐵事業ノ範圍ハ朝鮮總督之ヲ定ム

第十五條　一ノ場所ニ於テ一年五千二百五十佛噸以上ノ製銑能力又ハ製鋼能力ヲ増加スル設備ヲ爲シタルトキハ能力増加ノ年及其ノ翌年ヨリ十年間其ノ増加シタル能力ニ付前條ノ規定ヲ準用ス

第十六條　前二條ノ規定ニ於テ五千二百五十佛噸トアルハ低燐銑鐵製造事業ニ付テハ二千五百佛噸トス

前項低燐銑鐵ノ標準成分ハ朝鮮總督之ヲ定ム

第十七條　朝鮮總督ノ認可ヲ受ケタル計畫ニ基キ朝鮮總督ノ定ムル期間内ニ製鐵能力ノ設備又ハ其ノ能力増加ノ設備ヲ完成スルトキハ其ノ完成ノ年ヲ以テ第十四條ノ開業ノ年又ハ第十五條ノ能力増加ノ年ト看做ス

前項ノ規定ニ依ル設備完成前其ノ設備ニ依リ事業ヲ營ム場合ニ於テモ其ノ能力ニ付所得税ヲ免除ス但シ前項ノ期間内ニ設備ヲ完成セサルトキハ此ノ限ニ在ラス

第十八條　朝鮮總督ノ指定スル重要物産ノ製造業ヲ營ム法人ニハ朝鮮總督ノ定ムル所ニ依リ開業ノ年及其ノ翌年ヨリ三年間其ノ業務ヨリ生スル所得ニ付所得税ヲ免除ス

第十九條　所得税ノ免除ヲ受クヘキ製鐵ノ事業又ハ重要物産ノ製造業ヲ繼續シ又ハ其ノ繼續ト認ムヘキ事實

アル法人ハ其ノ業務ニ付所得税ノ免除期間ノ殘存スルトキニ限リ其ノ免除期間ヲ繼承ス

第二十條　所得税法施行地、臺灣、關東州又ハ樺太ニ於テ所得税ヲ免除スル各當該地ノ製造業ヨリ生スル所得ニ付テハ朝鮮總督ノ定ムル所ニ依リ所得税ヲ免除ス

第二十一條　所得税ハ左ノ税率ニ依リ之ヲ賦課ス

一　超過所得金額ヲ左ノ各級ニ區分シ遞次ニ各税率ヲ適用ス

所得金額中資本金額ニ對シ年百分ノ十ノ割合ヲ以テ算出シタル金額ヲ超ユル金額　百分ノ四

同百分ノ二十ノ割合ヲ以テ算出シタル金額ヲ超ユル金額　百分ノ十

同百分ノ三十ノ割合ヲ以テ算出シタル金額ヲ超ユル金額　百分ノ二十

二　留保所得金額　百分ノ五

三　配當所得金額　百分ノ五

四　清算所得金額　百分ノ七、五

五　第二條ノ規定ニ依リ納税義務アル法人ノ朝鮮ニ於ケル資産又ハ營業ヨリ生スル所得金額

百分ノ七、五

法人ノ事業年度末ニ於ケル積立金及其ノ事業年度ニ於ケル留保所得ノ合計金額カ其ノ事業年度末ニ於ケル拂込株式金額、出資金額又ハ基金及之ニ代ルヘキ積立金ノ合計金額ノ二分ノ一ニ相當スル金額ヲ超過スル

トキハ其ノ超過金額ニ屬スル其ノ事業年度ノ留保所得ニ對スル稅率ハ百分ノ十トシ其ノ事業年度末ニ於ケル拂込株式金額、出資金額又ハ基金及之ニ代ルヘキ積立金ノ合計金額ニ相當スル金額ヲ超過スルトキハ其ノ超過金額ニ屬スル其ノ事業年度ノ留保所得ニ對スル稅率ハ百分ノ二十トス但シ其ノ事業年度ニ於ケル所得ノ二十分ノ一ニ相當スル金額以內ノ金額ニ付テハ其ノ稅率ハ百分ノ五トス

第二十二條　所得稅ヲ納ムル義務アル法人ハ朝鮮總督ノ定ムル所ニ依リ財産目錄、貸借對照表、損益計算書又ハ淸算若ハ合併ニ關スル計算書並第四條乃至第十一條ノ規定ニ依リ計算シタル所得及資本金額ノ明細書ヲ添附シ其ノ所得ヲ政府ニ申告スヘシ但シ第二條ノ規定ニ依リ納稅義務アル法人ハ朝鮮ニ於ケル資産又ハ營業ニ關スル損益ヲ計算シタル所得及資本金額ノ明細書ヲ添附スヘシ

前項ノ規定ハ所得稅ヲ課セラルヘキ法人ニ付其ノ所得ナキ場合ニ之ヲ準用ス

第二十三條　所得金額ハ前條ニ規定スル申告ニ依リ、申告ナキトキ又ハ申告ヲ不相當ト認ムルトキハ政府ノ調査ニ依リ政府之ヲ決定ス

第二十四條　所得稅ハ法人ノ事業年度每ニ之ヲ徵收ス但シ淸算所得ニ付テハ淸算又ハ合併ノ際之ヲ徵收ス

第二十五條　法人解散シタル場合ニ於テ淸算所得ニ對スル所得稅ヲ納付セスシテ殘餘財産ヲ分配シタルトキハ其ノ稅金ニ付淸算人連帶シテ納稅ノ義務アルモノトス

第二十六條　所得稅ヲ納ムル義務アル法人朝鮮ニ本店又ハ主タル事務所ヲ有セサルトキハ納稅地ヲ定メ申告

スヘシ申告ナキトキハ朝鮮總督其ノ納税地ヲ指定ス
第二十七條　所得税ヲ納ムル義務アル法人朝鮮ニ本店又ハ主タル事務所ヲ有セサルトキハ其ノ所得ノ申告、納税其ノ他所得税ニ關スル一切ノ事項ヲ處理セシムル爲納税管理人ヲ定メ申告スヘシ朝鮮外ニ本店又ハ主タル事務所ヲ移サムトスルトキ亦同シ
第二十八條　税務官吏ハ調査上必要アルトキハ納税義務者又ハ納税義務アリト認ムル者ニ質問シ又ハ其ノ所得ニ關スル帳簿及物件ヲ檢査スルコトヲ得
第二十九條　詐僞其ノ他不正ノ行爲ニ因リ所得税ヲ逋脱シタル者ハ其ノ逋脱シタル税金ノ三倍ニ相當スル罰金又ハ科料ニ處ス但シ自首シタル者又ハ府尹、郡守若ハ島司ニ申出タル者ハ其ノ罪ヲ問ハス
第三十條　第二十八條ノ規定ニ依ル税務官吏ノ質問ニ對シ答辨ヲ爲サス若ハ虚僞ノ陳述ヲ爲シ又ハ帳簿物件ノ檢査ヲ拒ミ、妨ケ若ハ忌避シタル者ハ百圓以下ノ罰金又ハ科料ニ處ス
第三十一條　朝鮮鑛業令第六十條ニ規定スル特許鑛業ヨリ生スル所得ニ付テハ其ノ特許條件ニ別段ノ定アル場合ニ限リ本令ヲ適用セス

附　則

本令ハ大正九年八月一日ヨリ之ヲ施行ス
本令施行前ニ終了シタル法人ノ各事業年度分ノ所得ニ付テハ仍從前ノ例ニ依ル

従前ノ規定ニ依リ所得税ニ關シ爲シタル處分其ノ他ノ行爲ハ本令ニ依リ之ヲ爲シタルモノト看做ス

附　則（大正一〇、四、制令第七號）

本令ハ大正十年四月一日ヲ含ム事業年度分ヨリ之ヲ適用ス

朝鮮所得税令施行規則（大正九、九、總令第一四〇號）

第一條　法人ノ超過所得ノ算出ニ付其ノ資本金額ニ對スル年百分ノ十ノ割合ノ金額ハ當該事業年度ノ月數ヲ資本金額ニ乘シ之ヲ十二分シタル金額ニ百分ノ十ヲ乘シテ之ヲ計算ス

前項ノ月數ハ暦ニ從ヒ之ヲ計算シ一月ニ滿タサル端數ヲ生シタルトキハ之ヲ一月トス

前二項ノ規定ハ朝鮮所得税令第二十一條ノ規定ニ依ル超過所得ノ各級金額ノ算出ニ付之ヲ準用ス

第二條　朝鮮所得税令第二條ノ規定ニ依リ納税義務アル法人ノ超過所得算出ノ基礎タル資本金額ハ總資産價額ニ對スル朝鮮ニ於ケル資産價額ノ割合ヲ總資本金額ニ乘シ之ヲ計算ス

前項ノ場合ニ於テ資産價額ノ割合ニ依ルヲ不適當トスルトキハ收入金又ハ所得ノ割合其ノ他適當ナル方法ニ依リ之ヲ計算ス

第三條　所得税ヲ課スヘキ所得ト其ノ他ノ所得トヲ有スル法人ノ超過所得算出ノ基礎タル資本金額ハ總資産價額ニ對スル所得税ヲ課スヘキ所得ノ基本タル資産價額ノ割合ヲ總資本金額ニ乘シ之ヲ計算ス此ノ場合ニ於テハ前條第二項ノ規定ヲ準用ス

第四條　所得稅ヲ課スヘキ所得ト其ノ他ノ所得トヲ有スル法人ノ所得稅ヲ課スヘキ留保所得ハ總所得ニ對スル所得稅ヲ課スヘキ所得ノ割合ヲ總留保所得金額ニ乘シ之ヲ計算ス

第五條　朝鮮所得稅令第二十一條第二項但書ノ規定ハ當該事業年度ニ於ケル留保所得中最モ高キ稅率ヲ適用スヘキ金額ヨリ順次低キ稅率ヲ適用スヘキ金額ニ付之ヲ適用ス

第六條　所得稅ヲ課スヘキ所得ト其ノ他ノ所得トヲ有スル法人ノ所得稅ヲ課スヘキ朝鮮所得稅令第十條第一項ノ規定ニ依ル配當所得ノ計算ニ付テハ第四條ノ規定ヲ準用ス

第七條　左ニ揭クル公共團體其ノ他ノ法人ニハ朝鮮所得稅令第十三條ノ規定ニ依リ所得稅ヲ課セス

一　道地方費、府、面、面組合、學校組合、學校費、水利組合、水利組合聯合會

二　神社、寺院、祠宇、佛堂

第八條　所得稅ノ免除ヲ受クヘキ製鐵業ハ銑鐵、鋼鐵、壓延鋼材（軌條及繼目板ヲ含ム）鍛鋼製品若ハ鑄鋼製品ノ素材又ハ左ニ揭クル副生品ノ製造ニ關スル事業トス

鑛滓綿

鑛滓煉瓦

鑛滓瓦

餮兒

無水亞兒
輕油
中油
重油
ピッチ
安母尼亞
安母尼亞水
硫酸安母尼亞
粗製ナフサリン
アンスラシン
ベンゾール
キシロール
トルオール
ソルベントナフサ

第九條　製鐵業ニ付所得税ノ免除ヲ受ケムトスル者ハ開業又ハ能力增加前其ノ事業計畫ヲ朝鮮總督ニ屆出

ツヘシ

前項ノ規定ニ依ル事業計畫書ニハ左ニ揭クル事項ヲ記載シ法人ノ定欵ヲ添附スヘシ但シ第十一條ノ認可申請書ニ記載シタル事項ニ付テハ此ノ限ニ在ラス

一　製鐵所ノ位置及名稱

二　資本額

三　製鐵所設計ノ概要及設計圖

四　工事着手ノ時期

五　開業又ハ能力增加ノ時期

六　生產品名及生產ノ順序方法

七　一年間生產品ノ種類別生產豫定額

八　原料取得ノ計畫

製鐵事業中所得稅ノ免除ヲ受クヘキモノト其ノ他ノモノトアル場合ニ於テハ其ノ區別ヲ明ニスヘシ

第十條　朝鮮所得稅令第十六條第二項ノ規定ニ依ル低燐銑鐵ノ標準成分ハ燐ノ含有量萬分ノ四以下トス

第十一條　朝鮮所得稅令第十七條ノ規定ニ依ル認可ヲ受ケムトスル者ハ其ノ認可申請書ニ左ニ揭クル事項ヲ記載シ工事着手ノ初期ニ於ケル工事施行仕樣書及法人ノ定欵ヲ添附スヘシ

一　製鐵所ノ位置及名稱
二　資本額
三　製鐵所設計及年別工事計畫ノ概要並設計圖
四　年別工事費豫算
五　設備完成ニ至ル迄ノ毎年ノ生產豫定額
六　原料取得ノ計畫

第十二條　朝鮮所得稅令第十七條第一項ノ期間ハ製鐵能力一年三萬五千佛噸未滿ノ場合ニ在リテハ二年、十萬佛噸未滿ノ場合ニ在リテハ三年、十萬佛噸以上ノ場合ニ在リテハ五年內ニ於テ之ヲ定ム
前項ノ期間ハ災害其ノ他已ムヲ得サル事由アリト認ムルトキハ一年ヲ限リ之ヲ延長スルコトヲ得

第十三條　朝鮮所得稅令第十七條ノ規定ニ依ル認可ヲ受ケタルモノハ設備完成ニ至ル迄其ノ前年ノ工事成蹟報告書ヲ毎年一月三十一日迄ニ、工事施行仕樣書ヲ其ノ作成ノ都度朝鮮總督ニ提出スヘシ

第十四條　左ニ揭クル物產ノ製造業ヲ營ム者ニハ朝鮮所得稅令第十八條ノ規定ニ依リ所得稅ヲ免除ス
一　金、銀、鉛、亞鉛、鐵又ハアルミニウムノ地金
二　鐵ノ條、竿、テー形アングル形類、軌條、板、線及管（鑄製管ヲ除ク）
三　銅ノ合金ノ條、竿、板及管

四　汽罐、原動機（機關車ヲ含ム）及動力ヲ以テ運轉スル鐵製ノ機械
五　燐、曹達灰、苛性曹達、硫酸アムモニウム、石炭酸、クロール酸加里及グリセリン
六　製紙用パルプ
七　板硝子
八　コンデンスドミルク
九　絹、亞麻又ハ毛ノ織物
前項第九號ノ物産ノ製造業ニ付テハ動力ヲ以テ運轉スル機械ヲ使用シ幅鯨尺一尺八寸以上及長鯨尺三十尺以上ノ織物ノミヲ製造スル者ニ限ル
第十五條　朝鮮所得稅令第二十條ノ規定ニ依リ所得稅ヲ免除スヘキ期間ハ各當該地ノ法令ニ依リ所得稅ヲ免除スヘキ當該製造業ニ付定メラレタル所得稅ノ免除期間ニ依ル
第十六條　朝鮮所得稅令第十四條乃至第二十條ノ規定ニ依リ所得稅ノ免除ヲ受ケムトスル者ハ朝鮮所得稅令第二十二條ノ規定ニ依リ申告ヲ爲ストキ其ノ旨所轄府尹郡守島司ニ申請スヘシ
前項ノ場合ニ於テ所得稅ノ免除ヲ受ケムトスル製鐵業又ハ製造業ヨリ生スル所得ト其ノ他ノ所得トヲ有スルトキハ其ノ各所得トヲ區別シタル計算書ヲ添附スヘシ
朝鮮所得稅令第二十條ノ規定ニ依リ所得稅ノ免除ヲ受ケムトスル者ハ其ノ製造業ノ營業場所在地ヲ管轄ス

ル各當該地ノ稅務官署ニ於テ其ノ地ノ法令ニ依リ所得稅ヲ免除スヘキ製造業ニ相當スト認メタル證明書ヲ第一項ノ申請書ヲ添附スヘシ

第十七條　朝鮮總督必要ト認ムルトキハ製鐵業ニ付所得稅ノ免除ヲ受ケムトスル者ヲシテ其ノ事業ニ關スル書類又ハ製鐵原料若ハ製品ノ試料ヲ提出セシメ又ハ當該官吏ヲシテ製鐵事業ニ關スル設備、帳簿其ノ他ノ物件ノ檢査ヲ爲サシムルコトヲ得

第十八條　法人ノ各事業年度ノ所得ハ每事業年度決算確定ノ日又ハ合併ノ日若ハ淸算ニ着手シタル日ヨリ三十日內ニ所轄府尹郡守島司ニ申告スヘシ

第十九條　解散シタル法人ノ淸算所得ハ殘餘財產確定シタルトキ其ノ分配前ニ淸算期間中ノ收支計算書ヲ添附シ之ヲ所轄府尹郡守島司ニ申告スヘシ殘餘財產ヲ數回ニ分チテ分配スル場合ニ於テハ其ノ分配スヘキ殘餘財產確定ノ都度之ヲ申告スヘシ

第二十條　合併ニ因リテ消滅シタル法人ノ淸算所得ハ合併ノ日ヨリ三十日內ニ合併ニ關スル書類及合併ニ因リテ繼承シタル資產ノ明細書ヲ添附シ合併後存續スル法人又ハ合併ニ因リテ設立シタル法人之ヲ所轄府尹郡守島司ニ申告スヘシ

第二十一條　府尹郡守島司ハ朝鮮所得稅令第二十三條ノ規定ニ依リ所得金額ヲ決定スヘシ

第二十二條　朝鮮所得稅令第二十六條ノ規定ニ依リ納稅地ヲ定メタルトキハ其ノ旨納稅地ヲ管轄スル府尹郡

守島司ニ申告スヘシ
納税地ヲ變更セムトスルトキハ其ノ旨新納税地ヲ管轄スル府尹郡守島司ニ申告スヘシ
第二十三條　朝鮮ニ本店又ハ主タル事務所ヲ有スル法人其ノ本店又ハ主タル事務所ヲ朝鮮外ニ移サムトスルトキハ其ノ旨所轄府尹郡守島司ニ申告スヘシ
第二十四條　朝鮮所得税令第二十七條ノ規定ニ依リ納税管理人ヲ定メタルトキハ其ノ氏名及住所又ハ居所ヲ所轄府尹郡守島司ニ申告スヘシ納税管理人ヲ變更セムトスルトキ亦同シ
納税管理人ハ納税地ノ府郡島ニ住所又ハ居所ヲ有スル者タルコトヲ要ス
納税管理人其ノ氏名、住所又ハ居所ヲ變更シタルトキハ納税管理人ヨリ其ノ旨所轄府尹郡守島司ニ申告ヌヘシ
第二十五條　本令ニ依リ朝鮮總督ニ提出スヘキモノハ所轄府尹郡守島司ヲ經由スヘシ

所得税法ノ施行ニ關スル法律（大正九、七、法律第一二號）改正（大正一〇、三、法律第一五號）

第一條　所得税法ハ朝鮮、臺灣及樺太ニハ之ヲ施行セス
第二條　朝鮮、臺灣、關東州又ハ樺太ニ本店又ハ主タル事務所ヲ有スル法人ノ所得税法第三條第一種甲及戊並第二種乙ノ所得ニ付テハ所得税法ニ依ル所得税ヲ課セス

第三條　朝鮮、臺灣、關東州又ハ樺太ニ本店又ハ主タル事務所ヲ有スル法人カ朝鮮、臺灣、關東州、樺太又ハ所得稅法施行地ニ本店又ハ主タル事務所ヲ有スル法人ト合併ヲ爲シタル場合ニ於テ合併後存續スル法人又ハ合併ニ因リテ設立シタル法人カ所得稅法施行地ニ本店又ハ主タル事務所ヲ有スルトキハ所得稅法第九條第三項及第十二條ノ規定ヲ準用ス

第四條　日本ノ國籍ヲ有セサル者ノ臺灣ニ於ケル資產、營業又ハ職業ヨリ生スル所得ニ付テハ所得稅法第十八條第六號ノ規定ヲ適用セス

第五條　臺灣ニ住所ヲ有シ又ハ一年以上居所ヲ有スル個人ノ所得稅法第三條第二種乙及第三種ノ所得ニ付テハ命令ノ定ムル所ニ依リ所得稅法ニ依ル所得稅ヲ課セス

第六條　所得稅法施行地ニ住所ヲ有シ又ハ一年以上居所ヲ有スル個人ノ所得ニシテ臺灣ニ於ケル法令ニ依リ第二種ノ所得トシテ所得稅ヲ課スルモノニ付テハ所得稅法ニ依ル所得稅ヲ課セス

第七條　朝鮮、臺灣、關東州又ハ樺太ニ於テ所得稅ヲ免除スル各當該地ノ製造業ヨリ生スル所得ニ付テハ命令ノ定ムル所ニ依リ所得稅法ニ依ル所得稅ヲ免除ス

附　則

本法ハ大正九年八月一日ヨリ之ヲ施行ス

附　則（大正一〇、三、法律第一五號）

本法ハ大正十年四月一日ヨリ之ヲ施行ス但シ第三種ノ所得ニ付テハ大正十年分所得税ヨリ、第三條改正ノ規定ハ大正十年四月一日ヲ含ム事業年度分ヨリ之ヲ適用ス

朝鮮鑛業令（抄）

（大正四、一二、制令第八號）改正（大正七、一二、制令第一七號）（大正一〇、一二、制令第一六號）

第二十九條　朝鮮總督ハ左ノ場合ニ於テ鑛業權ヲ取消スコトヲ得（一乃至五略）

六　鑛産税又ハ鑛區税ヲ納付セサルトキ

第四十一條　鑛業權者ニハ鑛産税及鑛區税ヲ課ス但シ金鑛、銀鑛、鉛鑛、鐵鑛、砂金及砂鐵ニ付テハ鑛産税ヲ課セス

鑛産税ハ鑛産物ノ價格百分ノ一トシ鑛區税ハ鑛區千坪又ハ河床延長一町毎ニ一年六十錢トス但シ千坪又ハ一町未滿ノ端數ハ之ヲ千坪又ハ一町トシテ計算ス

鑛區ノ分合ニ因ル場合ヲ除ク外鑛業權設定ノ登錄アリタル月ヨリ起算シ三年間ノ鑛區税ハ前項ノ金額ノ半額トス其ノ期間滿了ノ年ニ係ル鑛區税ニ付テハ月割ヲ以テ計算ス鑛産物ノ價格ハ朝鮮總督ノ認定ニ依ル

第四十二條　鑛産税ハ毎年三月中ニ前年分ヲ納付スヘシ但シ鑛業權消滅ノ場合ニ於テハ卽納スヘシ

鑛區税ハ毎年十二月中ニ翌年分ヲ前納スヘシ

鑛區ノ分合ニ因ル場合ヲ除クノ外鑛業權ノ設定又ハ變更ノ登錄ニ依リ新ニ負擔シ又ハ不足スル鑛區税ニシ

テ其ノ登録ノ年ニ係ルモノハ之ヲ卽納スヘシ此ノ場合ニ於テハ月割ヲ以テ計算ス

既納ノ鑛區稅ハ之ヲ還付セス

第四十六條　鑛產稅又ハ鑛區稅ノ逋脫ヲ圖リ又ハ逋脫シタル者ハ其ノ逋脫ヲ圖リ又ハ逋脫シタル稅金ノ三倍ニ相當スル罰金ニ處ス但シ五十圓ヲ下ルコトヲ得ス

第五十二條　本令ハ罰則ニ關スル規定ヲ除クノ外之ヲ國ノ鑛業ニ適用ス但シ第四十一條及第四十二條ノ規定ハ朝鮮總督ノ管理スル鑛業ニ之ヲ適用セス

附　則

第六十一條　從前ノ規定ニ依リ鑛業ノ許可ヲ受ケタル者ハ本令施行ノ日ヨリ六十日內ニ大正五年分ノ鑛區稅不足額ヲ納付スヘシ其ノ鑛區稅ハ本令施行ノ月ヨリ月割ヲ以テ計算ス

砂金、砂錫、又ハ砂鐵ヲ目的トスル鑛業權者ニ對シテハ大正四年分ノ鑛產稅ヲ課セス

附　則（大正一〇、一二、制令第一六號）

本令ハ公布ノ日ヨリ之ヲ施行ス

第四十一條第三項ノ規定ハ大正十一年分以後ノ鑛區稅ニ付之ヲ適用ス

朝鮮鑛業令施行期日（大正五、二、總令第八號）

朝鮮鑛業令ハ大正五年四月一日ヨリ之ヲ施行ス

朝鮮銀行法（抄）（明治四四、三、法律第四八號）改正（大正七、四、法律第二八號）

第二十二條　朝鮮銀行ハ銀行劵發行高ニ對シ同額ノ金貨、地金銀又ハ日本銀行兌換劵ヲ置キ其ノ仕拂準備ニ充ツヘシ但シ銀地金ハ仕佛準備總額ノ四分ノ一ヲ超過スルコトヲ得ス

前項ノ仕拂準備ニ依ルノ外朝鮮銀行ハ特ニ五千萬圓ヲ限リ國債證劵其ノ他確實ナル證劵又ハ商業手形ヲ保證トシテ銀行劵ヲ發行スルコトヲ得

前二項ニ規定スルモノノ外市場ノ狀況ニ依リ銀行劵ノ發行ヲ必要トスルトキハ朝鮮總督ノ認可ヲ受ケ國債證劵其ノ他確實ナル證劵又ハ商業手形ヲ保證トシテ其ノ發行ヲ爲スコトヲ得此ノ場合ニ於テハ政府ノ命スル所ニ依リ其ノ發行高ニ對シ一年百分ノ五ヲ下ラサル割合ヲ以テ發行税ヲ納ムヘシ

朝鮮取引所税令（大正一〇、四、制令第六號）

第一條　取引所ニハ賣買手數料收入金額百分ノ十ノ割合ニ依リ取引所税ヲ課ス

第二條　取引所ハ毎月ノ賣買手數料收入金額ヲ翌月十日迄ニ政府ニ申告スヘシ但シ廢業シタルトキハ直ニ之ヲ申告スヘシ

前項ノ申告ヲ爲サス又ハ政府ニ於テ申告ヲ不相當ト認ムルトキハ政府其ノ課稅標準額ヲ決定ス
第三條　取引所稅ハ每月分ヲ翌月末日迄ニ納付スヘシ但シ廢業シタルトキハ直ニ之ヲ納付スヘシ
第四條　取引所ニ於ケル定期取引ニハ其ノ賣買各約定金高ニ對シ萬分ノ五ノ割合ヲ以テ取引稅ヲ課ス但シ轉賣及買戻ニ付テハ此ノ限ニ在ラス
賣買ヲ解約スルモ取引稅ハ之ヲ免除セス
第五條　取引所ノ仲買人ハ每月分ノ定期取引ノ賣買各約定金高ヲ記載シタル申告書ヲ取引所ヲ經テ翌月十日迄ニ政府ニ提出スヘシ
取引所ハ前項ノ申告書ヲ調査シ其ノ當否ニ付意見ヲ附シ前項ノ期限迄ニ之ヲ政府ニ提出スヘシ
前項ノ規定ニ依リ取引所ヲシテ申告書ノ調査ヲ爲サシムル爲仲買人ハ第一項ノ期限前相當ノ期間內ニ申告書ヲ取引所ニ送付スヘシ
申告書ノ提出ナキトキ又ハ政府ニ於テ申告高ヲ不相當ト認ムルトキハ政府其ノ課稅標準額ヲ決定ス
第六條　仲買人ハ每月分ノ稅金ヲ取引所ヲ經テ翌月末日迄ニ政府ニ納付スヘシ
第七條　取引稅ノ納稅告知書ハ取引所ヲ經テ之ヲ其ノ仲買人ニ送達ス此ノ場合ニ於テハ取引所ニ交付シタル時ヲ以テ仲買人ニ送達シタルモノト看做ス
取引所ハ仲買人ノ納付スヘキ稅金ヲ取纏メ前條ノ期限迄ニ之ヲ政府ニ送付スヘシ

取引所前項ノ規定ニ依リ取纒メタル稅金ヲ送付セサルトキハ國稅徵收令ニ依リ取引所ヨリ之ヲ徵收ス

第八條　仲買人カ廢業、除名其ノ他ノ事由ニ依リ其資格ヲ失ヒタルトキハ課稅標準額ノ申告及取引稅ノ納付ハ前三條ノ期限ニ拘ラス直ニ之ヲ爲スヘシ

仲買人カ死亡シタルトキハ其ノ相續人ハ前項ノ規定ニ準シ課稅標準額ノ申告及取引稅ノ納付ヲ爲スヘシ

第一項ノ規定ハ取引所カ廢業シタル場合ニ於テ取引稅ニ付之ヲ準用ス

第九條　取引所ハ仲買人ノ取引稅ノ納付ニ付保證ノ責ニ任ス

仲買人納期内ニ取引稅ヲ納付セサルトキハ政府ハ取引所ヨリ之ヲ徵收スルコトヲ得

第十條　取引所ハ賣買手數料及賣買取引ニ關スル事項ヲ帳簿ニ記載スヘシ

仲買人ハ賣買取引ニ關スル事項ヲ帳簿ニ記載スヘシ

第十一條　稅務官吏ハ取引所又ハ仲買人ニ就キ賣買手數料又ハ賣買取引ニ關スル帳簿書類ヲ檢査シ又ハ徵稅上必要ノ處分ヲ爲スコトヲ得

第十二條　取引所第二條ノ申告ヲ怠リ又ハ詐リタルトキハ百圓以下ノ罰金又ハ科料ニ處ス因リテ脫稅シタルトキハ脫稅高三倍ニ相當スル罰金又ハ科料ニ處シ直ニ其ノ稅金ヲ徵收ス

第十三條　取引所ノ仲買人第五條若ハ第八條ノ申告ヲ怠リ又ハ詐リタルトキハ百圓以下ノ罰金又ハ十圓以上ノ科料ニ處ス因リテ脫稅シタルトキハ脫稅高五倍ニ相當スル罰金ニ處シ直ニ其ノ稅金ヲ徵收ス但シ稅金二

十圓未滿ナルトキハ罰金額ハ百圓トス

第十四條　取引所ノ仲買人委託ヲ受ケタル定期取引ニ付取引所ニ於テ其ノ賣付、買付又ハ受渡ヲ爲サスシテ之ヲ爲シタルト同一又ハ類似ノ計算ヲ以テ委託者ニ對シ其ノ決濟ヲ爲シタルトキハ取引税ニ關シテハ取引所ニ於テ定期取引ヲ爲シテ脱税シタルモノト看做シ其ノ税金五倍ニ相當スル罰金ニ處シ直ニ其ノ税金ヲ徵收ス但シ税金二十圓未滿ナルトキハ罰金額ハ百圓トス

前項ノ場合ニ於テハ委託者ニ對シ約定金高トシテ計算シタル金額ヲ以テ賣買各約定金高トス

第一項ノ税金ニ關シテハ第五條乃至第七條及第九條ノ規定ヲ適用セス

第十五條　取引所ノ仲買人ノ爲シタル第五條又ハ第八條ノ申告不當ナル場合ニ於テ取引所之ヲ正當ナル申告トシテ政府ニ提出シタルトキハ百圓以下ノ罰金ニ處ス因リテ脱税スルニ至ラシメタルトキハ脱税高五倍ニ相當スル罰金ニ處ス但シ税金二十圓未滿ナルトキハ罰金額ハ百圓トス

第十六條　取引所又ハ其ノ仲買人左ノ各號ノ一ニ該當スルトキハ百圓以下ノ罰金又ハ十圓以上ノ科料ニ處ス

一　取引所第五條又ハ第八條ノ場合ニ於テ申告書ニ意見ヲ附セス又ハ申告書ノ提出ヲ怠リタルトキ

二　賣買手數料若ハ賣買取引ニ關スル帳簿ヲ調製セス、其ノ記載ヲ怠リ若ハ詐リタルトキ又ハ帳簿書類ヲ隱匿シタルトキ

三　税務官吏ノ質問ニ對シ答辯ヲ爲サス若ハ虛僞ノ陳述ヲ爲シ又ハ其ノ職務ノ執行ヲ妨ケタルトキ

附　則

本令ハ大正十年四月二十一日ヨリ之ヲ施行ス

本令施行前ニ爲シタル賣買取引ニ係ル賣買手數料ニシテ本令施行後ニ收入スルモノハ取引所税ノ課税標準額ニ之ヲ算入セス

朝鮮取引所税令施行規則（大正一〇、四、總令第五八號）

第一條　取引所ハ朝鮮取引所税令第二條ニ依ル取引所税課税標準額申告書ヲ府尹ニ提出スヘシ

第二條　取引所仲買人ノ業務ヲ停止シ又ハ停止ヲ解キタルトキハ其ノ仲買人ノ住所　氏名、事由及事實發生ノ年月日ヲ直ニ府尹ニ申告スヘシ

第三條　取引所ノ仲買人其ノ業務ヲ開始シ、廢止シ又ハ休止シタルトキハ其ノ營業所及事實發生ノ年月日ヲ直ニ府尹ニ申告スヘシ

第四條　朝鮮取引所税令第五條ニ依ル取引税課税標準額申告書ハ取引所之ヲ府尹ニ提出スヘシ

附　則

本令ハ朝鮮取引所税令施行ノ日ヨリ之ヲ施行ス

本令施行ノ際仲買人ニシテ現ニ其ノ業務ヲ停止セラレ又ハ之ヲ休止セルモノアルトキハ取引所又ハ仲買人ハ

第二條又ハ第三條ノ規定ニ準シ直ニ之ヲ府尹ニ申告スヘシ

酒稅令 （大正五、七、制令第二號）改正（大正八、三、制令第五號）（大正九、八、制令第二三號）（大正一一、四、制令第六號）

第一條　本令ニ於テ酒類ト稱スルハ酒精及酒精ヲ含有スル飲料ヲ謂フ

本令ニ於テ朝鮮酒ト稱スルハ朝鮮在來ノ方法ニ依リ製成シタル濁酒、藥酒及燒酎ヲ謂フ

第二條　酒類ヲ分チテ左ノ三類トス

一　釀造酒　淸酒、濁酒、藥酒、麥酒ト稱スル類ニシテ醪其ノ他ノ醱酵液ヨリ製成シタルモノ

二　蒸餾酒　燒酎、高粱酒、酒精ト稱スル類ニシテ醪其ノ他ノ醱酵液、酒類、酒粕其ノ他ノ物ヨリ蒸餾シテ製成シタルモノ

三　再製酒　白酒、味淋、松露酒、甘紅露、梨薑酒ト稱スル類ニシテ釀造酒又ハ蒸餾酒ノ一種ト他ノ酒類其ノ他ノ物トヲ混和シテ製成シタルモノ

淸酒又ハ釀造酒タル果實酒ニ朝鮮總督ノ定ムル所ニ依リ蒸餾酒ヲ混和シテ製成シタル飲料ハ釀造酒ト看做シ再製酒ノ一種ト他ノ酒類其ノ他ノ物トヲ混和シテ製成シタル飲料ハ之ヲ再製酒ト看做ス

第三條　酒類ニハ左ノ割合ニ依リ酒稅ヲ課ス

一　釀造酒

朝鮮酒タル濁酒　一石ニ付　二圓五十錢
朝鮮酒タル藥酒　一石ニ付　七圓
麥酒　一石ニ付　十圓
前記以外ノ釀造酒　一石ニ付　二十三圓

二　酒精以外ノ蒸餾酒
原容量百分中純酒精ノ容量二十以下ノモノ　一石ニ付　五圓
原容量百分中純酒精ノ容量三十五以下ノモノ　一石ニ付　十一圓
原容量百分中純酒精ノ容量四十五以下ノモノ　一石ニ付　二十三圓
原容量百分中純酒精ノ容量四十五ヲ超ユルモノ　一石ニ付　原容量百分中純酒精ノ容量一箇毎ニ八十五錢

三　酒精　一石ニ付　原容量百分中純酒精ノ容量一箇毎ニ八十五錢

四　再製酒　一石ニ付　原容量百分中純酒精ノ容量一箇毎ニ八十五錢
但シ一石ニ付二十五圓五十錢ニ滿タサルトキハ二十五圓五十錢トス

前項ニ於テ純酒精ト稱スルハ攝氏檢溫器十五度ノ時ニ於テ〇、七九四七ノ比重ヲ有スル酒精ヲ謂フ

第四條　酒造年度ハ其ノ年九月一日ヨリ翌年八月三十一日迄トス

第五條　酒類ヲ製造セムトスル者ハ製造場一箇所毎ニ免許ヲ受クヘシ
酒類製造者製造ヲ廢止セムトスルトキハ免許ノ取消ヲ求ムヘシ
酒類製造營業ハ朝鮮總督ノ定ムル所ニ依リ相續人ニ於テ之ヲ承繼スルコトヲ得
第六條　一製造場ニ於テ一酒造年度間淸酒ハ百石以上、麥酒ハ五百石以上、酒精又ハ朝鮮酒ニ非サル濁酒ハ五十石以上、朝鮮酒タル燒酎ハ五石以上、其ノ他ノ酒類ハ一種ニ付十石以上ヲ製造スル者ニ非サレハ酒類製造ノ免許ヲ與ヘス
二種以上ノ酒類ヲ製造スル場合ニ於テ制限石數ノ多キモノヲ制限石數以上製造スルトキ又ハ制限石數ノ同一ナルモノニ付其ノ一種ヲ制限石數以上製造スルトキハ他ノ酒類ニ付テハ前項ノ制限ヲ適用セス
試驗ノ爲釀造スル果實酒ニ付テハ相當ノ期間ヲ定メ第一項ノ規定ニ拘ラス製造ノ免許ヲ與フルコトヲ得
第七條　酒類製造者ニハ造石數ニ應シ酒稅ヲ課ス
酒類製造者前條ノ制限石數以上ノ製造ヲ爲ササリシトキハ變災其ノ他巳ムヲ得サル事故ニ因ルコトヲ證明スルニ非レハ制限石數ニ相當スル酒稅ヲ課ス其ノ製造ヲ爲ササリシ石數ニ付テハ酒造年度末日ニ査定シタルモノト看做ス
前項ノ場合ニ於テ製造ヲ爲ササリシ石數ニ對スル酒稅ハ一石ニ付酒精以外ノ蒸餾酒ハ五圓、酒精ハ七十二圓、再製酒ハ二十五圓ノ割合ニ依ル

第八條　酒税ハ左ノ納期ニ依リ之ヲ徴收ス

清酒及朝鮮酒ニ非サル濁酒ノ酒税

第一期　七月一日ヨリ同三十一日限

前年九月一日ヨリ其ノ年四月三十日迄ニ査定シタル石數ニ係ル税額ノ四分ノ一

第二期　十一月一日ヨリ同三十日限

同　上

第三期　翌年二月一日ヨリ同末日限

同上及其ノ年五月一日ヨリ八月三十一日迄ニ査定シタル石數ニ係ル税額ノ二分ノ一

第四期　翌年三月一日ヨリ同三十一日限

前納額ノ殘數

其ノ他ノ酒税

第一期　二月一日ヨリ同末日限

前年九月一日ヨリ十二月三十一日迄ニ査定シタル石數ニ係ル税額

第二期　七月一日ヨリ同三十一日限

其ノ年一月一日ヨリ四月三十日迄ニ査定シタル石數ニ係ル税額

第三期　十月一日ヨリ同三十一日限

其ノ年五月一日ヨリ八月三十一日迄ニ査定シタル石數ニ係ル税額

第九條　酒類製造者製造ノ免許ヲ取消サレタルトキ又ハ納税擔保物ノ免除ヲ得スシテ擔保物ノ提供ヲ爲サヽルトキハ前條ノ納期ニ拘ラス酒税ノ全部又ハ一部ヲ徴收スルコトヲ得

前項ノ規定又ハ國税徴收法第四條ノ一ノ規定ニ依リ酒税ヲ徴收スル場合ニ於テハ納税ノ擔保トシテ酒類ヲ差押フルコトヲ得

第十條　同一製造場内ニ於テ酒類ヲ製造スル爲原料トシテ製造スル酒類ニハ製成ノトキ檢定ヲ受ケタル場合ニ限リ酒税ヲ課セス

第十一條　酒類ノ造石數ハ製成ノトキ實測シテ之ヲ査定ス但シ淸酒ニ限リ査定石數百分ノ七以内ノ滓引減量及貯藏減量ヲ控除スルコトヲ得

前項ノ規定ニ依リ難キ場合ニ於テハ朝鮮總督ノ定ムル所ニ依リ造石數ヲ査定ス

第十二條　粕漉シタル淸酒ハ粕漉ニ依リ増加シタル分ノミニ付造石數ヲ査定ス

第十三條　第十條ノ檢定ヲ受ケタル酒類左ノ各號ノ一ニ該當スル場合ニ於テハ檢定石數ヲ以テ査定石數ト看做シ酒税ヲ課ス

一　他人ニ讓渡スルトキ

二　公賣セラルルトキ
三　酒類製造用外ニ消費スルトキ
第十三條ノ二　酒類製造者ノ製造ニ係ル酒母、醪其ノ他ノ醱酵液ヲ他人ニ讓渡ストキ又ハ酒類製造用外ニ消費スルトキハ稅務官吏ノ承認ヲ受クヘシ
第十四條　酒類製造者ノ製造ニ係ル酒母、醪其ノ他ノ醱酵液ニシテ第十三條各號ノ一ニ該當スル場合ニ於テハ麥酒ノ醱酵液ハ麥酒、朝鮮酒ノ酒母又ハ醪ハ朝鮮酒タル濁酒、其ノ他ノ醱酵液ハ朝鮮酒ニ非サル濁酒ヲ製成シタルモノト看做シ其ノ石數ヲ査定シ酒稅ヲ課ス但シ稅務官吏ノ承認ヲ受ケ他ノ酒類製造者ノ酒類製造用ニ供スル爲之ヲ讓渡ストキハ此ノ限ニ在ラス
第十五條　酒類ヲ保稅地域ヨリ引取ルトキハ引取人ヨリ酒稅ヲ徵收ス但シ引取人ニ於テ酒稅額ニ相當スル擔保物ヲ提供シタルトキハ三月內酒稅ノ徵收ヲ猶豫スルコトヲ得
酒稅納付前又ハ擔保物提供前ニ於テハ保稅地域ヨリ酒類ヲ引取ルコトヲ得ス
第一項ノ擔保物ニ關スル規定ハ朝鮮總督之ヲ定ム
第十六條　左ノ酒類ハ酒稅ヲ免除スルコトヲ得但シ製造場外ニ搬出シ又ハ保稅地域ヨリ引取リタルモノハ此ノ限ニ在ラス
一　災害ニ罹リ酒類ノ廢棄ニ屬シタルモノ

二　腐敗シタル酒類ニシテ税務官吏ノ承認ヲ得飲用スヘカラサル處置ヲ施シタルモノ
三　腐敗シタル酒類又ハ災害ニ罹リ飲用スヘカラサルニ至リタル酒類ニシテ蒸餾酒ノ製造ニ供スルモノ
四　容器ノ損傷又ハ塞栓ノ自然ノ脱去ニ因リ酒類ノ亡失シタルモノ

第十七條　酒類ヲ工業用ニ供シ又ハ朝鮮外ニ輸移出シタルトキハ朝鮮總督ノ定ムル所ニ依リ酒税ヲ免除シ又ハ酒税ニ相當スル金額ヲ交付スルコトヲ得

第十八條　酒類製造者ハ豫メ納税ノ保證トシテ一酒造年度ニ於ケル見込造石數ノ酒税額ノ三分ノ一以上ニ相當スル擔保物ヲ提供スヘシ但シ許可ヲ受ケ造石數ノ查定毎ニ其ノ酒税額ノ三分ノ一以上ニ相當スル擔保物ヲ提供スルコトヲ得

前項ノ擔保物ニ關スル規定ハ朝鮮總督之ヲ定ム

第十九條　左ノ場合ニ於テハ前條ニ規定スル擔保物ノ提供ヲ免除ス
一　相當ノ納税保證人ヲ立テタルトキ
二　納税ノ保證トシテ酒税額ニ相當スル酒類ヲ保存スルトキ
三　酒税ヲ前納シタルトキ
四　一酒造年度ニ於ケル見込造石數ノ酒税額五十圓ニ滿タサルトキ

第二十條　納税保證人ハ酒類製造者カ酒税ヲ完納スルコト能ハサル場合ニ於テハ納税者トシテ其ノ義務ヲ負

擔ス

第二十一條　酒類製造者納稅ノ保證トシテ保存スル酒類ハ之ヲ他人ニ讓渡シ、質入シ、消費シ又ハ製造場外ニ搬出スルコトヲ得ス

第二十二條　酒類製造者又ハ引取人酒稅ヲ納付セサルニ因リ滯納處分ヲ執行スルトキハ先ツ擔保物又ハ納稅ノ保證トシテ保存スル酒類ヲ公賣シテ稅金ヲ徵收スヘシ但シ擔保物又ハ納稅ノ保證トシテ保存スル酒類ノ價格カ徵收スヘキ稅金及滯納處分費ニ對シ不足アリト認ムルトキハ同時ニ他ノ財產ニ付滯納處分ノ執行ヲ爲スコトヲ妨ケス

第二十三條　自家用ノ爲朝鮮酒ヲ製造セムトスル者ニハ一酒造年度濁酒又ハ藥酒ニ付テハ二石以下、燒酎ニ付テハ一石以下ヲ限リ製造ノ免許ヲ與フルコトヲ得

二種以上ノ朝鮮酒ヲ製造スル場合ニ於テハ各種ヲ通シテ一酒造年度二石以下ヲ限リ前項ノ免許ヲ與フルコトヲ得

前項ノ免許ヲ受ケタル場合ニ於テ燒酎ノ製造ハ一石ヲ超ユルコトヲ得ス

第二十四條　前條第一項ノ規定ニ依リ免許ヲ受ケタル者ニハ毎酒造年度左ノ酒稅ヲ課ス

濁酒	三圓五十錢
藥酒	十一圓

燒酎　三圓五十錢

前條第二項ノ規定ニ依リ免許ヲ受ケタル者ニハ前項藥酒ノ例ニ依リ酒稅ヲ課ス

第二十五條　前條ノ酒稅ノ納期ハ十月一日ヨリ同三十一日限トス但シ納期後免許ヲ與ヘタルトキハ直ニ酒稅ヲ徵收ス

第二十六條　酒類製造者ハ造石數查定前ニ於テ酒類ヲ他人ニ讓渡シ、質入シ、酒類製造用外ニ消費シ又ハ製造場外ニ搬出スルコトヲ得ス但シ朝鮮酒ニ付テハ朝鮮總督ノ定ムル所ニ依ル

第二十七條　酒類製造者又ハ酒類販賣者ハ帳簿ヲ調製シ酒類ノ製造出入ニ關スル事項ヲ記載スヘシ但シ第二十三條ノ規定ニ依リ免許ヲ受ケタル者ハ此ノ限ニ在ラス

第二十八條　稅務官吏ハ酒類製造者若ハ酒類販賣者ノ所持ニ係ル酒類、酒母、醪其ノ他ノ醗酵液、酒粕、滓及酒類ノ製造出入ニ關スル帳簿、書類並ニ酒類ノ製造若ハ販賣上必要ナル建築物、器械、材料其ノ他ノ物件ヲ檢查シ又ハ監督上必要ナル處分ヲ爲スコトヲ得

第二十九條　稅務官吏ハ必要ト認ムルトキハ酒類製造者又ハ酒類販賣者ノ所持ニ係ル酒類又ハ酒母、醪其ノ他ノ醗酵液ノ見本ヲ徵スルコトヲ得

第三十條　酒類製造者ニ非サル者酒母若ハ醪ヲ製造シ又ハ販賣ノ爲麴若ハ麯子ヲ製造セムトスルトキハ製造場一箇所每ニ免許ヲ受クヘシ

前項ノ規定ニ依リ免許ヲ受ケタル者ノ製造シタル酒母醪ハ之ヲ他人ニ譲渡シ、質入シ、飲料トシテ消費シ又ハ税務官吏ノ承認ヲ得スシテ製造場外ニ搬出スルコトヲ得ス

第五條第二項第三項、第二十七條及第二十八條ノ規定ハ第一項ノ規定ニ依リ免許ヲ受ケタル者ニ之ヲ準用ス

第三十一條　免許ヲ受ケスシテ酒類ヲ製造シタル者ハ二千圓以下ノ罰金ニ處ス此ノ場合ニ於テ其ノ酒類ノ容器ハ製造ノ用ニ供セサルモノト雖製造者ニ屬スルトキハ之ヲ沒收スルコトヲ得

前項ノ酒類ニ付テハ直ニ酒税ヲ徵收ス

第三十二條　酒類製造者詐僞其ノ他不正ノ行爲ニ因リ酒税ヲ逋脱シ又ハ逋脱セムトシタルトキハ其ノ酒税ノ五倍ニ相當スル罰金ニ處ス

酒類引取人前項ノ行爲ヲ爲シタルトキハ罰前項ニ同シ此ノ場合ニ於テハ逋脱シタル酒税ハ直ニ之ヲ徵收ス

第三十三條　第十三條ノ二又ハ第十四條但書ノ規定ニ違反シテ酒母、醪其ノ他ノ醱酵液ヲ他人ニ譲渡シ又ハ酒類製造用外ニ消費シタル者ハ百圓以下ノ罰金又ハ科料ニ處ス

第三十四條　第十五條第二項ノ規定ニ違反シタル者ハ酒税ノ五倍ニ相當スル罰金ニ處ス

前項ノ場合ニ於テ酒税ハ直ニ之ヲ徵收ス

第三十五條　詐僞其ノ他不正ノ行爲ニ因リ第十七條ニ規定スル金額ノ交付ヲ受ケ又ハ受ケムトシタル者ハ交

付金ノ五倍ニ相當スル罰金ニ處ス

前項ノ場合ニ於テ交付ヲ受ケタル金額ハ之ヲ追徴ス此ノ場合ニ於テハ國稅徵收令ヲ準用ス

第三十六條　第三十二條、第三十四條及前條ニ規定スル罰金額カ二十圓ニ滿タサルトキハ其ノ罰金ハ二十圓トス

第三十七條　第二十一條ノ規定ニ違反シタル者ハ百圓以下ノ罰金又ハ科料ニ處ス因テ稅金ヲ完納スルコト能ハサルニ至リタルトキハ五百圓以下ノ罰金ニ處ス

第三十八條　第二十三條ノ規定ニ依リ免許ヲ受ケタル者其ノ製造シタル酒類、酒母又ハ醪ヲ讓渡シタルトキハ五十圓以下ノ罰金又ハ科料ニ處ス

第三十九條　第二十三條ノ規定ニ依リ免許ヲ受ケタル者製造石數ノ制限ヲ超過シ酒類ヲ製造シタルトキハ超過石數ニ對シ第三條第一項ノ割合ニ依リ酒稅ヲ課シ其ノ酒稅ノ五倍ニ相當スル罰金又ハ科料ニ處ス

前項ノ酒稅ハ直ニ之ヲ徵收ス

第四十條　第二十六條ノ規定ニ違反シタル者ハ百圓以下ノ罰金又ハ科料ニ處ス

第四十一條　免許ヲ受ケスシテ酒母若ハ醪ヲ製造シ又ハ販賣ノ爲麴若ハ麯子ヲ製造シタル者ハ五百圓以下ノ罰金ニ處ス此ノ場合ニ於テ其ノ酒母、醪、麴又ハ麯子ノ容器ハ製造ノ用ニ供セサルモノト雖製造者ニ屬スルトキハ之ヲ沒收スルコトヲ得

前項ノ酒母醪ハ朝鮮酒ノ酒母醪ニ在リテハ朝鮮酒タル濁酒、其ノ他ノ酒母醪ニ在リテハ朝鮮酒ニ非サル濁酒ト看做シ直ニ酒税ヲ徴收ス

第四十二條　第三十條第二項ノ規定ニ違反シタル者ハ百圓以下ノ罰金又ハ科料ニ處ス

前項ノ場合ニ於テ酒母又ハ醪ヲ處分シタルトキハ前條第二項ノ規定ニ準シ酒税ヲ徴收ス

第四十三條　酒類製造者、酒類販賣者又ハ第三十條第一項ノ規定ニ依リ免許ヲ受ケタル者第二十七條ノ帳簿ヲ調製セス若ハ隱匿シタルトキ又ハ其ノ記載ヲ詐リ若ハ怠リタルトキハ百圓以下ノ罰金又ハ科料ニ處ス

第四十四條　税務官吏ノ尋問ニ對シ答辯ヲ爲サス若ハ虛僞ノ陳述ヲ爲シ又ハ其ノ職務ノ執行ヲ拒ミ、之ヲ妨ケ若ハ忌避シタル者ハ五十圓以下ノ罰金又ハ科料ニ處ス

第四十五條　酒類製造者又ハ第三十條第一項ノ規定ニ依リ免許ヲ受ケタル者本令又ハ本令ニ基キテ發スル命令ニ違反シタルトキハ免許ヲ取消スコトヲ得

前項ノ規定ニ依リ免許ヲ取消シタル場合ニ於テ必要ト認ムルトキハ一定ノ期間内製成其ノ他必要ナル行爲ヲ繼續セシムルコトヲ得此ノ場合ニ於テハ本令ヲ適用ス

第四十六條　酒類製造ノ免許ヲ取消サレタル者及其ノ相續人ニ對シテハ酒税完納前ニ在リテハ本令ヲ適用ス

前項ノ規定ハ酒類製造者ノ相續人酒類製造營業ヲ承繼セサル場合ニ之ヲ準用ス

第四十六條ノ二　葡萄酒及果實酒以外ノ輸入酒類ニハ本令ヲ適用セス

第四十七條　大正元年制令第四號第二條ノ規定ハ第三十條第一項ノ規定ニ依リ免許ヲ受ケタル者及酒類販賣者ニ之ヲ準用ス

附　則

第四十八條　本令ハ大正五年九月一日ヨリ之ヲ施行ス

第四十九條　本令施行ノ際現ニ免許ヲ受ケ酒類ヲ製造スル者ハ本令ニ依リ免許ヲ受ケタル者ト看做ス

前項ノ酒類製造者ニシテ自家用ノ爲朝鮮酒ヲ製造セムトスルモノハ本令施行ノ日ヨリ一月内ニ製造酒ノ種別石數ヲ定メ申告ヲ爲シタルトキハ第二十三條ノ免許ヲ受ケタル者ト看做ス

第五十條　前條第一項ノ酒類製造者ニシテ本令施行ノ日ヨリ二月内ニ第五條第二項ノ規定ニ依リ免許ノ取消ヲ求メタルモノニ付テハ第七條第二項ノ規定ヲ適用セス

前條第一項ノ酒類製造者ニシテ清酒又ハ朝鮮酒ニ非サル濁酒ヲ製造スルモノニ付テハ本令施行ノ日ヨリ三酒造年度間第七條第二項ノ規定ヲ適用セス

第五十一條　本令施行ノ際酒類製造營業者又ハ酒類販賣者カ所有又ハ所持スル酒類ニ付テハ其ノ石數ヲ査定シ第三條第一項ノ割合ニ依リ酒類製造營業者又ハ酒類販賣者ニ酒税ヲ課ス

前項ノ酒税ハ大正五年十一月三十日迄ニ之ヲ納付スヘシ但シ酒税額ニ相當スル擔保物ヲ提供シタルトキハ三月內酒税ノ徵收ヲ猶豫スルコトヲ得

前項ノ擔保物ニ關スル規定ハ朝鮮總督之ヲ定ム

第二十二條ノ規定ハ第二項ノ擔保物ヲ提供シタル場合ニ之ヲ準用ス

第五十二條　前條第一項ノ酒類製造營業者又ハ酒類販賣者詐僞其ノ他不正ノ行爲ニ因リ酒税ヲ逋脱シ又ハ逋脱セムトシタルトキハ其ノ酒税ノ五倍ニ相當スル罰金ニ處ス但シ罰金額カ二十圓ニ滿タサルトキハ其ノ罰金ハ二十圓トス

第五十三條　本令施行ノ際酒類製造者ニ非スシテ現ニ酒母又ハ醪ヲ製造スル者ハ本令施行ノ日ヨリ二月間仍從前ノ例ニ依リ其ノ製造ヲ繼續スルコトヲ得

附　則（大正八、三、制令第五號）

本令ハ大正八年四月一日ヨリ之ヲ施行ス

酒類製造ノ免許ヲ受ケ本令施行ノ際現ニ酒類製造者タルモノニ限リ第六條ノ規定ノ適用ニ付テハ大正八酒造年度分迄仍從前ノ例ニ依ル

本令施行前保税地域ヨリ引取リタル酒精、燒酎又ハ高粱酒ニシテ本令施行ノ際現ニ酒類製造者又ハ酒類販賣者ノ所有又ハ所持スルモノニ付テハ本令ニ依ル酒税ノ額ヨリ從前ノ規定ニ依ル酒税ノ額ヲ控除シタル殘額ニ相當スル酒税ヲ酒類製造者又ハ酒類販賣者ニ課ス

前項ノ酒類ヲ所有又ハ所持スル者ハ其ノ種類、石數及所在ヲ申告スヘシ

第三項ノ酒稅ハ大正八年七月三十一日迄ニ之ヲ納付スヘシ
詐僞其ノ他不正ノ行爲ニ因リ第三項ノ酒稅ヲ逋脫シ又ハ逋脫セムトシタル者ハ其ノ酒稅五倍ニ相當スル罰金ニ處シ直ニ其ノ酒稅ヲ徵收ス但シ罰金額カ二十圓ニ滿タサルトキハ其ノ罰金ハ二十圓トス
本令施行ノ際酒類製造者ニ非スシテ現ニ販賣ノ爲麴又ハ麯子ヲ製造スル者ハ本令施行ノ日ヨリ二月間仍從前ノ例ニ依リ其ノ製造ヲ繼續スルコトヲ得

附　則（大正九、八、制令第二三號）

本令ハ大正九酒造年度分ヨリ之ヲ適用ス

附　則（大正一一、四、制令第六號）

本令ハ大正十一年五月一日ヨリ之ヲ施行ス
清酒及朝鮮酒ニ非サル濁酒以外ノ酒類ニシテ大正十一年三月一日ヨリ同年四月三十日迄ニ查定シタルモノノ石數ニ係ル酒稅ハ同年七月一日ヨリ同三十一日限之ヲ納付スヘシ

酒稅令施行規則（大正五、八、總令第六八號）改正（大正五、八、總令第七三號）（大正八、三、總令第三四號）（大正九、八、總令一三號）（大正一〇、一、總令第二號）（大正一一、四、總令第七一號）

第一條　清酒又ハ釀造酒タル果實酒ニ其ノ容量百分ノ一以內ノ蒸餾酒ヲ混和シタルモノハ之ヲ釀造酒ト看

倣ス

第二條　酒類ヲ製造セムトスル者ハ製造場ノ位置、製造スヘキ酒類ノ種別、造石數及製造者ノ住所、氏名若ハ名稱ヲ記載シタル免許申請書ヲ製造場所在地ヲ管轄スル府尹郡守島司ニ提出スヘシ

第三條　左ノ各號ノ一ニ該當スルトキハ酒類ノ製造ヲ免許セス

一　府郡島廳所在ノ府面又ハ朝鮮總督ノ指定シタル市街地以外ノ場所ニ製造場ヲ設ケムトスルトキ

二　酒税令第四十五條第一項ノ規定ニ依リ免許ヲ取消サレタル者又ハ府尹郡守島司ニ於テ取締上免許ヲ與フルニ不適當ト認メタル者カ免許ヲ申請シタルトキ

前項第一號ニ該當スル場合ト雖府尹郡守島司ニ於テ製造上又ハ監督上特別ノ便宜アリト認メタルトキハ酒類ノ製造ヲ免許スルコトヲ得

第四條　酒類ノ製造場ハ敷地ノ連續スルト否トヲ問ハス總テ一製造場ト認ムヘキモノヲ謂フ

第五條　酒類製造ノ免許ヲ受ケタル者ハ其ノ製造場毎ニ土地建物ノ詳細ナル圖面並酒造用容器、器具、器械ノ目錄ヲ調製シ事業著手前ニ府尹郡守島司ニ提出スヘシ但シ酒類ノ種別變更ノ場合ニ於テ製造場又ハ容器、器具、器械ニ變更ナキトキハ其ノ變更ナキモノニ付テハ此ノ限ニ在ラス

前項ノ容器、器具、器械ヲ修理シ又ハ前項ノ圖面目錄ニ異動ヲ生シタルトキハ其ノ都度申告スヘシ

第六條　酒類製造者ヨリ前條第一項ノ目錄ヲ提出シ又ハ同條第二項ノ申告ヲ爲シタルトキハ府尹郡守島司

ハ其ノ容器、器具、器械ノ檢定ヲ爲スヘシ
檢定ヲ受ケタル後ニ非サレハ酒類製造者ハ容器、器具、器械ノ使用ヲ爲スコトヲ得ス
第七條　酒類製造者ハ每酒造年度ニ於テ製造スヘキ酒類ノ種別每ニ見込造石數、製造期間、製造方法、仕込數ヲ記載シ酒造年度開始前ニ府尹郡守島司ニ申告スヘシ
新ニ免許ヲ受ケタル者ハ事業著手前ニ前項ノ申告ヲ爲スヘシ
酒類製造者一酒造年度ヲ通シ製造ヲ休止セムトスルトキハ每酒造年度開始前ニ其ノ事由ヲ府尹郡守島司ニ申告スヘシ
前三項ノ規定ニ依リ申告シタル事項ヲ變更セムトスルトキハ朝鮮酒ニ非サル酒類ノ製造方法ヲ變更スル場合ニ在リテハ承認ヲ受ケ其ノ他ノ場合ニ在リテハ其ノ都度申告スヘシ
第八條　酒類製造者其ノ住所、氏名若ハ名稱ニ異動ヲ生シタルトキハ其ノ都度府尹郡守島司ニ申告スヘシ
第九條　酒類製造營業者ノ相續人ハ戸籍又ハ民籍ノ事務ヲ取扱フ官吏又ハ公吏ニ相續ノ屆出又ハ申告ヲ爲シタル日ヨリ三十日內ニ府尹郡守島司ニ申告シ其ノ營業ヲ承繼スルコトヲ得
前項ノ申告ニハ相續開始ノ事實ヲ證スル書面ヲ添附スヘシ同順位ノ相續人數人アル場合ニ於テ其ノ中ノ一人又ハ數人カ營業ヲ承繼セムトスルトキハ他ノ相續人ノ承諾書ヲ添附スヘシ
第一項ノ申告アリタル場合ニ於テハ相續開始ノ日ニ於テ營業ヲ承繼シタルモノト看做ス

第十條　酒類製造者製造場ヲ移轉セムトスルトキハ府尹郡守島司ノ許可ヲ受クヘシ但シ他ノ府郡島ニ移轉セムトスル場合ニ於テハ移轉先ノ府尹郡守島司ノ許可ヲ受クヘシ
第十一條　酒類製造者其ノ製造ヲ廢止セムトスルトキハ免許取消申請書ヲ府尹郡守島司ニ提出スヘシ
第十二條　酒税令第七條第二項ノ證明ハ酒造年度終了後三十日内ニ之ヲ爲スヘシ
第十三條　朝鮮酒製造者ハ府尹郡守島司ノ指定シタル期限ニ酒類ノ造石數及燒酎ニ在リテハ含有純酒精容量ヲ申告スヘシ
朝鮮酒ノ造石數ハ酒類製造者ノ申告及證憑物件ニ依リ之ヲ査定ス
第十四條　犯則其ノ他ノ事由ニ因リ製成ノトキ酒類ノ造石數ヲ實測シ難キ場合ニ於テハ證憑物件ニ依リ之ヲ査定ス
第十五條　酒税令第十一條第一項但書ノ規定ニ依リ滓引減量及貯藏減量トシテ控除スルハ査定石數ノ百分ノ七トス
犯則ニ係ル清酒ニ付テハ滓引減量及貯藏減量ヲ控除セス
第十六條　酒類製造者清酒ヲ粕漉セムトスルトキハ著手前ニ其ノ數量及時期ヲ府尹郡守島司ニ申告スヘシ清酒ノ粕漉ヲ爲シタルトキ其ノ原清酒ノ石數ヲ證明スルコト能ハサル場合ニ於テハ其ノ總石數ニ付造石數ヲ査定スヘシ

第十七條　左ノ各號ノ一ニ該當スルトキハ酒類製造者ハ直ニ府尹郡守島司ニ申告スヘシ
一　酒税令第十條ニ規定シタル原料用酒類ヲ他人ニ讓渡シ又ハ酒類製造用外ニ消費セムトスルトキ
二　酒母醪其ノ他ノ醱酵液又ハ酒税令第十條ニ規定シタル原料用酒類ヲ公賣セラルルトキ
三　酒母醪其ノ他ノ醱酵液又ハ酒税令第十條ニ規定シタル原料用酒類ノ廢業、亡失其ノ他之ニ異狀アリタルトキ
四　製造場内ニ酒類又ハ酒母醪其ノ他ノ醱酵液ヲ搬入シタルトキ
第十七條ノ二　酒税令第十三條ノ二ノ規定ニ依リ承認ヲ受ケムトスルトキハ酒類製造者ハ其ノ事由ヲ具シ府尹郡守島司ニ申請スヘシ
前項ノ申請者ニシテ酒税令第十四條但書ノ規定ノ適用ヲ受ケムトスル者ハ申請書ニ其ノ旨附記スヘシ
第十八條　酒類ヲ保税地域ヨリ引取ラムトスルトキハ税關長「税關支署長及税關出張所ノ長ヲ含ム以下同シ」ニ申告スヘシ
第十九條　日本銀行ノ代理店若ハ國庫金ヲ取扱フ遞信官署ノ所在地外又ハ日本銀行ノ代理店若ハ遞信官署ノ取扱時間外ニ於テハ税務官吏ハ輸移入酒類ノ酒税ニ付口頭ヲ以テ納税告知ヲ爲シ收入官吏ニ其ノ納付ヲ爲サシムルコトヲ得旅客ノ携帶ニ係ル酒類ノ酒税ヲ徴收スル場合ニ於テモ亦同シ
第二十條　酒税令第十五條第一項但書ノ規定ニ依リ酒税ノ徴收猶豫ヲ請ハムトスル者ハ税關長ニ申請シ擔保物提供書ヲ提出スヘシ

第二十一條　保稅地域ヨリ常時酒類ノ引取ヲ爲ス者ハ稅關長ノ承認ヲ受ケ豫メ擔保物ヲ提供スルコトヲ得

第二十二條　酒稅令第十五條第一項但書ニ規定シタル擔保物ノ種類ハ金錢又ハ國債ニ限ル
金錢又ハ無記名國債證劵ヲ擔保トシテ提供スルトキハ之ヲ供託シ其ノ供託受領證ヲ稅關長ニ提出スヘシ
登錄國債ヲ擔保トシテ提供スルトキハ擔保ノ登錄ヲ受ケ其ノ登錄濟通知書ヲ稅關長ニ提出スヘシ乙種國債登錄簿ニ登錄シタルモノニ在リテハ尙記名國債證劵ヲ供託シ其ノ供託受領證ヲ提出スヘシ

第二十三條　（削除）

第二十四條　酒類引取人ハ擔保物ノ變更ヲ稅關長ニ申請スルコトヲ得

第二十五條　酒稅令第十六條ノ規定ニ依リ酒稅ノ免除ヲ請ハムトスル者ハ其ノ事實ノ生シタルトキ直ニ申請書ヲ府尹郡守島司又ハ稅關長ニ提出スヘシ

第二十六條　府尹郡守島司ノ承認ヲ受ケ每回一石以上ノ酒精ヲ左ノ用途ニ使用シタルトキハ酒稅ヲ免除シ又ハ酒稅ニ相當スル金額ヲ交付ス
一　尼斯、依的兒、石鹼、單寧酸、龍腦、食醋、セルロイドノ製造
二　蒸汽汽罐其ノ他發動機燃料、セルロイド加工用

第二十六條ノ二　府尹郡守島司ノ承認ヲ受ケ每回一石以上ノ酒類ヲ政府ノ火藥製造用又ハ煙草醱酵用ニ供給シタルトキハ酒稅ヲ免除シ又ハ酒稅ニ相當スル金額ヲ交付ス

前項ニ於テ酒類ト稱スルハ酒税令第三條第二項ニ規定スル純酒精ノ容量カ原容量百分中四十五ヲ超ユル蒸餾酒又ハ純酒精ノ容量カ原容量百分中三十ヲ超ユル再製造酒ニ限ル

第二十七條　第二十六條ノ承認ヲ受ケムトスル者ハ使用スヘキ酒精ヲ製造場外ニ搬出前又ハ保税地域ヨリ引取前其ノ酒精ノ所在、數量、使用ノ目的、場所及日時ヲ記載シタル申請書ヲ提出シ工業用酒精使用承認書ノ交付ヲ受クヘシ

稅務官吏前項ニ依リ承認ヲ與ヘタル酒精ヲ使用スル場所ニ就キ酒精、酒精ト混和スヘキ物品、使用ノ方法、製品、殘渣、器具、器械及帳簿書類ヲ檢査シ、酒精ノ變性ヲ命シ其ノ他監督上必要ト認メタル處分ヲ爲ス場合ニ於テ檢査又ハ處分ヲ拒ミ、之ヲ妨ケ若ハ忌避シタルトキハ府尹郡守島司ハ承認ヲ取消スコトヲ得酒精ヲ申請書ニ記載シタル場所及日時ニ於テ其ノ目的ニ從ヒ使用セスト認タルトキ亦同シ

第二十八條　第二十六條ノ承認ヲ受ケタル酒精ヲ工業用ニ使用シタル場合ニ於テ作業中酒精ノ分離シタルモノアルトキハ其ノ數量及含有純酒精容量ニ付府尹郡守島司ノ檢定ヲ受クヘシ

前項ノ場合ニ於テハ分離シタル酒精ノ數量ヲ控除シタルモノヲ以テ使用數量トス

第二十八條ノ二　第二十六條ノ二ノ承認ヲ受ケムトスル者ハ供給スヘキ酒類ヲ製造場外ニ搬出前又ハ保税地域ヨリ引取前酒類ノ所在、種別、含有純酒精容量、數量、供給ノ目的、場所、日時及官廳名ヲ記載シタル申請書ヲ提出シ政府工業用酒類供給承認書ノ交付ヲ受クヘシ

第二十九條　工業用ニ使用シタル酒精ニ付酒稅ノ免除ヲ請ハムトスル者ハ申請書ニ工業用酒精使用承認書及其ノ使用ノ事實ヲ證スヘキ稅務官吏ノ書面ヲ添附シ保稅地域ヨリ引取リタルモノニ在リテハ稅關長ニ、其ノ他ノモノニ在リテハ製造場所在地ヲ管轄スル府尹郡守島司ニ提出スヘシ

第三十條　工業用ニ使用シタル酒精ニ付酒稅ニ相當スル金額ノ交付ヲ受ケムトスル者ハ申請書ニ納稅濟證明書、工業用酒精使用承認書及其ノ使用ノ事實ヲ證スヘキ稅務官吏ノ書面ヲ添附シ府尹郡守島司ニ提出スヘシ

第三十條ノ二　政府ノ火藥製造用又ハ煙草醱酵用ニ供給シタル酒類ニ付酒稅ノ免除ヲ請ハムトスル者ハ申請書ニ政府工業用酒類供給承認書及政府ノ火藥製造用又ハ煙草醱酵用ニ供給シタルコトヲ證スヘキ書類ヲ添附シ保稅地域ヨリ引取リタルモノニ在リテハ稅關長ニ、其ノ他ノモノニ在リテハ製造場所在地ヲ管轄スル府尹郡守島司ニ提出スヘシ

第三十條ノ三　政府ノ火藥製造用又ハ煙草醱酵用ニ供給シタル酒類ニ付酒稅ニ相當スル金額ノ交付ヲ受ケムトスル者ハ申請書ニ納稅濟證明書、政府工業用酒類供給承認書及政府ノ火藥製造用又ハ煙草醱酵用ニ供給シタルコトヲ證スヘキ書類ヲ添附シ府尹郡守島司ニ提出スヘシ

第三十一條　朝鮮內ニ於テ製造シタル酒類ヲ府尹郡守島司ノ承認ヲ受ケ朝鮮外ニ輸移出シタルトキハ酒稅ヲ免除シ又ハ酒稅ニ相當スル金額ヲ交付ス

前項ノ承認ヲ受ケムトスル者ハ酒類ヲ製造場外ニ搬出前酒類ノ所在、種別、數量、輸移出地及輸移出先ヲ記載シタル申請書ヲ府尹郡守島司ニ提出シ輸移出承認書ノ交付ヲ受クヘシ

第三十二條　輸移出シタル酒類ニ付酒税ノ免除ヲ請ハムトスル者ハ申請書ニ左ノ書類ヲ添附シ府尹郡守島司ニ提出スヘシ

一　輸移出承認書

二　輸移出免狀

三　輸出先ニ於ケル税關ノ輸入免狀又ハ之ニ代ルヘキ書類

第三十三條　輸移出シタル酒類ニ付酒税ニ相當スル金額ノ交付ヲ受ケムトスル者ハ申請書ニ前條ノ書類及納税濟證明書ヲ添附シ輸移出地ノ税關長ニ提出スヘシ

第三十四條　酒精ヲ工業用ニ使用シ、酒類ヲ政府ノ火藥製造用若ハ煙草醱酵用ニ供給シ又ハ酒類ヲ輸移出シタル後一年內ニ第二十九條、第三十條、第三十條ノ二、第三十條ノ三、第三十二條又ハ前條ノ申請ヲ為サヽルトキハ酒税ノ免除又ハ酒税ニ相當スル金額ノ交付ヲ為サス

第三十五條　工業用ニ使用スル酒精、政府ノ火藥製造用若ハ煙草醱酵用ニ供給スル酒類又ハ輸移出スル酒類ニ付納税濟證明書ノ交付ヲ請ハムトスル者ハ申請書ヲ府尹郡守島司又ハ税關長ニ提出スヘシ

第三十六條　酒類製造者ハ酒類製造著手前酒税令第十八條ニ規定シタル擔保物ヲ提供スヘシ但シ同條第一項

但書ノ規定ニ依リ造石數査定ノ都度擔保物ヲ提供セムトスル者ハ每酒造年度製造著手前ニ府尹郡守島司ニ申請スヘシ

第三十七條　酒類製造者擔保物ヲ提供シタル後見込造石數ヲ十石以上增加シタルトキ又ハ酒稅令第十九條第四號ニ依リ擔保物ノ提供ヲ免除セラレタル後見込造石數ヲ增加シ其ノ酒稅額五十圓以上ト爲リタルトキハ酒稅令第十八條第一項ノ割合ニ依リ之ニ相當スル擔保物ヲ增補シ又ハ提供スヘシ

酒類製造者擔保物ヲ提供シタル後見込造石數ヲ十石以上減少シタルトキハ前項ノ割合ニ依リ擔保物ノ減少ヲ申請スルコトヲ得

第三十八條　酒稅令第十八條ニ規定シタル擔保物ノ種類ハ左ニ揭クルモノニ限ル

一　金錢

二　國債

三　土地

四　火災保險ニ附シタル建物

第三十九條　擔保物ノ擔保價格ハ特別ノ規定アルモノヲ除クノ外府尹、郡守、島司ノ定ムル所ニ依ル

擔保物ノ價格減少シタルトキ又ハ擔保物ヲ變更スル必要アリト認メタルトキハ府尹、郡守、島司ハ更ニ相當ノ擔保物ノ提供ヲ命スルコトヲ得

前項ニ依リ擔保物ノ提供ヲ命セラレタル者之ヲ提供セサルトキハ府尹、郡守、島司ハ直ニ酒税ヲ徵收スヘシ
第二十二條第二項第三項及第二十四條ノ規定ハ前條ノ擔保物ニ之ヲ準用ス
第四十條　擔保物トシテ土地建物ヲ提供スル者アルトキハ府尹郡守島司ハ抵當權若ハ典當權ノ登記ヲ登記所ニ囑託スヘシ
第四十一條　酒類製造者カ酒税令第十八條第一項ノ擔保物ヲ提供セサルトキハ税務官吏ハ製造酒類ヲ他人ニ讓渡シ、質入シ、消費シ又ハ製造場外ニ搬出スルヲ停止スルコトヲ得
前項ノ場合ニ於テハ税務官吏ハ酒類ニ封印ヲ施スヘシ
第四十二條　酒類製造者酒税令第十九條第一號又ハ第二號ニ依リ擔保物ノ免除ヲ請ハムトスルトキハ府尹郡守島司ニ申請スヘシ
第四十三條　納税保證人ハ府尹郡守島司ニ於テ納税保證ニ堪ユル資力アリト認メタル者ニ限ル
府尹郡守島司ハ納税保證人ノ資力納税保證ニ堪ヘサルニ至リタリト認メタルトキハ之ヲ變更セシムルコトヲ得
第四十四條　税務官吏ハ納税保證トシテ保存スル酒類ニ封印ヲ施スコトヲ得
府尹郡守島司ハ納税保證トシテ保存スル酒類納税保證ニ適セサルニ至リタルトキハ之ヲ變更セシムルコトヲ得

第四十五條　酒類製造者納税保證人又ハ納税ノ保證トシテ保存スル酒類ノ變更ヲ府尹郡守島司ニ申請スルコトヲ得

第四十六條　酒類製造者酒税ヲ納付セサルトキハ納税保證人ニ通知シ其ノ酒税ヲ納付セシムヘシ

納税保證人酒税ヲ完納セサルトキハ酒類製造者ニ對シ滯納處分ヲ行ヒ仍酒税ニ不足アルトキハ納税保證人ニ對シ滯納處分ヲ行フヘシ

第四十七條　自家用酒製造ノ免許ヲ受ケムトスル者ハ其ノ製造スヘキ酒類ノ種別及居所、氏名ヲ記載シタル免許申請書ヲ府尹郡守島司ニ提出スヘシ

第四十八條　自家用酒ノ製造ハ一人一箇所ニ限リ之ヲ免許ス

自家用酒製造ノ免許ヲ受ケタル者ト同居スル者ニ對シテハ自家用酒ノ製造ヲ免許セス

第四十九條　酒類販賣者、宿屋、料理店、飲食店、貸座敷營業者及之ト同居スル者ニ對シテハ其ノ營業ノ場所ニ於テ自家用酒ノ製造ヲ免許セス

第五十條　自家用酒製造ノ免許ヲ受ケタル者ハ其ノ居宅構内ニ限リ酒類ヲ製造スルコトヲ得

第五十一條　自家用酒ノ製造ヲ免許シタルトキハ府尹郡守島司ハ第一號様式ノ免許證ヲ交付スヘシ

自家用酒製造ノ免許ヲ受ケタル者免許證ヲ亡失若ハ毀損シ又ハ氏名ヲ變更シタルトキハ直ニ府尹郡守島司ニ免許證ノ再交付又ハ書換ヲ申請スヘシ

第五十二條　自家用酒製造ノ免許ヲ受ケタル者ノ製造スヘキ酒類ノ種別ヲ變更セムトスルトキハ酒造年度開始前ニ其ノ變更ニ付免許申請書ヲ府尹郡守島司ニ提出スヘシ

前項ノ免許申請書ニハ免許證ヲ添附スヘシ

第五十三條　自家用酒製造ノ免許ヲ受ケタル者ノ製造スヘキ酒類ノ種別ノ變更ハ同一酒造年度内ニ於テハ之ヲ許可セス

第五十四條　自家用酒製造ノ免許ヲ受ケタル者其ノ居所ヲ移轉シタルトキハ直ニ免許證ノ書換ヲ府尹郡守島司ニ申請スヘシ但シ他ノ府郡島ニ移轉シタルトキハ移轉先ノ府尹郡守島司ニ申請スヘシ

第五十五條　第五十一條第二項又ハ前條ノ規定ニ依リ免許證ノ再交付又ハ書換ヲ受クルトキハ手數料トシテ一枚ニ付十錢ヲ收入印紙ヲ以テ納付スヘシ

第五十六條　自家用酒製造ノ免許ヲ受ケタル者其ノ免許ヲ取消サレタルトキハ直ニ免許證ヲ返納スヘシ

自家用酒製造ノ免許ヲ受ケタル者死亡シタルトキハ其ノ相續人ハ直ニ免許證ヲ返納スヘシ

第五十七條　朝鮮酒製造者ハ造石數査定前ニ於テ酒類ヲ他人ニ讓渡シ、質入シ、酒類製造用外ニ消費シ又ハ製造場外ニ搬出スルコトヲ得但シ府尹郡守島司ニ於テ豫メ其ノ承認ヲ受クヘキコトヲ命シタル場合ハ此ノ限ニ在ラス

第五十八條　酒類製造者ハ酒母醪其ノ他ノ醗酵液ニ付製造方法ノ異ナルモノ毎ニ記號ヲ附シ且一仕込毎ニ番

號ヲ附シテ之ヲ區分シ稅務官吏ノ承認ヲ受クルニ非サレハ彼此混淆スルコトヲ得ス

第五十九條　同一製造場ニ於テ二種以上ノ酒類ヲ製造スル者ニ對シ監督上必要アリト認メタルトキハ府尹郡守島司ハ製造、藏置ニ供スル場所ヲ酒類ノ種別每ニ特定シ承認ヲ受ケシムルコトヲ得

第六十條　稅務官吏カ監督ノ必要上事項ヲ指定シテ承認ヲ受クヘキコトヲ命シタル場合ニ於テハ酒類製造者ハ其ノ承認ヲ受クヘシ

第六十一條　酒類製造者ハ左ノ事項ヲ帳簿ニ記載スヘシ

一　使用シタル原料ノ種類、數量及其ノ使用ノ日、原料トシテ他ヨリ引取リタル酒類又ハ酒母醪其ノ他ノ醱酵液ノ種別又ハ種類、數量、引取ノ日及引取先

二　一仕込每ニ仕込ノ方法及日

三　酒類ノ種別、製成ノ日及其ノ數量

四　他ニ引渡シタル酒類又ハ酒母醪其ノ他ノ醱酵液ノ種別又ハ種類、數量、價格、引渡ノ日及引渡先

小賣ノ場合ニ於テハ引渡先ノ記載ヲ要セス

第六十二條　第三條第一項第一號、第五條、第六條、第十七條及第五十八條ノ規定ハ朝鮮酒製造者ニ之ヲ適用セス

第六十三條　第四條、第七條、第八條、第十條、第十三條及第六十一條ノ規定ハ自家用酒製造ノ免許ヲ受ケ

タル者ニ之ヲ適用セス
第六十四條　酒類ヲ販賣セムトスル者ハ營業所ノ位置及住所、氏名若ハ名稱ヲ府尹郡守島司ニ申告スヘシ
前項ノ申告事項ニ異動ヲ生シタルトキ又ハ販賣ヲ廢止シタルトキハ之ヲ府尹郡守島司ニ申告スヘシ
第六十五條　酒類販賣者ハ左ノ事項ヲ帳簿ニ記載スヘシ
一　引取リタル酒類ノ種別、數量、價格、引取ノ日及引取先
二　販賣シタル酒類ノ種別、數量、價格、販賣ノ日及賣渡先
小賣ノ場合ニ於テハ賣渡先ノ記載ヲ要セス
第六十六條　酒類製造營業者及酒類販賣者ハ店頭其ノ他見易キ場所ニ第二號樣式ノ標札ヲ揭クヘシ
第六十七條　酒精ヲ工業用ニ使用シ酒稅ノ免除又ハ酒稅ニ相當スル金額ノ交付ヲ申請セムトスル者ハ左ノ事項ヲ帳簿ニ記載スヘシ
一　酒精ノ數量、他ヨリ引取リタルモノニ在リテハ引取ノ日及引取先
二　使用シタル酒精ノ數量、使用ノ目的及日時
三　製品ノ種類、數量及製造ノ日
四　作業中酒精ノ分離シタルモノアルトキハ其ノ數量及含有純酒精ノ容量
第六十八條　政府ノ火藥製造用又ハ煙草醱酵用ニ供給シタル酒類ニ付酒稅ノ免除又ハ酒稅ニ相當スル金額ノ

交付ヲ申請セムトスル者ハ酒類ノ種別、含有純酒精容量、數量、供給ノ日並他ヨリ引取リタルモノニ在リテハ引取ノ日及引取先ヲ帳簿ニ記載スヘシ

第六十九條　第二條乃至第十一條、第十七條、第五十八條、第六十條、第六十一條、第六十六條、第七十一條、第七十三條及第七十四條ノ規定ハ酒類製造者ニ非スシテ酒母若ハ醪ヲ製造シ又ハ販賣ノ爲麴ヲ製造スル者ニ之ヲ準用ス

第六十九條ノ二　第二條、第三條第一項第二號、第四條、第五條、第七條乃至第十一條、第六十條、第六十一條、第六十六條、第七十一條、第七十三條及第七十四條ノ規定ハ酒類製造者ニ非スシテ販賣ノ爲麯子ヲ製造スル者ニ之ヲ準用ス

第七十條　稅務官吏ハ酒類製造者、酒類販賣者、第二十六條ニ規定シタル工業用ニ酒精ヲ使用スル者又ハ酒類製造者ニ非スシテ酒母若ハ醪ヲ製造シ又ハ販賣ノ爲麴若ハ麯子ヲ製造スル者ノ營業ニ關シ知得シタル事項ヲ他ニ漏洩スルコトヲ得ス

第七十一條　酒類製造者許可ヲ受ケスシテ製造場ヲ移轉シタルトキハ二百圓以下ノ罰金ニ處ス

第七十二條　第四十一條第一項ノ規定ニ依ル停止ノ命令ニ違反シ又ハ第五十七條但書ノ規定ニ依リ承認ヲ受クヘキ場合ニ之ヲ受ケスシテ酒類ヲ他人ニ讓渡シ、質入シ、消費シ又ハ製造場外ニ搬出シタル者ハ百圓以下ノ罰金又ハ科料ニ處ス

第七十三條　左ノ各號ノ一ニ該當スル者ハ五十圓以下ノ罰金又ハ科料ニ處ス
一　本令ニ規定シタル申告ヲ怠リ又ハ不實ノ申告ヲ爲シタル者
二　第五條第一項、第六條第二項、第五十四條又ハ第五十八條ノ規定ニ違反シタル者
三　第七條第四項ノ承認ヲ受ケサリシ者若ハ第五十九條、第六十條ニ依リ承認ヲ受クヘキ場合ニ之ヲ受ケサリシ者又ハ事實ヲ詐リテ承認ヲ受ケタル者
四　第六十七條又ハ第六十八條ノ帳簿ヲ調製セス若ハ隱匿シ又ハ其ノ記載ヲ詐リ若ハ怠リタル者
第七十四條　第五十一條第二項、第五十六條又ハ第六十六條ノ規定ニ違反シタル者ハ科料ニ處ス

附　則

第七十五條　本令ハ酒稅令施行ノ日ヨリ之ヲ施行ス
第七十六條　酒稅令第四十九條第一項ノ酒類製造者ハ自家用ノ爲朝鮮酒ヲ製造スル者ヲ除クノ外本令施行ノ日ヨリ三十日內ニ第五條第一項ノ圖面、目錄ヲ提出シ及第七條第一項ノ申告ヲ爲スヘシ
第七十七條　酒稅令第四十九條第一項ノ酒類製造者ニハ本令施行ノ際ニ限リ第六條第二項ヲ適用セス
第七十八條　酒稅令第四十九條第二項ノ自家用酒製造者カ從前ノ規定ニ依リ受有スル鑑札ハ第五十一條第一項ノ規定ニ依リ交付シタル免許證ト看做ス
前項ノ鑑札ハ酒稅令第四十九條第二項ノ申告ヲ爲ストキ之ヲ府尹郡守島司ニ提出シ居所及製造石數ノ區別

ノ記入ヲ受クヘシ
第七十九條　本令施行ノ際現ニ酒類ヲ販賣スル者ハ本令施行ノ日ヨリ三十日內ニ第六十四條第一項ニ規定シタル事項ヲ申告スヘシ
第八十條　酒類製造營業者又ハ酒類販賣者ハ本令施行ノ際所有又ハ所持スル酒類ニ付其ノ種別、石數、所在及酒類販賣者ニ在リテハ營業所ノ位置ヲ大正五年九月十日迄ニ府尹郡守島司ニ申告スヘシ
前項ノ申告ヲ爲シタル酒類販賣者ハ前條ノ申告ヲ要セス
第八十一條　酒稅令第五十一條第二項但書ノ規定ニ依リ酒稅ノ徵收猶豫ヲ請ハムトスル者ハ府尹郡守島司ニ申請シ擔保物提供書ヲ提出スヘシ
酒稅令第五十一條第二項但書ニ規定スル擔保物ノ種類ハ第三十八條ニ揭クルモノ及酒類トス
第二十二條第二項第三項、第二十三條、第二十四條、第四十條、第四十四條及第四十五條ノ規定ハ前項ノ擔保物ニ之ヲ準用ス
擔保物トシテ提供シタル酒類ハ納稅義務者ニ於テ之ヲ保存スヘシ
酒稅令第二十一條ノ規定ハ前項ノ酒類ニ之ヲ準用ス
第八十二條　前條第五項ノ規定ニ違反シタル者ハ百圓以下ノ罰金又ハ科料ニ處ス
第八十條ノ申告ヲ怠リ又ハ不實ノ申告ヲ爲シタル者ハ五十圓以下ノ罰金又ハ科料ニ處ス

附　則（大正五、八、總令第七三號）

本令ハ大正五年九月一日ヨリ之ヲ施行ス

附　則（大正八、三、總令三四號）

本令ハ大正八年四月一日ヨリ之ヲ施行ス

酒類製造者又ハ酒類販賣者ハ大正八年制令第五號附則第四項ノ規定ニ依ル申告ヲ大正八年四月五日迄ニ府尹郡守島司ニ爲スヘシ

附　則（大正九、八、總令第一三一號）

本令ハ大正九酒造年度分ヨリ之ヲ適用ス

附　則（大正一〇、一、總令第二號）

本令ハ大正十年四月一日ヨリ之ヲ施行ス

本令施行ノ際現ニ擔保トシテ國債以外ノ有價證券ヲ提供スル者ハ本令施行ノ日ヨリ五年ヲ限リ引續キ其ノ有價證券ヲ以テ擔保ト爲スコトヲ得

附　則（大正一一、四、總令第七一號）

本令ハ大正十一年五月一日ヨリ之ヲ施行ス

第一號樣式

免許第何號

自家用酒製造免許證

一製造者ノ居所、氏名何府（郡島）何町（何面何洞（里））何番地

何　　　某

二製造スヘキ酒類ノ種別　濁酒（何）

右免許ス

大正何年何月何日

何府（郡島）印

備考　厚紙縦六寸横四寸トス

第二號樣式

○ 免許第何號
酒類（酒母）（醪）（麴）（麯子）製造業
何某

○ 酒類販賣業
何某

備考　木製又ハ金屬製ニシテ縦一尺五寸以上横五寸以上トス

朝鮮煙草專賣令（大正一〇、四、制令第五號）改正（大正一〇、六、制令第一一號）

第一條　煙草ノ製造ハ政府ニ專屬ス

第二條　煙草ハ政府及政府ノ命ヲ受ケタル者ニ非サレハ之ヲ輸入スルコトヲ得ス

第三條　煙草ハ政府ノ許可ヲ受ケタル者ニ非サレハ之ヲ耕作スルコトヲ得ス

第四條　煙草ノ耕作區域ハ朝鮮總督之ヲ指定ス

第五條　政府ハ毎年耕作スヘキ煙草ノ種類、耕作面積及葉煙草ノ賠償價格ヲ定メ豫メ之ヲ公示ス

第六條　煙草ヲ耕作セムトスル者ハ毎年煙草ノ種類、苗床及耕作地ノ位置面積、乾燥場竝貯藏場ヲ定メ政府ノ許可ヲ受クヘシ之ヲ變更シ又ハ耕作ヲ廢止セムトスルトキ亦同シ

第七條　煙草ノ耕作ヲ相續ニ因リ承繼シタルトキハ遲滯ナク政府ニ屆出ツヘシ

前項ノ場合ヲ除クノ外煙草ノ耕作ヲ承繼セムトスルトキハ政府ノ許可ヲ受クヘシ

第八條　煙草苗ノ讓渡及讓受ハ政府ノ許可ヲ受クヘシ

第九條　煙草耕作者ハ政府ノ定ムル方法及手續ニ依リ其ノ耕作ヲ完成スヘシ

第十條　煙草耕作者ハ政府ニ於テ葉煙草ノ收穫數量ヲ調査シタル後ニ非サレハ葉煙草ヲ採取シ又ハ幹根ヲ拔除スルコトヲ得ス但シ病蟲害其ノ他ノ事由ニ因リ政府ノ許可ヲ受ケタルトキハ此ノ限ニ在ラス

第十一條　煙草耕作者ノ收穫シタル葉煙草ハ政府之ヲ收納ス
前項ノ葉煙草ハ乾燥調理ノ後政府ニ納付スヘシ
納付ノ期日及場所ハ政府之ヲ定ム
第一項ノ葉煙草ニシテ收納ニ適セサルモノハ之ヲ廢棄セシム
第十二條　煙草耕作者ノ納付シタル葉煙草ハ鑑定人ヲシテ之ヲ鑑定セシメ其ノ等級ニ依リ賠償金ヲ交付ス
煙草耕作者鑑定ニ不服ナルトキハ再鑑定ヲ求ムルコトヲ得但シ賠償金ノ請求ヲ爲シタルトキハ此ノ限ニ在ラス
再鑑定ニ關スル規定ハ朝鮮總督之ヲ定ム
第十三條　煙草耕作者耕作面積ヲ減少シ又ハ耕作ヲ廢止シタル場合ニ於テ耕作ヲ承繼スル者ナキトキハ政府ハ現ニ存スル煙草ヲ廢棄セシムルコトヲ得
第十四條　煙草耕作者ノ葉煙草ハ其ノ耕作地、乾燥場、貯藏場及其ノ收納官署ノ外他ニ之ヲ運送スルコトヲ得ス但シ天災其ノ他避クヘカラサル事由アルトキハ此ノ限ニ在ラス
第十五條　政府ハ煙草耕作者ノ組織スル組合ニ對シ專賣事務執行上必要ナル施設ヲ爲シ又ハ其ノ補助ヲ爲スヘキコトヲ命スルコトヲ得
前項ノ組合ニ對シテハ豫算ノ範圍內ニ於テ交付金ヲ下付スルコトヲ得

第十六條　第四條、第五條、第九條及第十條ノ規定ハ試驗ノ爲ニスル煙草ノ耕作ニ付之ヲ適用セス
第十七條　自家用煙草ヲ耕作セムトスル者ハ耕作地ノ位置及面積ヲ定メ政府ノ許可ヲ受クヘシ之ヲ變更シ又ハ耕作ヲ廢止セムトスルトキ亦同シ
自家用煙草耕作ノ許可ヲ受ケタル者ハ毎年耕作税八十錢ヲ納ムヘシ
耕作税ハ毎年十一年一日ヨリ同月三十日限之ヲ納ムヘシ但シ許可消滅シタルトキハ納期ニ拘ラス直ニ之ヲ徵收スルコトヲ得
第十八條　第四條乃至第六條、第九條乃至第十二條及第十四條ノ規定ハ自家用煙草ノ耕作ニ付之ヲ適用セス
第十八條　煙草ハ政府又ハ政府ノ指定シタル煙草元賣捌人又ハ煙草小賣人ニ非サレハ之ヲ販賣スルコトヲ得ス
煙草賣捌人及煙草ノ販賣ニ關スル規定ハ朝鮮總督之ヲ定ム
第十九條　煙草小賣人ハ政府ノ定メタル價格ヲ以テスルニ非サレハ煙草ヲ消費者ニ販賣スルコトヲ得ス
第二十條　煙草賣捌人ハ政府ノ封緘ヲ施シタル煙草ノ包裹ヲ開披シ若ハ之ヲ改裝シ又ハ包裹ノ破損シタル煙草ヲ販賣スルコトヲ得ス
第二十一條　輸出ニ供スル煙草ヲ製造セムトスル者ハ朝鮮總督ノ特許ヲ受クヘシ
前項ノ煙草ノ製造及輸出ニ關スル規定ハ朝鮮總督之ヲ定ム

第二十二條　葉煙草ノ輸出ニ關スル規定ハ朝鮮總督之ヲ定ム

第二十三條　健康上又ハ習慣上缺クヘカラサル煙草ハ自用ニ供スルモノニ限リ自用者ニ於テ政府ノ許可ヲ受ケ輸入ヲ爲スコトヲ得

第二十四條　煙草製造專用ノ器具、機械及卷紙ハ政府ノ許可ヲ受ケタル者ニ非サレハ之ヲ製作シ、販賣シ又ハ藏置スルコトヲ得ス

第二十五條　本令ニ於テ認ムル場合ヲ除クノ外葉煙草、政府ノ證票ヲ附セサル製造煙草竝煙草製造專用ノ器具、機械及卷紙ヲ所持シ、讓渡シ又ハ讓受クルコトヲ得ス

第二十六條　營業ノ目的ヲ以テ煙草ニ代用スヘキ物品ヲ製造シ又ハ販賣スルコトヲ得ス

第二十七條　煙草耕作者、輸出煙草製造者又ハ煙草製造專用ノ器具機械若ハ卷紙ノ製作者販賣者若ハ藏置者本令又ハ本令ニ基キテ發スル命令ニ違反シタルトキハ政府ハ許可又ハ特許ヲ取消スコトヲ得

第二十八條　當該官吏ハ煙草ノ苗床耕作地、乾燥場、貯藏場、輸出煙草製造場又ハ煙草製造專用ノ器具機械若ハ卷紙ノ製作場若ハ藏置場其ノ他必要ノ場所ニ立入リ煙草、原料、材料、製品、器具、機械、建物、帳簿書類ヲ檢査シ又ハ取締上必要ノ處分ヲ爲スコトヲ得

當該官吏ハ前項ノ檢査ニ際シ必要ト認ムルトキハ關係人ヲシテ之ニ立會ハシムルコトヲ得

第二十九條　私ニ煙草ヲ製造シ又ハ製造ノ準備ヲ爲シタル者ハ百圓以上千圓以下ノ罰金ニ處ス

第三十條　政府ノ命令又ハ許可ヲ受ケスシテ煙草ノ輸入ヲ圖リ又ハ輸入ヲ爲シタル者ハ其ノ煙草ノ價格ノ十倍ニ相當スル罰金ニ處ス但シ其ノ罰金額ハ百圓ヲ下ルコトヲ得ス

前項ノ價格ハ其ノ煙草ノ生產地又ハ仕入地ニ於ケル原價ニ荷造費、運送費、保險料其ノ他輸入地ニ到着スル迄ノ諸費及輸入税ニ相當スル金額ヲ加ヘタルモノトス

第三十一條　左ノ各號ノ一ニ該當スル者ハ三百圓以下ノ罰金ニ處ス

一　許可ヲ受ケスシテ煙草ヲ耕作シタル者

二　第二十四條又ハ第二十五條ノ規定ニ違反シタル者

三　政府ニ納付スヘキ葉煙草ヲ讓渡シ、消費シ又ハ隱蔽シタル者

四　煙草賣捌人ニ非スシテ煙草ヲ販賣シ又ハ販賣ノ準備ヲ爲シタル者

第二十一條第二項又ハ第二十二條ノ規定ニ基キテ發スル命令ニ違反シタル者ノ罰亦前項ニ同シ

第三十二條　第十九條又ハ第二十條ノ規定ニ違反シタル者ハ二百圓以下ノ罰金又ハ科料ニ處ス

第三十三條　左ノ各號ノ一ニ該當スル者ハ百圓以下ノ罰金又ハ科料ニ處ス

一　許可ヲ受ケスシテ煙草ノ種類、苗床若ハ耕作地ノ位置面積又ハ乾燥場若ハ貯藏場ノ位置ヲ變更シタル者

二　許可ヲ受ケスシテ煙草ノ耕作ヲ廢止シ又ハ煙草苗ヲ讓渡シ若ハ讓受ケタル者

三　第七條第一項ノ屆出ヲ怠リタル者

四　第十條、第十四條又ハ第二十六條ノ規定ニ違反シタル者
五　正當ノ事由ナクシテ政府ニ納付スヘキ葉煙草ヲ廢棄シ又ハ政府ノ定メタル期日ニ之ヲ納付セサル者
六　自家用煙草ヲ讓渡シ又ハ許可ヲ受ケスシテ自家用煙草ノ耕作地ノ位置若ハ面積ヲ變更シタル者
七　第二十三條ノ規定ニ依リ輸入シタル煙草ヲ讓渡シタル者
八　當該官吏ノ職務ノ執行ヲ妨ケタル者

第三十四條　本令ノ犯罪ニ係ル物件ヲ讓渡、消費其ノ他ノ事由ニ因リ沒收スルコト能ハサルトキハ其ノ價格ニ相當スル金額ヲ追徵ス

第三十五條　朝鮮間接國稅犯則者處分令及大正元年制令第四號ノ規定ハ本令及本令ニ基キテ發スル命令ノ犯罪事件ニ付之ヲ準用ス但シ朝鮮間接國稅犯則者處分令ニ定メタル職務ヲ行フ官吏ハ朝鮮總督之ヲ定ム

第三十六條　本令中輸入又ハ輸出ニ關スル規定ハ內地、臺灣若ハ樺太ヨリ移入シ又ハ內地、臺灣若ハ樺太ニ移出スル場合ニ付之ヲ準用ス

附　則

第三十七條　本令ハ大正十年七月一日ヨリ之ヲ施行ス但シ第五條及第四十三條ノ規定ハ本令公布ノ日ヨリ之ヲ施行ス

第三十八條　煙草稅令ハ之ヲ廢止ス

第三十九條　舊令ニ依リ免許ヲ受ケタル煙草耕作者ハ本令ニ依リ當該煙草耕作ノ許可ヲ受ケタル者ト看做ス

第四十條　舊令ニ依リ免許ヲ受ケタル煙草販賣者ハ本令ニ依リ指定セラレタル煙草小賣人ト看做ス

第四十一條　本令施行ノ際現ニ在來ノ方法ニ依リ葉煙草ニ荒刻ヲ施シテ喫用スル煙草ヲ製造スル者ハ當分ノ內仍其ノ製造ヲ繼續スルコトヲ得

前項ノ煙草ノ製造及販賣ニ關スル規定ハ朝鮮總督之ヲ定ム

第四十二條　第四十四條第一項ノ葉煙草ヲ除クノ外本令施行ノ際現ニ葉煙草貯藏場、乾燥場又ハ藏置場ニ存スル葉煙草及本令施行前消費稅ヲ納付セスシテ葉煙草貯藏場、乾燥場又ハ藏置場ヨリ引取リ又ハ搬出シタル葉煙草ノ消費稅ニ關シテハ仍舊令ニ依ル本令施行前輸出ノ爲乾燥場又ハ藏置場ヨリ引取リタル葉煙草ノ消費稅ニ關シ亦同シ

本令施行ノ際現ニ製造場若ハ藏置場ニ存スル製造煙草又ハ本令施行前消費稅ヲ納付セスシテ製造場若ハ保稅地域ヨリ搬出シタル製造煙草ハ其ノ所有者ニ於テ之ヲ引取リタルモノト看做ス

前項ノ製造煙草及本令施行前消費稅ヲ納付セスシテ製造場、藏置場又ハ保稅地域ヨリ引取リタル製造煙草ノ消費稅ニ關シテハ仍舊令ニ依ル輸出ノ爲製造場又ハ藏置場ヨリ引取リタル製造煙草ノ消費稅ニ關シ亦同シ

第四十三條　本令公布ノ際現ニ存スル煙草製造用ノ建物、其ノ敷地及製造場備付ノ煙草製造用器具機械ハ政府ニ於テ之ヲ徵收スルコトヲ得

政府ハ煙草製造者ノ營業場ニ就キ前項ノ規定ニ依リ徵收スヘキ物件ヲ調査シ徵收目錄ヲ作成ス
徵收目錄ハ本令公布後三十日內ニ之ヲ所有者ニ交付ス
徵收目錄ノ交付ヲ受ケタル後ハ所有者ハ政府ノ承認ヲ受クルニ非サレハ徵收目錄ニ記載シタル物件ヲ處分スルコトヲ得ス

第四十四條　大正十年六月三十日ニ於テ現ニ存スル煙草製造專用ノ器具機械、卷紙及煙草製造者ノ所有スル葉煙草ハ政府之ヲ徵收ス但シ第四十一條ニ規定スル煙草ノ製造用器具及葉煙草ハ此ノ限ニ在ラス
前項ニ規定スルモノノ外煙草ノ製造又ハ裝置ニ使用スル物件ニシテ大正十年六月三十日ニ於テ現ニ存スルモノハ政府之ヲ徵收スルコトヲ得

第四十五條　前二條ノ規定ニ依リ徵收シタル物件ニ對シテハ補償金ヲ交付ス
補償價格ハ協議ニ依リ之ヲ定ム協議調ハサルトキハ鑑定人ノ意見ヲ徵シ政府之ヲ決定ス
鑑定人ニ關スル規定ハ朝鮮總督之ヲ定ム

第四十六條　第四十四條ニ規定スル物件ヲ所有スル者ハ大正十年七月五日迄ニ其ノ種類及數量ヲ政府ニ申告スヘシ
第四十四條第一項ニ規定スル物件ニシテ前項ノ規定ニ依リ申告ヲ爲シタル者ハ其ノ徵收ヲ終ル迄第二十四條及第二十五條ノ規定ニ拘ラス之ヲ藏置スルコトヲ得

第四十七條　政府ハ第四十一條ニ規定スル者ヲ除クノ外煙草製造者ニ對シ其ノ請求ニ因リ煙草賣渡代金ノ二割二分ニ相當スル金額ヲ交付ス但シ其ノ金額五百圓ニ滿タサルトキハ五百圓ヲ交付ス

煙草製造用ノ建物及其ノ敷地ヲ所有スル煙草製造者ニシテ其ノ建物及敷地ノ全部ノ徵收ヲ受ケサルモノニ對シテハ前項ノ交付金ノ外其ノ六分ノ一ニ相當スル金額ヲ交付ス

朝鮮煙草株式會社ニハ前二項ノ交付金ヲ給セス

第四十八條　政府ハ外國產原料ヲ以テ外國ニ於テ製造シタル煙草ノ一手販賣ヲ業トスル煙草卸賣者ニ對シ其ノ請求ニ因リ煙草賣渡代金ノ一割一分ニ相當スル金額ヲ交付ス但シ其ノ金額二百五十圓ニ滿タサルトキハ二百五十圓ヲ交付ス

第四十九條　第四十七條第一項第二項及前條ノ規定ハ煙草製造者又ハ前條ノ煙草卸賣者ニシテ本令施行ノ際煙草元賣捌人ニ指定セラレタル者ニハ之ヲ適用セス

第五十條　第四十七條第一項及第四十八條ノ煙草賣渡代金ハ大正七年七月一日ヨリ大正九年六月三十日ニ至ル二年間ノ煙草賣渡代金ノ二分ノ一ニ相當スル金額ニ依ル但シ大正七年七月二日以後ニ營業ヲ開始シタル場合ニ於テハ營業開始ノ翌月ヨリ大正九年六月三十日ニ至ル期間ノ煙草賣渡代金ノ平均月額ノ十二倍ニ相當スル金額ニ依ル

前項ノ煙草賣渡代金ハ確實ナリト認ムル帳簿書類ニ依リ政府之ヲ決定ス

第五十一條　第四十七條第一項第二項ノ煙草製造者及第四十八條ノ煙草卸賣者ハ大正八年七月一日以前ヨリ大正十年六月三十日迄其ノ營業ヲ繼續シタル者ニ限ル但シ相續ノ場合ニ於テハ被相續人ノ營業期間ハ相續人ノ營業期間ト看做ス

第五十二條　第四十七條第一項第二項及第四十八條ノ交付金ハ大正十年八月三十一日迄ニ之ヲ請求スヘシ

第五十三條　第四十七條第一項第二項及第四十八條ノ交付金ハ額面金額ニ依リ五十五年内ニ償還スヘキ五分利附國債證券ヲ以テ之ヲ交付ス但シ五十圓未滿ノ端數ハ現金ヲ以テ之ヲ交付ス

第四十五條ノ補償金ハ徵收期日前一年間ニ於ケル平均相場ニ依リ五十五年内ニ償還スヘキ五分利附國債證券ヲ以テ之ヲ交付ス但シ葉煙草ニ對スル補償金及五十圓未滿ノ端數ハ現金ヲ以テ之ヲ交付ス

第五十四條　本令施行ノ際現ニ存スル煙草ハ第四十四條第一項ノ規定ニ依リ徵收スヘキ葉煙草ヲ除クノ外朝鮮總督ノ定ムル所ニ依リ之ヲ所持シ、讓渡シ又ハ讓受クルコトヲ得

附　則（大正一〇、六、制令第二一號）

本令ハ大正十年七月一日ヨリ之ヲ施行ス

朝鮮煙草專賣令施行規則（大正一〇、四、總令第四九號）改正（大正一〇、六、總令第一〇五號）（大正一〇、八、總令第一二〇號）（大正一一、五、總令第八二號）

第一條　煙草耕作ノ許可ヲ受ケムトスル者ハ專賣支局長ノ定ムル期間內ニ第一號樣式ノ申請書ヲ提出スヘ

シ
試驗ノ爲煙草ノ耕作ヲ爲サムトスル者ハ前項申請書ニ試驗ノ目的及其ノ方法ヲ記載スヘシ
煙草耕作ノ許可ヲ受ケタル者ニハ第二號樣式ノ煙草耕作許可證ヲ交付スヘシ
第二條　專賣支局長ハ申請者ノ資力及其ノ耕作上ノ設備ニ比シ申請ニ係ル面積過當ナリト認ムルトキハ其ノ面積ヲ減少シテ許可スルコトヲ得
第三條　左ノ各號ノ一ニ該當スル者ハ煙草耕作者タルコトヲ得ス
一　煙草賣捌人
二　煙草製造專用ノ器具機械又ハ卷紙ノ製作者、販賣者又ハ藏置者
三　荒刻煙草製造者
四　煙草ノ輸出ヲ業トスル者
五　輸出煙草製造者
六　前各號ノ一ニ該當スル者ノ同居者
第四條　左ノ各號ノ一ニ該當スル者ニハ煙草ノ耕作ヲ許可セサルコトアルヘシ
一　煙草ニ關スル法令ニ違反シタル者
二　煙草耕作ノ成績不良ナリシ者

三　不適當ト認ムル場所ニ煙草ヲ耕作セムトスル者
四　取締上不便ト認ムル場所ニ煙草ノ耕作、乾燥又ハ藏置ヲ爲サムトスル者
五　面積百坪未滿ノ土地ニ煙草ヲ耕作セムトスル者
六　其ノ他煙草耕作者タルニ不適當ト認ムル者

第五條　煙草ノ苗床若ハ耕作地ノ位置、面積、煙草ノ種類、乾燥場若ハ貯藏場ノ變更又ハ煙草耕作ノ廢止ノ許可ヲ受ケムトスル者ハ第一號樣式ニ準シタル申請書ヲ提出スヘシ此ノ場合ニ於テハ申請書ニ煙草耕作許可證ヲ添附スヘシ

第六條　相續ニ因リ煙草ノ耕作ヲ承繼シタルトキハ第三號樣式ニ依リ煙草耕作許可證ノ書換ヲ申請スヘシ
相續ニ因ルノ外煙草耕作承繼ノ許可ヲ受ケムトスル者ハ第四號樣式ノ申請書ニ煙草耕作許可證ヲ添附シ之ヲ提出スヘシ

第七條　煙草ノ耕作者其ノ耕作面積ノ減少又ハ耕作廢止ノ許可ヲ受ケタルトキハ其ノ現存スル煙草ニハ當該官吏ノ承認ヲ受ケ相當ノ處置ヲ爲スヘシ朝鮮煙草專賣令第二十七條ノ規定ニ依リ煙草耕作ノ許可ヲ取消サレタルトキ亦同シ

第八條　煙草苗ノ讓渡又ハ讓受ノ許可ヲ受ケムトスル者ハ第五號樣式ノ申請書ヲ提出スヘシ

第九條　煙草耕作者煙草耕作許可證ヲ亡失若ハ毀損シ又ハ住所氏名若ハ名稱ヲ變更シタルトキハ直ニ煙草耕作許可證ノ再交付又ハ書換ヲ受クヘシ

第十條　朝鮮煙草專賣令第二十七條ノ規定ニ依リ煙草耕作ノ許可ヲ取消サレタルトキハ煙草耕作許可證ヲ返納スヘシ

第十一條　煙草ノ栽培、乾燥調理及包裝ニ關シテハ專賣支局長ノ指示スル所ニ從フヘシ

第十二條　煙草耕作者煙草ノ移植ヲ終リタルトキハ殘存セル煙草苗ニハ直ニ相當ノ處置ヲ爲スヘシ但シ移植後三週間ヲ限リ豫備苗トシテ必要ノ本數ヲ保存スルコトヲ得

第十三條　煙草耕作者ハ耕作地一箇所毎ニ位置、面積、耕作者ノ住所氏名又ハ名稱及許可番號ヲ記載シタル標木ヲ樹ツヘシ

第十四條　煙草耕作者災害其ノ他ノ事故ニ因リ煙草ニ損害ヲ受ケタルトキハ其ノ事實ヲ具シ屆出ツヘシ

第十五條　朝鮮煙草專賣令第十條ノ規定ニ依リ葉煙草ノ收穫數量ヲ調査セムトスルトキハ專賣支局長ハ其ノ期日ヲ定メ豫メ之ヲ公示スヘシ

第十六條　朝鮮煙草專賣令第十條但書ノ事由ニ因リ葉煙草ノ採取又ハ幹根ノ拔除ニ付許可ヲ受ケムトスル者ハ事由ヲ具シ申請スヘシ

前項ノ採取葉煙草ニハ當該官吏ノ承認ヲ受ケ相當ノ處置ヲ爲スヘシ

第十七條　煙草耕作者葉煙草ノ收穫ヲ終リタルトキハ幹根ヲ拔除シ其ノ幹ニ附着スル葉煙草ハ之ヲ廢棄スヘシ
煙草耕作者種子採取ノ爲母木ヲ保存セムトスルトキハ其ノ種類、本數ヲ定メ豫メ專賣支局長ノ許可ヲ受クヘシ
前項ノ規定ニ依リ種子採取ノ爲母木ヲ保存シタル場合ニ於テ其ノ採取ヲ終リタルトキハ第一項ノ處置ヲ爲スヘシ
第十八條　乾燥調理ノ際生シタル葉屑等ニシテ收納ニ適セサルモノハ當該官吏ノ承認ヲ受ケ之ヲ廢棄スヘシ
第十九條　葉煙草納付ノ場所及期日ハ專賣支局長之ヲ定メ豫メ公示スヘシ
第二十條　煙草耕作者納付ノ爲葉煙草ヲ運送スルトキハ煙草耕作許可證ヲ携帶スヘシ
葉煙草ヲ納付スルトキハ煙草耕作許可證ヲ專賣官署ニ提出シ葉煙草ノ納付數量、賠償金額等ノ記入ヲ受クヘシ
第二十一條　煙草耕作者ノ納付セムトスル葉煙草ニシテ乾燥調理及包裝不完全ナリト認ムルトキハ耕作者ヲシテ更ニ相當ノ處理ヲ爲サシムヘシ
第二十二條　煙草耕作者賠償金ヲ請求セムトスルトキハ第二十條第二項ノ規定ニ依リ賠償金額ノ記入ヲ受ケタル煙草耕作許可證ヲ專賣官署ニ呈示スヘシ

第二十三條　煙草耕作者朝鮮煙草專賣令第十二條第二項ノ規定ニ依リ再鑑定ヲ求メムトスルトキハ賠償金ノ請求前ニ於テ第六號樣式ニ依リ其ノ不服ノ要領ヲ申立ツヘシ

第二十四條　前條ノ規定ニ依リ再鑑定ノ申立アリタルトキハ專賣支局長ハ二人以上ノ鑑定人ヲ選定シ其ノ意見ヲ徵シ之ヲ決定シ第七號樣式ノ決定書ヲ請求人ニ交付スヘシ

前項ノ鑑定人ハ少クトモ其ノ半數ハ專賣局職員以外ノ者ヨリ之ヲ選定スヘシ

第二十五條　朝鮮煙草專賣令第十四條但書ノ規定ニ依リ葉煙草ヲ運送シタルトキハ遲滯ナク其ノ事由、種類、數量及其ノ運送先ヲ屆出ツヘシ

第二十六條　第一條乃至第二十五條ノ規定ニ依ル申請、屆出其ノ他ノ手續ハ別段ノ規定アルモノヲ除クノ外耕作地ノ所在ヲ管轄スル專賣支局長ニ之ヲ爲スヘシ

第二十七條　專賣支局長ハ煙草耕作者ノ組織スル組合ニ對シ朝鮮煙草專賣令第十五條第一項ニ規定スル處分ヲ爲スコトヲ得

朝鮮煙草專賣令第十五條第二項ノ規定ニ依リ下付スヘキ金額ハ專賣支局長之ヲ定メ一回又ハ數回ニ分割シ適當ト認ムル時期ニ之ヲ下付ス

專賣支局長ハ前項交付金ノ用途ヲ指定スルコトヲ得

第二十八條　前條ノ規定ニ依リ交付金ノ下付ヲ受クル組合ニシテ朝鮮煙草專賣令第十五條第一項ノ命令又ハ

前條第三項ノ指定ニ違反シタルトキハ交付金ノ全部若ハ一部ヲ下付セス又ハ既ニ下付シタル交付金ノ全部若ハ一部ノ返還ヲ命スルコトアルヘシ

第二十九條　第四條第二號、第三號及第五號、第十一條、第十五條並第十六條ハ試驗ノ爲ニスル煙草耕作ニ付之ヲ適用セス

第三十條　自家用煙草耕作ノ許可ヲ受ケムトスル者ハ煙草ノ種類、耕作地ノ位置及面積ヲ記載シタル申請書ヲ提出スヘシ但シ耕作地ノ面積ハ三十坪ヲ超ユルコトヲ得ス

自家用煙草耕作ノ許可ヲ受ケタル者ニハ第八號樣式ノ自家用煙草耕作許可證ヲ交付スヘシ

第三十一條　左ノ各號ノ一ニ該當スル者ニハ自家用煙草耕作ヲ許可セス

一　朝鮮煙草專賣令第四條ノ規定ニ依リ指定シタル煙草耕作區域內ニ於テ煙草ヲ耕作セムトスル者

二　朝鮮煙草專賣令第六條ノ規定ニ依リ許可ヲ受ケタル煙草耕作者

三　自家用煙草耕作者ノ同居者

第三十二條　自家用煙草耕作地ノ位置、面積ヲ變更シ又ハ耕作ヲ廢止セムトスルトキハ許可申請書ヲ提出スヘシ但シ耕作廢止ノ許可申請書ニハ自家用煙草耕作許可證ヲ添附スヘシ

第三十三條　自家用煙草耕作ニ關スル申請其ノ他ノ手續ハ耕作地ノ所在ヲ管轄スル府尹、郡守又ハ島司ニ之ヲ爲スヘシ

第三十四條　削除

第三十五條　第一條、第二條、第四條、第五條、第十一條及第十四條乃至第二十六條ノ規定ハ自家用煙草耕作ニ付之ヲ適用セス

第三十六條　朝鮮煙草專賣令第二十三條ノ規定ニ依リ煙草輸入ノ許可ヲ受ケムトスル者ハ第九號樣式ノ申請書ヲ專賣局長ニ提出スヘシ

第三十七條　煙草製造專用ノ器具機械又ハ卷紙ノ製作、販賣又ハ藏置ノ許可ヲ受ケムトスル者ハ第十號樣式ノ申請書ヲ專賣局長ニ提出スヘシ

前項ノ許可ヲ受ケタル者其ノ業ヲ廢止セムトスルトキハ其ノ旨屆出ツヘシ

第三十八條　煙草製造專用ノ器具機械又ハ卷紙ノ製作者又ハ販賣者ハ帳簿ヲ備ヘ左ノ事項ヲ記載スヘシ

一　製作シタル器具機械又ハ卷紙ノ種類、數量、代金及製作年月日

二　買受ケタル器具機械又ハ卷紙ノ種類、數量、代金、買受年月日及買受先

三　賣渡シタル器具機械又ハ卷紙ノ種類、數量、代金、賣渡年月日及賣渡先

第三十九條　左ノ各號ノ一ニ該當スル者ハ五十圓以下ノ罰金又ハ科料ニ處ス

一　第七條、第九條、第十二條、第十三條、第十六條第二項、第十七條、第十八條又ハ第二十條第一項ノ規定ニ違反シタル者

二　本令ニ依ル屆出ヲ怠リ又ハ事實ヲ僞リテ屆出テタル者

三　煙草製造專用ノ器具機械若ハ卷紙ノ製作者又ハ販賣者第三十八條ノ帳簿ヲ備ヘス又ハ其ノ記載ヲ僞リ若ハ怠リタル者

第四十條　朝鮮間接國稅犯則者處分令ニ定メタル收稅官吏ニ屬スル職務ハ專賣局官吏、稅務署長ニ屬スル職務ハ專賣支局長又ハ專賣支局出張所長之ヲ行フ但シ自家用煙草耕作ニ關シテハ收稅官吏ニ屬スル職務ハ府郡島稅務官吏、稅務署長ニ屬スル職務ハ府尹、郡守、島司之ヲ行フ

第四十一條　本令中輸入又ハ輸出ニ關スル規定ハ内地、臺灣若ハ樺太ヨリ移入シ又ハ内地、臺灣若ハ樺太ニ移出スル場合ニ之ヲ準用ス

附　則

第四十二條　本令ハ朝鮮煙草專賣令施行ノ日ヨリ之ヲ施行ス

第四十三條　舊令ニ依リ免許ヲ受ケタル煙草耕作者ハ大正十年七月十五日迄ニ第一號樣式ニ掲クル事項ヲ耕作地ノ所在ヲ管轄スル專賣支局長ニ申告スヘシ

舊令ニ依リ免許ヲ受ケタル自家用煙草耕作者ハ大正十年七月三十日迄ニ煙草ノ種類、耕作地ノ位置及面積ヲ耕作地ノ所在ヲ管轄スル府尹、郡守又ハ島司ニ申告スヘシ

第四十四條　舊令ニ依リ免許ヲ受ケタル販賣者ハ朝鮮煙草專賣令施行ノ際所持ニ係ル煙草ノ種類、名稱、數

量、價格其ノ所在ヲ大正十年七月十日迄ニ店舗ノ所在ヲ管轄スル專賣支局長ニ申告スヘシ
前項ニ依リ申告シタル者ハ其ノ所持スル煙草ニ限リ同令施行後當分ノ内小賣又ハ卸賣ヲ爲スコトヲ得

附　則（大正一〇、六、總令第第一〇五號）

本令ハ大正十年朝鮮總督府令第四十九號施行ノ日ヨリ之ヲ施行ス

附　則（大正一一、五、總令第八二號）

本令ハ發布ノ日ヨリ之ヲ施行ス

（様式略）

砂糖消費稅令（大正六、三、制令第四號）改正（大正一一、三、制令第三號）

第一條　砂糖、糖蜜及糖水ニハ左ノ割合ニ依リ消費稅ヲ課ス

一　砂　糖

第　一　種　砂糖色相和蘭標本第十一號未滿ノ砂糖

甲　樽入黑糖　百斤ニ付　二　圓

乙　樽入白下糖　但シ分蜜シタルモノ、白下糖以外ノ砂糖ニ加工シテ製造シタルモノ及全部又ハ一部ノ新式機械ニ依リ製造シタルモノヲ除ク

百斤ニ付　二圓五十錢

丙　其ノ他ノモノ　百斤ニ付　三圓

第二種　砂糖色相和蘭標本第十五號未滿ノ砂糖　百斤ニ付　五圓

第三種　砂糖色相和蘭標本第十八號未滿ノ砂糖　百斤ニ付　七圓

第四種　砂糖色相和蘭標本第二十一號未滿ノ砂糖　百斤ニ付　八圓

第五種　砂糖色相和蘭標本第二十一號以上ノ砂糖　百斤ニ付　九圓

第六種　氷砂糖、角砂糖、棒砂糖其ノ他類似ノモノ　百斤ニ付　十圓

二　糖蜜

第一種　氷砂糖ヲ製造スルトキニ生スル糖蜜

甲　糖分ヲ蔗糖トシテ計算シタル重量全重量ノ百分ノ七十ヲ超エサルモノ

乙　其ノ他ノモノ　糖分ヲ蔗糖トシテ計算シタル重量百斤ニ付九圓ノ割合ヲ以テ算出シタル金額
百斤ニ付　三　圓

第二種　甜菜ヲ原料トシテ砂糖ヲ製造スルトキニ生スル糖蜜

甲　糖分ヲ蔗糖トシテ計算シタル重量全重量ノ百分ノ五十ヲ超エサルモノ
百斤ニ付　一　圓

乙　其ノ他ノモノ
百斤ニ付　一圓五十錢

第三種　其ノ他ノ糖蜜

甲　糖分ヲ蔗糖トシテ計算シタル重量全重量ノ百分ノ六十ヲ超エサルモノ
百斤ニ付　二　圓

乙　其ノ他ノモノ
百斤ニ付　三　圓

三　糖　水
百斤ニ付　八　圓

移入稅ヲ課シタル砂糖、糖蜜及糖水ノ消費稅ハ前項ノ割合ニ依リ算出シタル金額ヨリ移入稅額ヲ控除シタル金額トス

第二條　消費稅ハ製造場又ハ保稅地域ヨリ砂糖、糖蜜又ハ糖水ヲ引取ルトキ引取人之ヲ納ムヘシ

第三條　消費稅額ニ相當スル擔保ヲ提供シタルトキハ三月以內消費稅ノ徵收ヲ猶豫スルコトヲ得

前項ノ規定ニ依リ擔保ヲ提供シタル者期限內ニ稅金ヲ納付セサルトキハ擔保ヲ以テ之ニ充ツ但シ金錢以外ノ擔保ハ之ヲ公賣ニ付シ其ノ費用及消費稅ニ充テ不足アルトキハ之ヲ追徵シ殘金アルトキハ之ヲ還付ス

擔保ノ種類ハ朝鮮總督之ヲ定ム

第四條　砂糖、糖蜜又ハ糖水ハ朝鮮總督ノ定ムル所ニ依リ消費稅ヲ納付セスシテ製造場又ハ保稅地域ヨリ藏置場ニ搬出スルコトヲ得

前項ノ場合ニ於テ消費稅ノ納付ニ付テハ藏置場ヲ以テ製造場又ハ保稅地域ト看做ス

第五條　第三條第一項又ハ前條第一項ニ該當スル場合ヲ除クノ外消費稅納付前ニ於テハ製造場又ハ保稅地域ヨリ砂糖、糖蜜又ハ糖水ヲ引取ルコトヲ得ス

第六條　輸出又ハ移出ノ砂糖、糖蜜又ハ糖水ニハ朝鮮總督ノ定ムル所ニ依リ消費稅ヲ免除ス

砂糖、糖水其ノ他朝鮮總督ノ指定スル物品ノ製造ノ用ニ供スル砂糖、糖蜜又ハ糖水ニ付亦前項ニ同シ

前二項ノ砂糖、糖蜜又ハ糖水ヲ製造場、保稅地域又ハ藏置場ヨリ引取リタル後六月內ニ輸出若ハ移出ヲ爲サス又ハ砂糖、糖水其ノ他朝鮮總督ノ指定スル物品ノ製造ノ用ニ供セサルトキハ直ニ其ノ消費稅ヲ徵收ス但シ天災其ノ他已ムコトヲ得サル事由ニ因リ亡失シタルモノニシテ稅務官吏ノ承認ヲ受ケタルモノハ此ノ限ニ在ラス

第一項及第二項ノ砂糖、糖蜜又ハ糖水ニ付必要アリト認ムルトキハ消費稅ニ相當スル擔保ヲ提供セシムル

コトヲ得

第三條第二項及第三項ノ規定ハ前項ノ擔保ニ之ヲ準用ス

第七條　朝鮮總督ノ定ムル所ニ依リ飲食スヘカラサル處置ヲ施シタル糖蜜ニハ消費稅ヲ免除ス

第八條　砂糖、糖蜜又ハ糖水ヲ製造セムトスル者ハ製造場一箇所每ニ免許ヲ受クヘシ

前項ノ免許ヲ受ケタル者其ノ製造ヲ廢止セムトスルトキハ免許ノ取消ヲ求ムヘシ

砂糖、糖蜜又ハ糖水ノ製造業ハ朝鮮總督ノ定ムル所ニ依リ相續人ニ於テ之ヲ承繼スルコトヲ得

第九條　砂糖、糖蜜又ハ糖水ヲ製造スル者ハ同一ノ場所ニ於テ砂糖、糖蜜若ハ糖水ノ販賣業又ハ第六條第二項ノ規定ニ依リ指定スル物品ノ製造業ヲ兼營スルコトヲ得ス但シ朝鮮總督ノ定ムル所ニ依リ製造及販賣ノ場所ヲ區劃シタル場合ハ此ノ限ニ在ラス

第十條　左ノ各號ノ一ニ該當スル場合ニ於テハ砂糖ヲ製造シタルモノト看做ス

一　砂糖ニ加工ヲ爲シテ其ノ種別ヲ上昇シタルトキ

二　砂糖、糖蜜又ハ糖水ニ砂糖、糖蜜又ハ糖水以外ノ物品ヲ混和シ其ノ種別ヲ上昇シ又ハ其ノ數量ヲ增加シタルトキ但シ其ノ種別ヲ下降シタルトキ又ハ水ノミヲ混和シタルトキハ此ノ限ニ在ラス

三　砂糖、糖蜜又ハ糖水ノ製造場ニ於テ砂糖、糖蜜又ハ糖水ニ砂糖、糖蜜又ハ糖水ヲ混和シタルトキ但シ糖蜜又ハ糖水ニ同種ノ糖蜜又ハ糖水ヲ混和シタルトキハ此ノ限ニ在ラス

第十一條　消費税ヲ課セラレタル砂糖ヲ以テ製造スル糖水ニ付テハ本令ヲ適用セス
第十二條　砂糖、糖蜜若ハ糖水ヲ製造スル者又ハ第六條第二項ノ規定ニ依リ指定スル物品ヲ製造スル者ハ帳簿ヲ備ヘ砂糖、糖蜜又ハ糖水ノ製造、出入ニ關スル事項ヲ詳細明瞭ニ記載スヘシ
第十三條　税務官吏ハ砂糖、糖蜜若ハ糖水ヲ製造スル者、之ヲ販賣スル者又ハ第六條第二項ノ規定ニ依リ指定スル物品ヲ製造スル者ノ製造場、店舗其ノ他必要ト認ムル場所ニ立入リ材料、製品、器具、機械、建築物、帳簿、書類其ノ他ノ物件ヲ檢査スルコトヲ得
税務官吏ハ取締上必要アリト認ムルトキハ前項ノ物件ニ封印シ其ノ他相當ノ措置ヲ爲スコトヲ得
第十四條　税務官吏ハ運搬中ニ在ル砂糖、糖蜜又ハ糖水ヲ檢査シ其ノ他出所及到着先ヲ尋問スルコトヲ得
前項ノ場合ニ於テ監督上必要アリト認ムルトキハ税務官吏ハ其ノ運搬ヲ停止シ又ハ荷物若ハ船車ニ封印シ其ノ他相當ノ措置ヲ爲スコトヲ得
第十五條　免許ヲ受ケスシテ砂糖、糖蜜又ハ糖水ヲ製造シタル者ハ五百圓以下ノ罰金ニ處シ其ノ逋脱シタル消費税ハ直ニ之ヲ徴收ス
前項ノ場合ニ於テ無免許製造者ノ所有シ又ハ所持スル砂糖、糖蜜又ハ糖水ハ之ヲ沒收ス其ノ之ヲ讓渡シ又ハ消費シタルモノニ付テハ其ノ價格ニ相當スル金額ヲ追徴ス
第十六條　左ノ各號ノ一ニ該當スル者ハ消費税五倍ニ相當スル罰金ニ處シ直ニ其ノ消費税ヲ徴收ス但シ罰金

額カ二十圓ニ滿タサルトキハ其ノ罰金ハ二十圓トス

一　第五條ノ規定ニ違反シタルトキ

二　前號ニ該當スル場合ヲ除クノ外詐欺其ノ他不正ノ行爲ヲ以テ消費稅ヲ逋脫シ又ハ逋脫セムトシタルトキ

第十七條　左ノ各號ノ一ニ該當スル者ハ五十圓以下ノ罰金又ハ科料ニ處ス

一　第九條ノ規定ニ違反シタルトキ

二　砂糖、糖蜜若ハ糖水ヲ製造スル者又ハ第六條第二項ノ規定ニ依リ指定スル物品ヲ製造スル者第十二條ノ帳簿ヲ備ヘス又ハ其ノ記載ヲ僞リ若ハ怠リタルトキ

三　稅務官吏ノ尋問ニ對シ答辨ヲ爲サス若ハ虛僞ノ陳述ヲ爲シ又ハ其ノ職務ノ執行ヲ拒ミ、之ヲ妨ケ若ハ忌避シタルトキ

第十八條　砂糖、糖蜜又ハ糖水ヲ製造スル者本令又ハ本令ニ基キテ發スル命令ニ違反シタルトキハ免許ヲ取消スコトヲ得

前項ノ規定ニ依リ免許ヲ取消サレタル者又ハ其ノ相續人ニ對シ必要アリト認ムルトキハ一定ノ期間內製造其ノ他必要ナル行爲ヲ繼續セシムルコトヲ得此ノ場合ニ於テハ本令ヲ適用ス

前項ノ規定ハ砂糖、糖蜜又ハ糖水ヲ製造スル者ノ相續人其ノ製造業ヲ承繼セサル場合ニ之ヲ準用ス

附則

本令ハ大正八年四月一日ヨリ之ヲ施行ス

本令施行ノ際砂糖、糖蜜又ハ糖水ノ販賣者カ所有又ハ所持スル砂糖、糖蜜又ハ糖水ニ付テハ第一條ノ割合ニ依リ砂糖、糖蜜又ハ糖水ノ販賣者ニ消費稅ヲ課ス

前項ノ砂糖、糖蜜又ハ糖水ヲ所有又ハ所持スル者ハ其ノ種別、數量及所在ヲ申告スヘシ

第二項ノ消費稅ハ大正八年六月三十日迄ニ之ヲ納ムヘシ但シ消費稅額ニ相當スル擔保ヲ提供シタルトキハ三月以內消費稅ノ徵收ヲ猶豫スルコトヲ得

第三條第二項及第三項ノ規定ハ前項ノ擔保ニ付之ヲ準用ス

詐欺其ノ他不正ノ行爲ヲ以テ第二項ノ消費稅ヲ逋脫シ又ハ逋脫セムトシタル者ハ其ノ消費稅五倍ニ相當スル罰金ニ處シ直ニ其ノ消費稅ヲ徵收ス但シ罰金額カ二十圓ニ滿タサルトキハ其ノ罰金ハ二十圓トス

附則（大正一一、三、制令第三號）

本令ハ大正十一年四月一日ヨリ之ヲ施行ス

砂糖消費稅令施行規則（大正八、三、總令第三五號）改正（大正九、一二、總令第一九〇號）（大正一〇、二、總令第四號）（大正一一、五、總令第七九號）

第一條　砂糖、糖蜜又ハ糖水ヲ製造セムトスル者ハ製造場ノ位置及製造スヘキモノ、種類ヲ記載シタル免

許申請書ヲ製造場ノ所在ヲ管轄スル府尹郡守島司ニ提出スヘシ

第二條　製造場ハ敷地ノ連續スルト否トヲ問ハス總テ一製造場ト認ムヘキモノヲ謂フ

第三條　砂糖、糖蜜又ハ糖水製造ノ免許ヲ受ケタル者ハ其ノ製造場毎ニ土地建物ノ詳細ナル圖面及製造用器具、機械ノ目錄ヲ調製シ事業著手前ニ府尹郡守島司ニ提出スヘシ但シ製造スヘキモノ、種類變更ノ場合ニ於テ製造場又ハ器具、機械ニ變更ナキトキハ其ノ變更ナキモノニ付テハ此ノ限ニ在ラス

前項ノ器具、機械ヲ修理シ又ハ前項ノ圖面、目錄ニ異動ヲ生シタルトキハ其ノ都度申告スヘシ

第四條　破糖、糖蜜又ハ糖水ヲ製造スル者ハ毎年十二月二十八日限翌年ニ於ケル製造著手及終了時期、製造スヘキモノ、種類別見込數量、製品ノ記號ヲ府尹郡守島司ニ申告スヘシ

新ニ免許ヲ受ケタル者ハ事業著手前ニ前項ノ申告ヲ爲スヘシ

前二項ノ規定ニ依リ申告シタル事項ヲ變更セムトスルトキハ其ノ都度申告スヘシ

第五條　砂糖、糖蜜又ハ糖水ヲ製造スル者其ノ住所、氏名又ハ名稱ニ異動ヲ生シタルトキハ其ノ都度府尹郡守島司ニ申告スヘシ

第六條　砂糖、糖蜜又ハ糖水ヲ製造スル者製造場ヲ移轉セムトスルトキハ府尹郡守島司ノ許可ヲ受クヘシ

但シ他ノ府郡島ニ移轉セムトスル場合ニ於テハ移轉先ノ府尹郡守島司ノ許可ヲ受クヘシ

第三條ノ規定ハ前項但書ノ場合ニ之ヲ準用ス

第七條　砂糖消費稅令第八條第三項ノ規定ニ依リ砂糖、糖蜜又ハ糖水ノ製造業ヲ承繼セムトスル者ハ戶籍又ハ民籍ノ事務ヲ取扱フ官吏又ハ公吏ニ相續ノ屆出又ハ申告ヲ爲シタル日ヨリ三十日內ニ府尹郡守島司ニ申告スヘシ

前項ノ申告ニハ相續開始ノ事實ヲ證スル書面ヲ添附スヘシ同順位ノ相續人數人アル場合ニ於テ其ノ中ノ一人又ハ數人カ業務ヲ承繼セムトスルトキハ他ノ相續人ノ承諾書ヲ添附スヘシ

第一項ノ申告アリタル場合ニ於テハ相續開始ノ日ニ於テ業務ヲ承繼シタルモノト看做ス

第八條　砂糖消費稅令第四條ノ規定ニ依リ砂糖、糖蜜又ハ糖水ヲ搬出セムトスルトキハ砂糖、糖蜜又ハ糖水ノ所在、種別、數量、搬出ノ日、藏置場ノ位置並設置者ノ住所、氏名又ハ名稱、運搬通路及藏置場到達豫定日ヲ記載シタル申請書ヲ府尹郡守島司又ハ稅關長稅關支署長及稅關出張所長ヲ含ム以下同シニ提出シ其ノ承認ヲ受クヘシ

第九條　砂糖消費稅令第四條ニ規定スル藏置場ヲ設置セムトスル者ハ藏置場一箇所每ニ許可ヲ受クヘシ

前項ノ許可ヲ受ケムトスルトキハ藏置場ノ位置、構造及坪數ヲ記載シタル申請書ニ土地建物ノ詳細ナル圖面ヲ添附シ藏置場ノ所在ヲ管轄スル府尹郡守島司ニ提出スヘシ

藏置場ノ位置、構造又ハ坪數ヲ變更セムトセルトキハ許可ヲ受クヘシ但シ藏置場ヲ他ノ府郡島ニ移轉セムトスル場合ニ於テハ移轉先ノ府尹郡守島司ノ許可ヲ受クヘシ

第二項ノ規定ハ前項ノ場合ニ之ヲ準用ス

藏置場設置者ノ住所、氏名又ハ名稱ニ異動ヲ生シタルトキハ其ノ都度府尹郡守島司ニ申告スヘシ
藏置場ノ使用ヲ廢止シタルトキハ其ノ旨府尹郡守島司ニ申告スヘシ
第十條　藏置場ニ藏スヘキ貨物ノ種類數量及藏置ノ方法ニ付テハ稅務官吏ノ指揮ニ從フヘシ
第十一條　府尹郡守島司ニ於テ必要アリト認ムルトキハ藏置場ニ於ケル藏置期間ヲ指定スルコトヲ得
第十二條　朝鮮內ニ於テ製造シタル砂糖、糖蜜又ハ糖水ヲ朝鮮外ニ輸移出スル爲消費稅ノ免除ヲ受ケ製造場又ハ藏置場ヨリ之ヲ引取ラムトスルトキハ砂糖、糖蜜又ハ糖水ノ所在、種別、數量、引取ノ日、輸移出地、輸移出豫定日及輸移出先ヲ記載シタル申請書ヲ府尹郡守島司ニ提出シ其ノ承認ヲ受クヘシ
消費稅ノ免除ヲ受ケタル砂糖、糖蜜又ハ糖水ヲ輸移出シタル者ハ砂糖、糖蜜又ハ糖水ヲ製造場又ハ藏置場ヨリ引取リタル後八月內ニ輸移出免狀及輸出先ニ於ケル稅關ノ輸入免狀又ハ之ニ代ハルヘキ書類ヲ前項ノ規定ニ依リ引取ヲ承認シタル府尹郡守島司ニ提出スヘシ
前項ノ期限內ニ前項ノ書類ヲ提出セサルトキハ輸移出セサルモノト看做ス
第十三條　砂糖消費稅令第六條第二項ノ物品ハ酒精、煉乳及輸移出菓子又ハ糖果トス但シ煉乳及輸移出菓子又ハ糖果ハ砂糖色相和蘭標本第十五號以上ノ砂糖又ハ糖水ヲ其ノ製造ノ用ニ供スルモノニ限ル
第十四條　砂糖消費稅令第六條第二項ノ規定ニ依リ消費稅ノ免除ヲ受ケ砂糖、糖蜜又ハ糖水ヲ製造場、保稅地域又ハ藏置場ヨリ引取ラムトスルトキハ砂糖、糖蜜又ハ糖水ノ所在、種別、數量、引取ノ日及使用ノ目

的、場所並日時ヲ記載シタル申請書ヲ府尹郡守島司又ハ稅關長ニ提出シ其ノ承認ヲ受クヘシ
第十五條　砂糖又ハ糖水ヲ輸移出菓子又ハ糖果製造ノ用ニ供スル爲消費稅ノ免除ヲ受ケタル者ハ製造場、保稅地域又ハ藏置場ヨリ引取リタル後八月內ニ輸移出免狀及輸出先ニ於ケル稅關ノ輸入免狀又ハ之ニ代ハルヘキ書類ヲ第十四條ノ規定ニ依リ引取ヲ承認シタル府尹郡守島司又ハ稅關長ニ提出スヘシ
前項ノ期限內ニ前項ノ書類ヲ提出セサルトキハ輸移出菓子又ハ糖果ノ製造ノ用ニ供セサルモノト看做ス
第十六條　府尹郡守島司又ハ稅關長ニ於テ必要アリト認ムルトキハ第十四條ノ引取ニ付每回ノ引取數量ノ最少限度ヲ定ムルコトヲ得
第十七條　砂糖消費稅令第七條ノ規定ニ依リ消費稅ノ免除ヲ受ケ糖蜜ヲ製造場、保稅地域又ハ藏置場ヨリ引取ラムトスルトキハ糖蜜ノ所在、種別、數量、使用ノ目的、引取ノ日及飲食スヘカラサル處置ノ方法ヲ記載シタル申請書ヲ府尹郡守島司又ハ稅關長ニ提出シ其ノ承認ヲ受クヘシ
前項ノ承認ハ每回千斤以上ヲ引取ル場合ニ限リ之ヲ與フルモノトス
第十八條　消費稅ヲ課セラレタル砂糖ヲ以テ糖水ヲ製造セムトスル者ハ豫メ糖水ノ製造方法ヲ定メ製造場ノ所在ヲ管轄スル府尹郡守島司ニ申告スヘシ
第十九條　第八條、第十二條、第十四條及第十七條ノ場合ヲ除クノ外製造場、保稅地域又ハ藏置場ヨリ砂糖、糖蜜又ハ糖水ヲ引取ラムトスル者ハ砂糖、糖蜜又ハ糖水ノ所在、種別、數量及引取ノ日ヲ府尹郡守島司又

ハ稅關長ニ申告シ其ノ承認ヲ受クヘシ

第二十條　日本銀行ノ代理店若ハ國庫金ヲ取扱フ遞信官署所在地外又ハ日本銀行ノ代理店若ハ遞信官署取扱時間外ニ於テハ稅務官吏ハ砂糖消費稅ニ付口頭ヲ以テ納稅告知ヲ爲シ收入官吏ニ納付セシムルコトヲ得旅客ノ携帶ニ係ル砂糖、糖蜜又ハ糖水ノ消費稅ヲ徵收スル場合亦同シ

第二十一條　擔保ノ種類ハ左ニ揭クルモノニ限ル

一　金　錢

二　國　債

三　工場財團

擔保物ノ擔保價格ハ特別ノ規定アルモノヲ除クノ外府尹郡守島司又ハ稅關長ノ指定スル所ニ依ル

擔保トシテ金錢又ハ無記名國債證劵ヲ提供スルトキハ之ヲ供託シ其ノ供託受領證ヲ府尹、郡守、島司又ハ稅關長ニ提出スヘシ

擔保トシテ登錄國債ヲ提供スルトキハ擔保ノ登錄ヲ受ケ其ノ登錄濟通知書ヲ府尹、郡守、島司又ハ稅關長ニ提出スヘシ乙種國債登錄簿ニ登錄シタルモノニ在リテハ尙記名國債證劵ヲ供託シ其ノ供託受領證ヲ提出スヘシ

擔保トシテ工場財團ヲ提供シタル者アルトキハ府尹、郡守、島司又ハ稅關長ハ抵當權ノ登記ヲ登記所ニ囑託スヘシ

第二十二條　砂糖消費稅令第三條第一項ノ規定ニ依リ提供シタル擔保物ヲ變更スル必要アリト認メタルトキ又ハ其ノ價格減少シタルトキハ府尹郡守島司又ハ稅關長ハ更ニ相當ノ擔保物ノ提供ヲ命スルコトヲ得
前項ニ依リ擔保物ノ提供ヲ命セラレタル者之ヲ提供セサルトキハ府尹郡守島司又ハ稅關長ハ直ニ消費稅ヲ徵收スヘシ

第二十三條　砂糖、糖蜜又ハ糖水引取人ハ擔保物ノ變更ヲ府尹郡守島司又ハ稅關長ニ申請スルコトヲ得

第二十四條　常時砂糖、糖蜜又ハ糖水ノ引取ヲ爲ス者ハ府尹郡守島司又ハ稅關長ノ承認ヲ受ケ豫メ擔保物ヲ提供スルコトヲ得

第二十五條　第八條又ハ第十四條ノ規定ニ依リ搬出又ハ引取ヲ承認スル場合ニ於テ府尹郡守島司又ハ稅關長ニ於テ必要アリト認ムルトキハ其ノ砂糖、糖蜜又ハ糖水ノ見本ヲ提出セシムルコトヲ得

第二十六條　砂糖、糖水、酒精、煉乳又ハ輸移出菓子若ハ糖果製造ノ用ニ供スル爲引取リタル砂糖、糖蜜又ハ糖水ハ他ノ砂糖、糖蜜又ハ糖水ト區別シテ之ヲ保管スヘシ

第二十七條　第十四條ノ規定ニ依リ府尹郡守島司又ハ稅關長ノ承認ヲ受ケ引取リタル砂糖、糖蜜又ハ糖水ヲ使用セムトスルトキハ引取人ハ稅務官吏ニ申告シ其ノ檢査ヲ受クヘシ

第二十八條　前條ノ砂糖、糖蜜又ハ糖水ヲ原料トシテ砂糖、糖水、酒精、煉乳又ハ輸移出菓子若ハ糖果ノ製造ヲ終リタルトキハ引取人ハ直ニ其ノ使用シタル砂糖、糖蜜又ハ糖水ノ引取ノ日、種別、數量及製造シタ

ル物品ノ種類、種別、數量ヲ税務官吏ニ申告シ其ノ檢査ヲ受クヘシ

前項ノ場合ニ於テ製造場ノ所在カ引取ヲ承認シタル府尹郡守島司ノ管轄外ナルトキ又ハ原料トシテ使用シタル砂糖、糖蜜又ハ糖水カ保税地域ヨリ引取リタルモノナルトキハ引取人ハ前項ノ税務官吏ヨリ使用ノ事實ヲ證スヘキ書類ノ交付ヲ受ケ引取ヲ承認シタル府尹郡守島司又ハ税關長ニ之ヲ提出スヘシ

第二十九條　第八條、第十二條又ハ第十四條ノ規定ニ依リ承認ヲ受ケ搬出又ハ引取リタル砂糖、糖蜜又ハ糖水カ天災其ノ他已ムコトヲ得サル事由ニ因リ亡失シタルトキハ搬出人又ハ引取人ハ直ニ其ノ事實ヲ税務官吏ニ申告シ其ノ承認ヲ受クヘシ

前項ノ場合ニ於テ亡失シタル場所ノ所在カ搬出又ハ引取ヲ承認シタル府尹郡守島司ノ管轄外ナルトキ、保税地域ナルトキ又ハ亡失シタル砂糖、糖蜜若ハ糖水カ保税地域ヨリ搬出若ハ引取リタルモノナルトキハ搬出人又ハ引取人ハ前項ノ税務官吏ヨリ亡失ノ事實ヲ證スヘキ書類ノ交付ヲ受ケ搬出又ハ引取ヲ承認シタル府尹郡守島司又ハ税關長ニ之ヲ提出スヘシ

第三十條　砂糖、糖蜜又ハ糖水ヲ製造スル者砂糖消費税令第九條但書ノ規定ニ依リ砂糖、糖蜜若ハ糖水ノ販賣業又ハ砂糖、糖蜜若ハ糖水ヲ原料トスル酒精、煉乳又ハ輸移出菓子若ハ糖果ノ製造業ヲ兼營セムトスルトキハ府尹郡守島司ニ申請シ其ノ許可ヲ受クヘシ

第三十一條　砂糖、糖蜜若ハ糖水ヲ製造スル者又ハ砂糖、糖蜜若ハ糖水ヲ原料トシテ酒精、煉乳又ハ輸移出

菓子若ハ糖果ヲ製造スル者ハ左ノ事項ヲ帳簿ニ記載スヘシ

一 原料ノ種類、種別、數量、他ヨリ引取リタルモノニ在リテハ引取ノ日及其ノ引渡人ノ住所、氏名又ハ名稱

二 使用シタル原料ノ種類、種別、數量及使用ノ日

三 製造シタル砂糖、糖蜜若ハ糖水又ハ砂糖、糖蜜若ハ糖水ヲ原料トシテ製造シタル物品ノ種類、種別、記號、數量及製造ノ日

四 他ニ引渡シタル砂糖、糖蜜若ハ糖水又ハ砂糖、糖蜜若ハ糖水ヲ原料トシテ製造シタル物品ノ種類、種別、記號、數量、價格、引渡ノ日及其ノ引取人ノ住所、氏名又ハ名稱

第三十二條 砂糖、糖蜜又ハ糖水ノ製造出入ノ事項ニ關シ税務官吏カ必要ト認メテ承認ヲ受クヘキコトヲ命シタルトキハ砂糖、糖蜜若ハ糖水ヲ製造スル者又ハ砂糖、糖蜜若ハ糖水ヲ原料トシテ砂糖、糖水、酒精、煉乳又ハ輸移出菓子若ハ糖果ヲ製造スル者ハ其ノ承認ヲ受クヘシ

第三十三條 税務官吏ハ砂糖、糖蜜若ハ糖水ヲ製造スル者、之ヲ販賣スル者又ハ砂糖、糖蜜若ハ糖水ヲ原料トシテ砂糖、糖水、酒精、煉乳又ハ輸移出菓子若ハ糖果ヲ製造スル者ノ營業ニ關シ職務上知得シタル事項ヲ他ニ漏洩スルコトヲ得ス

第三十四條 砂糖、糖蜜又ハ糖水ヲ製造スル者許可ヲ受ケスシテ製造場ヲ移轉シタルトキハ二百圓以下ノ罰

金ニ處ス

第三十五條　左ノ各號ノ一ニ該當スル者ハ五十圓以下ノ罰金又ハ科料ニ處ス

一　第三條第二項乃至第五條、第九條第五項第六項又ハ第十八條ニ規定シタル申告ヲ怠リ又ハ不實ノ申告ヲ爲シタルトキ

二　第三條第一項、第二十六條、第二十八條第二項又ハ第二十九條第二項ノ規定ニ違反シタルトキ

三　第九條第三項、第二十七條又ハ第二十八條第一項ノ規定ニ依リ許可若ハ檢査ヲ受クヘキ場合ニ之ヲ受ケサリシトキ又ハ事實ヲ詐リ許可若ハ檢査ヲ受ケタルトキ

附　則

本令ハ砂糖消費稅令施行ノ日ヨリ之ヲ施行ス

砂糖消費稅令附則第三項ノ規定ニ依ル申告ハ大正八年四月五日迄ニ砂糖、糖蜜又ハ糖水ノ所在ヲ管轄スル府尹郡守島司ニ之ヲ爲スヘシ

附　則（大正九、一二、總令第一九〇號）

本令ハ發布ノ日ヨリ之ヲ施行ス

附　則（大正一〇、一、總令第四號）

本令ハ大正十年四月一日ヨリ之ヲ施行ス

本令施行ノ際現ニ擔保トシテ國債以外ノ有價證券ヲ提供スル者ハ本令施行ノ日ヨリ五年ヲ限リ引續キ其ノ有價證券ヲ以テ擔保ト爲スコトヲ得

附　則（大正一一、五、總令第七九號）

本令ハ發布ノ日ヨリ之ヲ施行ス

印紙稅令（大正八、三、制令第六號）

第一條　證書、帳簿ヲ作成スル者ハ本令ニ依リ印紙稅ヲ納ムヘシ

印紙稅ニ關シテハ印紙稅法ニ依ル

第二條　印紙稅法第三條乃至第五條ノ證書、帳簿ト類似ノ效用ヲ有スルモノニ付テハ其ノ名稱ニ拘ラス同條ノ規定ニ依ル

附　則

本令ハ大正八年四月一日ヨリ之ヲ施行ス

本令施行前作成シタル帳簿ヲ引續キ使用スルトキハ新ニ帳簿ヲ作成シタルモノト看做ス

印紙稅法（明治三二、三、法律第五四號）改正（三四年第一六號、四〇年第二七號、四二年第四二號、四三年第一四號、四四年第四一號、）

第一條　財產權ノ創設、移轉、變更若ハ消滅ヲ證明スヘキ證書、帳簿及財產權ニ關スル追認若ハ承認ヲ證明スヘキ證書ヲ作成スル者ハ此ノ法律ニ依リ印紙稅ヲ納ムヘシ

第二條　證書ニ關シテハ一通每ニ其記載金高五圓以上ノモノニ限リ記載金高壹萬分ノ五ノ割合ヲ以テ印紙稅ヲ納ムヘシ但シ印紙稅額五十圓トナルトキハ五十圓ニ止メ一錢未滿トナリ又ハ一錢未滿ノ端數ヲ生スルトキハ一錢ニ切上クルモノトス

金高記載ナキモ證書面ニ標記シアル價額ノ單位又ハ其ノ他ノ記載事項ニ依リ其ノ金高ヲ算出スルコトヲ得ルモノハ其ノ總金額ヲ以テ記載金高ト見做ス

第三條　約束手形ニ關シテハ一通每ニ其ノ記載金高ニ應シ左ノ印紙稅ヲ納ムヘシ

金高二百圓以下ノモノ	印紙稅	三錢
金高千圓以下ノモノ	印紙稅	五錢
金高五千圓以下ノモノ	印紙稅	十錢
金高一萬圓以下ノモノ	印紙稅	二十錢
金高二萬圓以下ノモノ	印紙稅	五十錢
金高三萬圓以下ノモノ	印紙稅	一圓
金高五萬圓以下ノモノ	印紙稅	二圓

金高十萬圓以下ノモノ　印紙稅　四圓

金高十萬圓ヲ超ユルモノ　印紙稅　七圓

第四條　左ニ掲クル證書、帳簿ニ關シテハ證書ハ一通毎ニ帳簿ハ一冊一年以内ノ附込ニ對シ下ニ定ムル所ノ印紙稅ヲ納ムヘシ

一委任狀　印紙稅　二錢

一爲替手形　印紙稅　三錢

一銀行預金證書　印紙稅　三錢

一船荷證券　印紙稅　三錢

一運送貨物引換證　印紙稅　三錢

一倉荷預證券　印紙稅　三錢

一倉荷質入證券　印紙稅　三錢

一保險證券　印紙稅　三錢

一株券　印紙稅　三錢

一債券　印紙稅　三錢

一株式申込證　印紙稅　三錢

一地上權、永小作權、地役權ニ關スル證書	印紙税	三錢
一使用貸借、賃貸借、雇傭、寄託、定期金ニ關スル契約證書	印紙税	三錢
一定款及組合契約書	印紙税	三錢
一權利ノ變更ニ關スル證書	印紙税	三錢
一追認承認ニ關スル證書	印紙税	三錢
一物品切手	印紙税	三錢
一賣買仕切書	印紙税	三錢
一送狀	印紙税	三錢
一受取書	印紙税	三錢
一金高記載ナキ證書	印紙税	三錢
一擔保品差入證書、擔保品預證書	印紙税	三錢
一通帳	印紙税	三錢
一判取帳	印紙税	二十五錢

第五條　左ニ揭クル證書、帳簿ニ關シテハ印紙税ヲ納ムルコトヲ要セス

一官廳又ハ公署ヨリ發スル證書、帳簿
一官廳又ハ公署ニ職ヲ奉スル者ノ職務上發スル證書、帳簿
一國庫金ノ取扱ニ關シ發スル證書
一慈善又ハ公共事業ノ爲ニスル金員物件ノ寄附ニ關シ人民ヨリ官廳若ハ公署ニ提出スル證書
一俸給、給料、歳費、手當金、賞與金、年金、恩給金、扶助料、旅費及救恤金ノ受取書
一小　切　手
一金高五圓未滿ノ爲替手形、約束手形
一金高一圓未滿ノ物品切手
一金高五圓未滿若ハ金高記載ナキ又ハ運送契約ニ依ラサル送狀
一金高五圓未滿若ハ金高記載ナキ又ハ營業ニ關セサル受取書
一金高五圓未滿若ハ金高記載ナキ又ハ非營業者ニ發スル賣買仕切書
一主タル債務ノ證書ニ併記シタル擔保契約
一證劵ノ裏書及手形ノ裏面ニ記載シタル受取書
一株劵、債劵ノ讓渡ヲ證明スヘキ裏面記載
一手形ノ引受、保證

一手形及證劵ノ拒絕證書
一手形及證劵ノ複本、謄本

第六條　印紙稅ハ證書、帳簿ニ印紙ヲ貼用シテ納ムルモノトス但シ印紙稅額ニ相當スル現金ヲ政府ニ納付シテ稅印ノ押捺ヲ受ケ印紙貼用ニ代フルコトヲ得

第七條　一冊ノ帳簿ヲ一年以上使用スルトキハ別帳簿ヲ調製シタルモノト看做ス

第八條　證書ニ外國貨幣ヲ以テ員數ヲ記載スルトキハ內國貨幣ニ換算シタル金高ニ相當スル印紙ヲ貼用スヘシ

第九條　印紙ヲ貼用スルトキハ證書又ハ帳簿ノ紙面ト印紙ノ彩紋トニカケテ證書又ハ帳簿作成者ノ印章又ハ署名ヲ以テ判明ニ之ヲ消スヘシ

第十條　印紙ヲ貼用スヘキ帳簿、賣買仕切書、送狀ハ當該官吏之ヲ檢査スルコトアルヘシ

第十一條　證書、帳簿ニ相當印紙ヲ貼用セス又ハ第六條但書ニ依リ稅印ノ押捺ヲ受ケサル者ハ脫稅高二十倍ノ科料又ハ罰金ニ處ス

第十二條　第十條ノ檢査ヲ拒ミタル者ハ二圓以上ノ科料ニ處ス

第十三條　第九條ニ違背シタル者ハ一圓九十五錢以下ノ科料ニ處ス

第十四條　此ノ法律ヲ犯シタル者ニハ刑法ノ不論罪、減輕、再犯加重、數罪俱發ノ例ヲ用キス

附則

第十五條　此ノ法律ハ明治三十二年四月一日ヨリ施行ス

第十六條　明治十七年第十一號布告證券印稅規則ハ此ノ法律施行ノ日ヨリ廢止ス

第十七條　明治十七年第十七號布告證券印稅規則ニ依ル手形用紙ニシテ此ノ法律施行ノ際自用者ノ所持ニ係ルモノハ此ノ法律施行後ニ於テモ仍之ヲ使用スルコトヲ得

但シ手形用紙記載ノ稅金高以上ニ之ヲ使用セムトスルトキハ其ノ不足額ハ印紙ヲ貼用シテ之ヲ補足スヘシ

印紙稅令ニ依ル稅印押捺申請方ノ件 （大正八、三、總令第三六號）

印紙稅法第六條但書ノ規定ニ依リ稅印ノ押捺ヲ受ケムトスル者ハ口頭又ハ書面ヲ以テ便宜ノ府郡島ニ其ノ旨ヲ申告シ印紙稅額ニ相當スル現金ヲ納付シ其ノ領收證ヲ添ヘ押印ヲ受クヘキ用紙ノ種類、數量及印紙稅額ヲ記載シタル申請書ヲ朝鮮總督ノ指定スル府郡島ニ提出スヘシ

證書用紙ニ關スル前項ノ申請書ニハ其ノ記載金高ヲ記載スヘシ

稅印押捺申請者其ノ申請ニ係ル用紙ヲ郵便ニ依リ返送ヲ受ケムトスルトキハ返送ニ要スル郵便料金ニ相當スル郵便切手ヲ添ヘ其ノ旨申出ツヘシ

稅印押捺濟ノ用紙ニシテ證書又ハ帳簿調製完了前損傷又ハ汚染シタルモノアルトキハ一口十枚以上ニ限リ代

用紙ヲ提出シ更ニ稅印ノ押捺ヲ請求スルコトヲ得但シ損傷又ハ汚染用紙ノ稅印ハ其ノ抹消ヲ受クヘシ

附　則

本令ハ印紙稅令施行ノ日ヨリ之ヲ施行ス

朝鮮登錄稅令

(明治四五、三、制令第一六號)改正(大正三、五、制令第一八號)(大正三、五、制令第一九號)(大正四、九、制令第六號)(大正五、三、制令第一號)(大正七、三、制令第四號)(大正八、四、制令第九號)

第一條　不動產ニ關スル登記又ハ證明ヲ受クルトキハ左ノ區別ニ從ヒ登錄稅ヲ納ムヘシ

一　相續ニ因ル所有權ノ取得　不動產價格　千分ノ七

二　贈與、遺與其ノ他無償名義ニ因ル所有權ノ取得　不動產價格　千分ノ五十

但シ神社、寺院、祠宇、佛堂又ハ民法第三十四條ノ規定ニ依リ設立シタル社團若ハ財團法人カ無償名義ニ因リ所有權ヲ取得シタルトキハ不動產價格ノ千分ノ三十

三　賣買其ノ他有償名義ニ因ル所有權ノ取得　不動產價格　千分ノ三十五

四　所有權ノ保存　不動產價格　千分ノ五

五　共有物ノ分割　分割ニ因リテ受クル不動產價格　千分ノ五

六　永代ノ地上權ノ取得　不動產價格　千分ノ二十五

七　地上權、永小作權ノ取得

存續期間十年未滿	不動産價格	千分ノ二
存續期間二十年未滿	不動産價格	千分ノ三
存續期間三十年未滿	不動産價格	千分ノ四
存續期間三十年以上	不動産價格	千分ノ五
存續期間ノ定ナキモノ	不動産價格	千分ノ五

但シ權利移轉ニ因ル場合ニ於テハ既ニ經過シタル期間ヲ存續期間ヨリ控除シ其ノ殘期ヲ以テ存續期間ト看做シ登錄稅ヲ計算ス

八　賃借權ノ取得

存續期間十年未滿	不動産價格	千分ノ一
存續期間十年以上	不動産價格	千分ノ二
存續期間ノ定ナキモノ	不動産價格	千分ノ一

但シ權利移轉ニ因ル場合ニ於テハ既ニ經過シタル期間ヲ存續期間ヨリ控除シ其ノ殘期ヲ以テ存續期間ト看做シ登錄稅ヲ計算ス

九　地役權ノ取得　　要役地價格　　千分ノ一

十　先取特權ノ保存又ハ取得　債權金額又ハ不動產工事費用豫算金額　千分ノ六
但シ債權ノ金額ナキトキ又ハ先取特權ノ目的タルモノノ價格カ債權金額ヨリ寡キトキハ先取特權ノ目的タルモノノ價格ヲ以テ債權金額ト看做ス

十一　質權、抵當權ノ取得　債權金額　千分ノ六
但シ債權金額ナキトキ又ハ質權、抵當權ノ目的タルモノノ價格カ債權金額ヨリ寡キトキハ質權、抵當權ノ目的タルモノノ價格ヲ以テ債權金額ト看做ス

十二　競賣、强制管理ノ申立　債權金額　千分ノ六
但シ競賣、强制管理ニ付スヘキモノノ價格カ債權金額ヨリ寡キトキハ其ノモノノ價格ヲ以テ債權金額ト看做ス

十三　假差押、假處分
但シ假差押、假處分ニ付スヘキモノノ價格カ債權金額ヨリ寡キトキハ其ノモノノ價格ヲ以テ債權金額ト看做ス

十四　抵當アル債權ノ差押　債權金額　千分ノ六
但シ差押ニ付スヘキモノノ價格カ債權金額ヨリ寡キトキハ其ノモノノ價格ヲ以テ債權金額ト看做ス

十五　相續、財產ノ分離

所有權ニ付テハ　不動産價格　千分ノ六

所有權以外ノ權利ニ付テハ　不動産價格　千分ノ一

十六　請求又ハ申立ニ因リ抹消セラレタル登記ノ回復　不動産每一箇　二十錢

十七　假登記　不動産每一箇　二十錢

十八　附記登記又ハ附記證明　不動産每一箇　十錢

但シ一件ニ付税額三十錢ヲ超ユルトキハ三十錢トス

十九　登記又ハ證明ノ更正、變更又ハ抹消　不動産每一箇　十錢

但シ一件ニ付税額三十錢ヲ超ユルトキハ三十錢トス

第一號乃至第三號ノ場合ニ於テ共有物持分ノ取得ニ係ルモノハ其ノ持分ノ價格ニ依ル

第一條ノ二　船舶ニ關スル登記ヲ受クルトキハ左ノ區別ニ從ヒ登錄税ヲ納ムヘシ

一　相續ニ因ル所有權ノ取得　船舶價格　千分ノ三

二　贈與、遺與其ノ他無償名義ニ因ル所有權ノ取得　船舶價格　千分ノ五十

三　第一號及第二號以外ノ原因ニ因ル所有權ノ取得　船舶價格　千分ノ二十五

三ノ二　委付　船舶價格　千分ノ三

四　所有權ノ保存　船舶價格　千分ノ三

五　賃借權ノ取得		
存續期間十年未滿	船舶價格	千分ノ一
存續期間十年以上	船舶價格	千分ノ二
存續期間ノ定ナキモノ	船舶價格	千分ノ一

但シ權利移轉ニ因ル場合ニ於テハ既ニ經過シタル期間ヲ存續期間ヨリ控除シ其ノ殘期ヲ以テ存續期間ト看做シ登錄稅ヲ計算ス

六　抵當權ノ取得	債權金額	千分ノ六

但シ債權金額ナキトキ又ハ抵當權ノ目的タルモノノ價格カ債權金額ヨリ寡キトキハ抵當權ノ目的タルモノノ價格ヲ以テ債權金額ト看做ス

七　競賣ノ申立	債權金額	千分ノ六

但シ競賣ニ付スヘキモノノ價格カ債權金額ヨリ寡キトキハ其ノモノノ價格ヲ以テ債權金額ト看做ス

八　假差押、假處分	債權金額	千分ノ四

但シ假差押、假處分ニ付スヘキモノノ價格カ債權金額ヨリ寡キトキハ其ノモノノ價格ヲ以テ債權金額ト看做ス

九　抵當アル債權ノ差押	債權金額	千分ノ六

但シ差押ニ付スヘキモノノ價格カ債權金額ヨリ寡キトキハ其ノモノノ價格ヲ以テ債權金額ト看做ス

十　請求又ハ申立ニ因リ抹消セラレタル登記ノ囘復　船舶每一箇　二十錢

十一　假登記　船舶每一箇　二十錢

十二　附記登記　船舶每一箇　十錢

但シ一件ニ付税額三十錢ヲ超ユルトキハ三十錢トス

十三　登記ノ更正、變更又ハ抹消　船舶每一箇　十錢

但シ一件ニ付税額三十錢ヲ超ユルトキハ三十錢トス

第一號乃至第三號ノ場合ニ於テ共有物持分ノ取得ニ係ルモノハ其ノ持分ノ價格ニ依ル

第一條ノ三　船籍ノ登錄ヲ受クルトキハ左ノ區別ニ從ヒ登錄税ヲ納ムヘシ

一　新規登錄　每十噸　五十錢

二　轉籍　每十噸　十錢

三　除籍　每十噸　五錢

四　登錄ノ變更　船舶每一箇　十錢

船舶ノ噸數ハ總噸數ニ依ル但シ十噸未滿ノ端數ハ十噸トシテ計算ス

石數ヲ以テ積量ヲ表示スル船舶ニ在リテハ積石數百石迄每ヲ十噸トシテ計算ス

第一條ノ四　左ノ事項ヲ官衙ニ登錄スルトキハ海員ハ左ノ區別ニ從ヒ登錄稅ヲ納ムヘシ

一　新規登錄

甲種船長	十五圓
甲種一等運轉士	十圓
甲種二等運轉士	六圓
乙種船長	十圓
乙種一等運轉士	四圓
乙種二等運轉士	三圓
丙種船長	六圓
丙種運轉士	二圓
機關長	十五圓
一等機關士	十圓
二等機關士	六圓
三等機關士	三圓
水先人	二十圓

二　登錄事項ノ變更　每一件　五十錢

第一條ノ五　工場財團登記簿ニ登記ヲ受クルトキハ左ノ區別ニ從ヒ登錄稅ヲ納ムヘシ

一　抵當權ノ取得　債權金額　千分ノ一

二　强制競賣、强制管理ノ申立　債權金額　千分ノ一

三　假差押、假處分　債權金額　千分ノ一

四　登記ノ更正、變更又ハ抹消　每一件　二　圓

第一條ノ六　鑛業財團登記簿ニ登記ヲ受クルトキハ左ノ區別ニ從ヒ登錄稅ヲ納ムヘシ

一　抵當權ノ取得　債權金額　千分ノ一

二　强制競賣、强制管理ノ申立　債權金額　千分ノ一

三　假差押、假處分　債權金額　千分ノ一

四　登記ノ更正、變更又ハ抹消　每一件　二　圓

第一條ノ七　輕便鐵道抵當原簿及軌道抵當原簿ニ登錄ヲ受クルトキハ左ノ區別ニ從ヒ登錄稅ヲ納ムヘシ

一　抵當權ノ取得　債權金額　千分ノ一

二　强制競賣、强制管理ノ申立　債權金額　千分ノ一

三　登錄ノ更正、變更又ハ抹消　每一件　二　圓

第二條　本令ノ適用ニ付テハ典當權ハ其ノ性質ニ從ヒ之ヲ質權又ハ抵當權ト看做シ永代借地權ハ之ヲ所有權ト看做ス

第三條　財團法人又ハ營利ヲ目的トセサル社團法人ニシテ登記ヲ受クルトキハ左ノ區別ニ從ヒ登錄稅ヲ納ムヘシ

一　法人ノ設立、設立後ノ事務所設置又ハ事務所ノ移轉　每一件　一圓

二　登記事項ノ變更消滅若ハ廢止、登記ノ更正若ハ抹消、法人ノ解散、淸算人ノ選任解任若ハ變更又ハ淸算ノ結了　每一件　五十錢

主タル事務所ニ非サル事務所所在地ニ前項各號ノ登記ヲ受クルトキハ每一件五十錢ノ登錄稅ヲ納ムヘシ

第三條ノ二　商事會社其ノ他營利ヲ目的トスル法人カ登記ヲ受クルトキハ左ノ區別ニ從ヒ登錄稅ヲ納ムヘシ

但シ第一號第三號又ハ第六號ノ場合ニ於テ稅額十圓未滿ナルトキハ十圓トス

一　合名會社、合資會社設立　財產ヲ目的トスル出資ノ價格　千分ノ二

二　合名會社、合資會社出資增加　財產ヲ目的トスル增出資ノ價格　千分ノ二

三　株式會社、株式合資會社設立　拂込株金額又ハ拂込株金額及財產ヲ目的トスル株金以外ノ出資ノ價額　千分ノ三

四　株式會社、株式合資會社資本增加　增資拂込株金額又ハ增資拂込株金額及財產ヲ目的トスル株金以外ノ出資ノ價額　千分ノ三

五　株式會社、株式合資會社第二囘以後ノ株金拂込　每囘拂込株金額　千分ノ三

六 合併又ハ組織變更ニ因ル會社ノ設立	拂込株金額及財産ヲ目的トスル株金以外ノ出資ノ價格	千分ノ一
七 合併ニ因ル會社資本ノ增加	增資拂込株金額及財産ヲ目的トスル株金以外ノ出資ノ價格	千分ノ一
八 社　債	拂込金額	千分ノ一
九 第二回以後ノ社債拂込	每回拂込金額	千分ノ一
十 支店設置	每一箇所	十　圓
十一 本店又ハ支店ノ移轉	每一件	三　圓
十二 支配人ノ選任又ハ代理權ノ消滅	每一件	三　圓
十三 登記事項ノ變更消滅又ハ廢止	每一件	三　圓
十四 登記ノ更正又ハ抹消	每一件	三　圓
十五 合名會社、合資會社設立ノ取消	每一件	二　圓
十六 解　散	每一件	二　圓
十七 清算人ノ選任、解任又ハ變更	每一件	一　圓
十八 清算ノ結了	每一件	一　圓

支店所在地ニ於テ前項各號ノ登記ヲ受クルトキハ每一件一圓ノ登錄税ヲ納ムヘシ

第四條　左ノ事項ニ付登記ヲ受クルトキハ左ノ區別ニ從ヒ登錄税ヲ納ムヘシ

一　商號ノ設定又ハ取得　每一件　五　圓

二　支配人ノ選任又ハ代理權ノ消滅　每一件　三　圓

三　商法第五條又ハ第七條ノ規定ニ依ル登記　每一件　二　圓

四　民法第七百九十四條、第七百九十五條又ハ第七百九十七條ノ規定ニ依ル登記　每一件　二　圓

五　前記各號ノ登記事項ノ變更、消滅若ハ廢止又ハ登記ノ更正若ハ抹消　每一件　一　圓

六　船舶管理人ノ選任又ハ代理權ノ消滅　每一件　三　圓

支店所在地ニ於テ前項各號ノ登記ヲ受クルトキハ每一件五十錢ノ登錄稅ヲ納ムヘシ

第四條ノ二　法人ノ合併ニ因ル權利ノ取得ニ付不動產又ハ船舶ニ關スル登記ヲ受クルトキハ左ノ登錄稅ヲ納ムヘシ

不動產價格　千分ノ五

船舶價格　千分ノ三

他ノ規定ニ依リ算出シタル稅額カ前項ニ依ル稅額ヨリ寡キトキハ其ノ稅額ニ依ル

第一項ノ場合ニ於テ稅額十錢未滿ナルトキハ十錢トス

第四條ノ三　鑛業權ニ關シ鑛業原簿ニ登錄ヲ受クルトキハ左ノ區別ニ從ヒ登錄稅ヲ納ムヘシ

一　鑛業權ノ設定		
新規登錄	每一件	二百圓
鑛區合併	每一件	五十圓
鑛區分割	設定鑛區每一箇	五十圓
二　鑛業權ノ變更		
朝鮮鑛業令第二十二條ノ規定ニ依ル鑛區訂正	每一件	五十圓
增區又ハ增減區	每一件	百圓
減區	每一件	二十圓
三　鑛業權ノ移轉		
相續	每一件	五十圓
相續以外ノ原因ニ因ル移轉	每一件	百圓
四　抵當權ノ設定		
新規登錄債權金額		千分ノ五

朝鮮鑛業令第二十一條第二項ノ規定ニ依リ爲シタル承諾及協定ニ因ル設定

	每一件	五圓
五　順位ノ變更ニ因ル抵當權ノ變更	每一件	十圓
六　抵當權ノ移轉		
相續	每一件	五圓
相續以外ノ原因ニ因ル移轉	每一件	十圓
七　共同鑛業權者ノ脫退	每一件	五圓
八　滯納處分以外ノ原因ニ因ル鑛業權又ハ抵當權ノ處分ノ制限	債權金額	千分ノ四
九　廢業ニ因ル鑛業權ノ消滅	每一件	二圓
十　登錄ノ更正、變更又ハ抹消	每一件	十錢

債權金額ニ依リ課稅額ヲ定ムル場合ニ於テ一定ノ債權金額ナキトキハ債權ノ目的タルモノノ價格ヲ以テ債權金額ト看做ス

第五條　登錄稅ハ一錢以上トス一錢未滿ノ端數ハ一錢トシテ之ヲ計算ス

第六條　登錄稅ハ收入印紙ヲ以テ之ヲ納ムヘシ但シ朝鮮總督ノ定ムル所ニ依リ現金ヲ以テ之ヲ徵收スルコトヲ得

第七條　左ニ揭クルモノニハ登錄稅ヲ課セス
一　政府自己ノ爲ニスル登記、證明又ハ登錄
二　公共團體ニ於テ公用ニ供スル不動產ノ登記又ハ證明
三　社寺堂宇ノ敷地及墳墓地ニ係ル登記又ハ證明
第八條　登記所又ハ證明官署カ登記申請人又ハ證明申請人ノ申告シタル課稅標準ノ價格ヲ不相當ト認ムルトキハ其ノ價格ヲ認定シ之ヲ登記申請人又ハ證明申請人ニ告知スヘシ
第九條　前條ノ認定ヲ不當トスル登記申請人又ハ證明申請人ハ費用ヲ豫納シテ評價人ノ評價ヲ登記所又ハ證明官署ニ請求スルコトヲ得
前項ノ請求アリタルトキハ登記所又ハ證明官署ハ二人ノ評價人ヲ選定シ課稅標準ノ價格ヲ評定セシム評價人ノ評價一致セサルトキハ其ノ平均價格ニ依ル
評定價格カ認定價格ヨリ多キトキハ認定價格ニ依リ、申告價格ヨリ少キトキハ申告價格ニ依リ課稅標準ノ價格ヲ定ム
第十條　登記申請人又ハ證明申請人カ評價ノ請求ヲ爲シタル場合ニ於テ申告價格ニ相當スル稅額ト認定價格ニ相當スル稅額トノ差額ヲ納付シタルトキハ登記所又ハ證明官署ハ直ニ登記又ハ證明ヲ爲スヘシ
第十一條　當該事件ニ關係ヲ有スル者ハ評價人タルコトヲ得ス

第十二條　評價人ハ朝鮮總督ノ定ムル所ニ依リ旅費及手當ヲ受ク

第十三條　評價ニ要シタル費用ハ登記申請人又ハ證明申請人ノ負擔トス但シ評定價格カ申告價格ニ超エサルトキハ此ノ限ニ在ラス

第十四條　評價ノ費用ハ收入印紙ヲ以テ之ヲ納ムヘシ

附　則

本令ハ明治四十五年四月一日ヨリ之ヲ施行ス

附　則（大正四、九、制令第六號）

本令施行ノ期日ハ朝鮮總督之ヲ定ム（大正四年十月一日ヨリ施行）

附　則（大正五、三、制令第一號）

本令施行ノ期日ハ朝鮮總督之ヲ定ム（大正五年四月一日ヨリ施行）

明治四十四年制令第九號ハ之ヲ廢止ス

朝鮮鑛業令第六十二條ノ規定ニ依ル鑛業ノ出願ノ許可ニ基キ鑛業權ノ新規登錄ヲ爲ス場合ニ於テハ登錄稅ヲ課セス

附　則（大正八、四、制令第九號）

本令施行ノ期日ハ朝鮮總督之ヲ定ム（大正八年五月一日ヨリ施行）

朝鮮登錄稅令施行規則（大正五、三、總令第二八號）

第一條　收入印紙ヲ以テ納ムル登錄稅ハ登記又ハ登錄ニ關スル書類ニ收入印紙ヲ貼付シテ之ヲ納ムヘシ

第二條　登錄稅額二百圓以上ナルトキハ府郡島廳ニ申出テ現金ヲ以テ納ムルコトヲ得

前項ニ依リ現金ヲ以テ登錄稅ヲ納メタルトキハ其ノ領收證書ヲ登記、證明又ハ登錄ニ關スル書類ニ添附スヘシ

第三條　官廳又ハ公署ヨリ登記若ハ假登記、證明又ハ登錄ヲ登記所、證明官署又ハ登錄官廳ニ囑託スヘキ場合ニ於テハ其ノ官廳又ハ公署ハ登錄稅ヲ納ムヘキ者ヲシテ稅額ニ相當スル收入印紙又ハ現金ノ領收證ヲ提出セシメ登記證明又ハ登錄ノ囑託書ニ其ノ收入印紙ヲ貼付シ又ハ其ノ領收證ヲ添附シテ登記所證明官署又ハ登錄官廳ニ送附スヘシ

第四條　船舶法第十四條第二項ニ依リ管海官廳カ抹消ノ登錄ヲ爲シ府郡島廳ニ通知シタルトキハ府郡島廳ハ納稅告知書ヲ發シ現金ヲ以テ登錄稅ヲ徵收スヘシ

第五條　朝鮮登錄稅令第九條ニ依リ評價ノ請求ヲ爲ス者アルトキハ登記官吏又ハ證明官吏ハ豫納スヘキ費用ヲ指示スヘシ

登記申請人又ハ證明申請人ノ豫納スヘキ費用ハ評價人ノ手當、旅費及手續ノ費用ニ相當スル金額トス

第六條　朝鮮登錄稅令第十二條ニ依ル評價人ノ旅費ハ左ノ各號ニ依リ之ヲ定メ其ノ支給ノ方法ニ付テハ内國旅費規則ヲ準用ス

一　鐵道賃　一哩ニ付　四錢
二　船賃　一海里ニ付　六錢
三　車馬賃　一里ニ付　三十錢
四　宿泊料　一夜ニ付　一圓五十錢
五　日當　一日ニ付　一圓

第七條ニ依リ手當ヲ支給スヘキ日ニ付テハ日當ヲ支給セス

第七條　朝鮮登錄稅令第十二條ニ依ル評價人ノ手當ハ評價ニ從事シタル日數ニ應シ一日一圓以上三圓以下ノ範圍内ニ於テ登記所又ハ證明官署ノ見込ヲ以テ之ヲ定ム

附則

本令ハ大正五年四月一日ヨリ之ヲ施行ス

大正元年朝鮮總督府令第三十一號ハ之ヲ廢止ス

驛屯土特別處分令（大正元、一〇、勅令第三九號）改正（大正三、八、勅令第一九號）（大正七、一、勅令第一六號）

第一條　朝鮮ニ於ケル驛屯土ノ管理及處分ニ關シテハ本令ニ依ル但シ垈又ハ森林ニ付テハ分離シテ賣拂又ハ貸付スルヲ著シク不利トスル場合ニ限リ本令ニ依ルコトヲ得

第二條　驛屯土ノ賣拂又ハ貸付ハ左ノ各號ノ一ニ該當スルトキハ隨意契約ニ依ルコトヲ得

一　一年ノ見積貸付料三百圓以下ノ土地ヲ十年以內ノ期間ヲ以テ貸付スルトキ

二　東洋拓殖株式會社ニ移民ノ爲必要ナル土地ヲ賣拂又ハ貸付スルトキ

三　驛屯土ノ小作ニ從事スル者ニ對シ朝鮮總督ノ定ムル所ニ依リ自作ノ爲其小作地ヲ賣拂フトキ

四　朝鮮總督ノ指定シタル重要物産ノ製造業ヲ營ム者ニ對シ其事業ノ爲必要ナル土地ヲ貸付スルトキ

第二條ノ二　朝鮮總督ノ指定シタル重要物産ノ製造業ヲ營ム者ニ對シ原料トシテ驛屯土ノ産物ヲ賣拂フトキハ隨意契約ニ依ルコトヲ得

第三條　驛屯土ノ貸付料又ハ使用料ハ每年之ヲ納付セシムヘシ但シ災害又ハ天候不順ニ因リ土地ノ收益著シク減少シタルトキハ朝鮮總督ノ定ムル所ニ依リ其ノ年分ニ限リ之ヲ減免スルコトヲ得

第三條ノ二　災害ニ因リ形狀ヲ變シ又ハ作土ヲ害シタル驛屯土ハ朝鮮總督ノ定ムル所ニ依リ期間ヲ定メ無料ニテ貸付スルコトヲ得

第四條　驛屯土ノ貸付料又ハ使用料ハ特別ノ事情アル地方ニ限リ現品ヲ以テ納付セシムルコトヲ得

前項現品ノ種類及其ノ換算價額ハ朝鮮總督之ヲ定ム

第五條　驛屯土ニ關シテハ本令ニ定ムルモノノ外朝鮮官有財産管理規則ニ依ル

第六條　國有ノ洑及從來驛屯土ニ準シテ管理シタル土地ニ付テハ本令ヲ準用ス

附　則

本令ハ公布ノ日ヨリ之ヲ施行ス

驛屯土特別處分令施行規則（大正元、一二、二總令第四〇號）改正（大正九、八、一總令第一〇九號）、（大正一〇、七、一總令第一一七號）、（大正一〇、一〇、一總令第一四一號）

第一條　驛屯土ノ貸付、洑ノ使用ニ關スル事項竝驛屯土ノ賣拂代金、貸付料及洑ノ使用料ノ收納ハ府尹、郡守、島司ニ於テ之ヲ處理スヘシ

第二條　驛屯土ノ貸付期間ハ十年以内トス

第二條ノ二　府尹、郡守、島司ハ垈ヲ除クノ外驛屯土ノ貸付料ノ算出ノ基礎ト爲ルヘキ現品ノ數量ヲ定メ毎年十月府郡島別又ハ相當地域別ニ其ノ年ノ穀價ニ依リ貸付料ヲ決定スヘシ

前項ノ穀價ハ朝鮮總督ノ承認ヲ受ケ道知事之ヲ定メ貸付料決定前之ヲ告示スヘシ

大正九年朝鮮總督府令第百十號ニ依リ賣拂契約ヲ締結シタル垈以外ノ地目ノ土地ニ付テハ左ノ割合ニ依リ貸付料ヲ收納ス

第一年度　第一項ニ依リ決定シタル貸付料ノ全額

第二年度　同上ノ十分ノ九
第三年度　同上ノ十分ノ八
第四年度　同上ノ十分ノ七
第五年度　同上ノ十分ノ六
第六年度　同上ノ十分ノ五
第七年度　同上ノ十分ノ四
第八年度　同上ノ十分ノ三
第九年度　同上ノ十分ノ二
第十年度　同上ノ十分ノ一

大正九年朝鮮總督府令第百十號ニ依リ賣拂契約ヲ締結シタル垈ニ付テハ前項ノ規程ニ準シ其ノ貸付料ヲ收納ス但シ賣拂代金ノ分納年數ヲ延長シタル場合ニ於テハ賣拂代金納付未濟額ノ割合ニ應シテ其ノ貸付料ヲ收納ス

第二條ノ三　大正九年朝鮮總督府令第百十號第四條第五號ノ(六)又ハ(七)ノ規定ニ依リ賣拂ノ契約ヲ解除シタルトキハ其ノ契約期間中ノ貸付料ハ垈ニ在リテハ國有地貸付認許證ニ掲クル貸付料額、其ノ他ノ地目ノ土地ニ在リテハ前條第一項ニ依リ決定シタル貸付料額ノ全額トシ不足額ハ之ヲ追徵ス

第三條　驛屯土ヲ貸付シタルトキハ別記樣式ノ貸付認許證ヲ交付スヘシ貸付期間滿了シ又ハ貸付期間内ニ

於テ契約ヲ解除シタルトキハ貸付認許證ヲ返納セシムヘシ

第四條　削除

第五條　同

第六條　同

第七條　同

第八條　貸付料又ハ使用料ハ契約ヲ以テ特ニ納期ヲ定ムルモノヲ除クノ外毎年十一月一日ヨリ三十日迄ニ之ヲ納付セシムヘシ但シ平安南道、平安北道、咸鏡南道及咸鏡北道ニ在リテハ十二月一日ヨリ二十八日迄ニ之ヲ納付セシムヘシ

第九條　驛屯土ノ借受人ハ其ノ土地ヲ轉貸シ又ハ其ノ權利ヲ讓渡シ若ハ擔保ニ供スルコトヲ得ス但シ大正九年朝鮮總督府令第百十號ニ依リ賣拂契約ヲ締結シタル借受人特ニ許可ヲ受ケ轉貸スル場合ハ此ノ限ニ在ラス

第十條　驛屯土ノ借受人左ノ各號ノ一ニ該當スルトキハ其ノ土地ヲ返納セシムルコトヲ得

一　貸付料又ハ使用料ヲ期限内ニ納入セサルトキ

二　土地ヲ荒廢ニ歸セシムル虞アルトキ

三　本令ノ規定又ハ契約事項ニ違反シタルトキ

第十一條　驛屯土特別處分令第三條但書ニ依リ貸付料又ハ使用料ノ減免ヲ受ケムトスル者ハ被害狀況ノ存續

スル間ニ於テ府尹、郡守、島司ニ申請スヘシ

第十一條ノ二　驛屯土特別處分令第三條ノ二ニ依リ驛屯土ノ無料貸付ヲ受ケムトスル者ハ府尹、郡守、島司ニ申請スヘシ

前項ノ申請アリタル場合ニ於テハ土地ノ狀況、被害ノ程度等ヲ勘案シ五年以内ノ期間ヲ定メ無料ニテ貸付スルコトヲ得

第十二條　本令ハ從來驛屯土ニ準シ管理シタル土地ニ之ヲ準用ス

用紙模造紙（表面）

國有地貸付認許證

番號	第何號	貸付期間	自大正何年何月 至大正何年何月

借受人住所氏名	何府郡島何面何里町洞	何某

土地ノ所在	地番	地目	坪數	貸付料算出基礎 種類	貸付料算出基礎 數量	貸付料
何面何洞	何	田	何坪	何	何石何斗何升	
何面何洞	何	畓	何坪	何	何石何斗何升	

何面何洞　何　垈　何坪　何　何圓何拾錢

國有地貸付認許ノ證トシテ此ノ證書ヲ授與ス

大正何年何月何日

何府郡島廳　印

（裏面）

國有地借受人心得

一　國有地小作人ハ政府勸農ノ趣旨ヲ體シ誠實ニ農事ニ勵精スヘシ

二　國有地中垈ノ借受人ニ在リテハ所定ノ貸付料ヲ垈以外ノ地目ノ土地ノ小作人ハ表記貸付料算出基礎ヲ毎年道知事ノ告示スル穀價ニ依リ換算シタル金額ヲ貸付料トシテ指定ノ期限ニ從ヒ納付スヘシ

三　大正九年總督府令第百十號ニ依リ賣拂ノ契約ヲ締結シタル土地ノ借受人ハ驛屯土特別處分令施行規則第二條ノ二第三項又ハ第四項ノ貸付料ヲ指定ノ期限ニ從ヒ納付スヘシ

驛屯土特別處分令施行規則第二條ノ三ニ依リ追徵スヘキ貸付料ハ指定ノ期限內ニ納付スヘシ

四　貸付期間ハ(十)箇年ト定ム但シ期間內ト雖地方ノ事情ニ依リ貸付料ヲ增額シ又ハ貸付料算出ノ基礎タル現品ノ數量ヲ增額シテ貸付料ヲ收納スルコトアルヘシ此ノ場合ニハ政府ハ其年三月迄ニ官報其ノ他ノ方法ニ依リ豫告ス

五　國有地借受人ハ貸付期間內貸付ヲ取消サルルコトナシ但シ左ノ場合ニ於テハ此ノ限リニ在ラス

一　貸付料ヲ納メサルトキ

二　土地ノ形狀ヲ擅ニ變更シ又ハ土地ヲ荒廢セシメ若ハ荒廢ニ歸セシムル虞アルトキ

三　借地權ヲ他人ニ讓渡シ又ハ許可ヲ受ケスシテ轉貸シタルトキ

四　公用又ハ公共ノ用ニ供スル必要アルトキ

五　大正九年朝鮮總督府令第百十號ニ依ル賣拂契約ヲ解除シタルトキ又ハ同令ニ依リ競爭入札ニ依リ賣拂ヲナストキ

六　此ノ證書ハ國有地借受人タルコトヲ證スル爲交付セラレタルモノナルヲ以テ大切ニ之ヲ保存スヘシ若此ノ證書ヲ亡失シタルトキハ速ニ其ノ旨屆出テ再渡ヲ請フヘシ

七　此ノ證書ハ他人ニ讓渡又ハ貸與スルコトヲ得ス但シ相續ノ場合ハ其ノ旨屆出テ書替ヲ請フヘシ

八　貸付期間滿了ノ時又ハ貸付期間內ト雖貸付地ヲ返上シタルトキハ此ノ證書ヲ返納スヘシ

備考　必要ノ箇所ニハ朝鮮文ヲ附記スヘシ

附　則

本令ハ發布ノ日ヨリ之ヲ施行ス

朝鮮官有財產管理規則（明治四四、七、勅令第二〇〇號）改正（大正七、一、勅令第一三號）

第一條　本令ニ於テ官有財產ト稱スルハ國有ノ不動產、船舶及其ノ附屬物ヲ謂フ

第二條　朝鮮總督所轄ノ官有財產ハ特別ノ規定アル場合ヲ除クノ外本令ニ依リ朝鮮總督之ヲ管理及處分ス

第三條　公用中ノ官有財產ハ賣拂、貸付、讓與又ハ交換スルコトヲ得ス

前項ノ官有財產ハ公用ヲ妨ケサル場合ニ限リ其ノ使用ヲ許可スルコトヲ得

第四條　官有財產ハ其ノ管理又ハ處分ニ關係アル職員ニ對シ之ヲ賣拂、貸付、讓與又ハ交換スルコトヲ得ス

第五條　官有財產ノ賣拂又ハ貸付ハ左ニ揭クル場合ニ限リ隨意契約ニ依ルコトヲ得

一　公用ニ供シ又ハ公共ノ利益ト爲ルヘキ事業ニ供スル爲公共團體又ハ起業者ニ賣拂又ハ貸付スルトキ

二　鑛業又ハ植林事業ニ直接附隨シ必要缺クヘカラスト認ムル土地ヲ起業者ニ賣拂又ハ貸付スルトキ

三　官設事業ニ直接附隨スル事業ノ爲必要缺クヘカラスト認ムル土地又ハ工作物ヲ起業者ニ貸付スルトキ

四　開墾若ハ牧畜ノ爲土地ヲ貸付スルトキ又ハ其ノ事業成功ノ後其ノ土地ヲ起業者ニ賣拂フトキ
五　開墾、牧畜又ハ漁業ニ從事スル者ニ對シ其ノ事業ニ附帶シテ必要ナル土地又ハ工作物ヲ賣拂又ハ貸付スルトキ
五ノ二　朝鮮總督ノ定ムル重要物産ノ製造業者ニシテ其ノ定ムル資格ヲ有スル者ニ對シ其ノ事業ノ爲必要ナル土地又ハ工作物ヲ賣拂又ハ貸付スルトキ
五ノ三　朝鮮總督ノ定ムル資格ヲ有スル造船業者ニ對シ其ノ事業ノ爲必要ナル土地又ハ工作物ヲ賣拂又ハ貸付スルトキ
六　市區計劃ノ確定シタル市街豫定地ヲ特別ノ條件ヲ附シ賣拂又ハ貸付スルトキ
七　一箇所ニ付六百坪未滿ニシテ評定價格千圓未滿ノ土地ヲ賣拂フトキ
八　一箇所千坪未滿ニシテ見積貸付料一年三百圓以下ノ土地ヲ五年以內ノ期間ヲ以テ貸付スルトキ
九　一年以內ノ期間ヲ以テ工作物ヲ貸付スルトキ
十　僻陬ノ地ニ在ル不用ノ工作物ニシテ評定價格五百圓未滿ノモノヲ賣拂フトキ
第六條　官有財産ヲ賣拂ヒタルトキハ其ノ代金完納ノ後ニ非サレハ之ヲ引渡スコトヲ得ス
第七條　官有財産ハ無料ニテ貸付シ又ハ使用ヲ許可スルコトヲ得ス但シ公用ノ爲又ハ營利ヲ目的トセサル公共ノ利益ト爲ルヘキ事業ノ爲ニスル場合ハ此ノ限ニ在ラス

第八條　官有財産ノ貸付料又ハ使用料ハ毎年之ヲ前納セシムヘシ但シ相當ノ保證ヲ立テ又ハ擔保ヲ供シタルトキハ此ノ限ニ在ラス

第九條　官有財産ノ貸付期間ハ土地ニ在テハ二十年其ノ他ノ物件ニ付テハ三年ヲ超ユルコトヲ得ス

土地ノ利用ニ必要ナル工作物ヲ土地ト共ニ貸付スルトキハ其ノ土地ノ貸付期間之ヲ貸付スルコトヲ得

第十條　官有財産貸付期間中公用ニ供スルノ必要ヲ生シタルトキハ貸付ノ契約ヲ解除シ之ヲ返還セシムヘシ

前項ノ場合ニ於テ借受人ハ直接ニ受ケタル損害ニ付其ノ賠償ヲ求ムルコトヲ得但シ特別ノ契約アル場合ハ此ノ限ニ在ラス

第十一條　官有財産ハ左ニ掲クル場合ヲ除クノ外之ヲ讓與スルコトヲ得ス

一　公用ニ供シ又ハ營利ヲ目的トセサル公共ノ利益ト爲ルヘキ事業ニ供スル爲必要ナルトキ

二　公園、公共道路、河川、堤防、溝渠、溜池等ヲ開設シタル爲不用ニ歸シタル舊同種類ノ土地ヲ其ノ開設者ニ下付スルトキ

三　公用ヲ廢シタル土地ヲ其ノ公用中維持保存費ノ負擔義務ヲ有シタル者ニ下付スルトキ

第十二條　官有財産ハ交換スルコトヲ得ス但シ土地建物ハ公用ニ供シ若ハ公共ノ利益ト爲ルヘキ事業ニ供スル爲必要ナルトキ又ハ官有地整理ノ爲必要ナルトキニ限リ其ノ評定價格同一以上ノ土地建物ト交換スルコ

トヲ得

第十三條　左ノ場合ニ於テハ官有財産ノ賣拂、讓與、交換又ハ貸付ノ契約ヲ解除スルコトヲ得

一　公用ニ供シ又ハ公共ノ利益ト爲ルヘキ事業ニ供スル爲賣拂、貸付、讓與又ハ交換シタル官有財産ヲ三年以内ニ其ノ用ニ供セサルトキ

二　第五條第二號乃至第五號ノ規定ニ依リ賣拂又ハ貸付シタル土地又ハ工作物ヲ二年以内ニ其ノ用ニ供セサルトキ

三　第五條第六號ノ規定ニ依リ土地ノ賣拂又ハ貸付ヲ受ケタル者二年以内ニ工事ニ着手セサルトキ

前項各號ノ期間ハ天災其ノ他避クヘカラサル事由アリタル場合ニ限リ各其ノ半期間以内ノ延長ヲ爲スコトヲ得

第十四條　官有水面ハ公用ニ妨ナキ限リ着手及成功ノ期限竝一切ノ條件ヲ定メ其ノ埋立ヲ特許シ條件ノ定ムル所ニ從ヒ埋立地ノ全部又ハ一部ヲ其ノ起業者ニ賣拂、貸付又ハ讓與スルコトヲ得

第十五條　朝鮮總督ハ明治四十四年四月一日ヨリ起算シ十年毎ニ其ノ年三月三十一日現在ノ官有財産目錄ヲ調製シ八月三十一日迄ニ之ヲ主管大臣ニ報告スヘシ

第十六條　朝鮮總督ハ毎年前會計年度ニ於ケル官有財産ノ增減報告書ヲ調製シ八月三十一日迄ニ之ヲ主管大臣ニ報告スヘシ

第十七條　前二條ノ官有財產目錄及官有財產增減報告書ハ主管大臣ニ於テ其ノ調製シタル年開會ノ帝國議會ニ之ヲ報告スヘシ

附　則

本令ハ公布ノ日ヨリ之ヲ施行ス

官有財產目錄ハ第十五條ノ規定ニ依リ調製スルノ外同條ノ期限前ニ於テ第一回ノ調製ヲ爲スヘシ

驛屯土賣拂處分ニ關スル件　(大正九、八、總令第一一〇號)

第一條　有料貸付ノ驛屯土ハ本令ニ依リ道知事之ヲ賣拂フヘシ但シ左ノ各號ノ一ニ該當スル土地ハ此ノ限ニ在ラス

一　溜　池　(堤堰、洑ヲ含ム)

二　火　田

三　鑛　泉　池

四　國有未墾地利用法ニ依リ處分スルヲ適當トスル土地

五　朝鮮總督ニ於テ政府ノ用ニ供シ又ハ朝鮮官有財產管理規則第五條第一號乃至第六號ノ規定ニ依リ拂下又ハ貸付ノ必要アリト認ムル土地

第二條　驛屯土ハ岱ニ在リテハ朝鮮官有財産管理規則第五條第七號ノ規定ニ依リ其ノ借受人ニ、其ノ他ノ地目ノ土地ニ在リテハ驛屯土特別處分令第二條第三號ノ規定ニ依リ其ノ借受人ニ賣拂フヘシ
借受人前項ニ依リ賣拂ヲ受クルノ意ナキトキハ競爭入札ニ依リ賣拂ヲ爲スヘシ
第三條　驛屯土ノ借受人借受地ノ賣拂ヲ受ケムトスルトキハ其ノ借受地ノ所在ヲ管轄スル府尹、郡守、島司ヲ經由シテ道知事ニ願出ツヘシ
第四條　第二條ノ規定ニ依リ驛屯土ノ賣拂契約ヲ締結セムトスルトキハ左ノ條件ヲ附スヘシ
一　賣拂代金ハ賣拂契約締結ノ年度以降十年度間ニ毎年度其ノ十分ノ一ニ相當スル額ヲ其ノ年十二月中ニ納付スヘシ但シ岱ノ賣拂代金ニ付テハ納付期間ヲ短縮スルコトアルヘシ
二　災害又ハ天候不順ニ因リ土地ノ收益著シク減少シタルトキハ前號ノ分納年數ヲ延長スルコトアルヘシ
三　賣拂地ノ所有權ハ賣拂代金ヲ完納シタルトキニ於テ拂受人ニ移轉ス
四　賣拂代金ヲ完納スル年度迄ハ所定ノ貸付料ヲ納付スヘシ
五　左ノ各號ノ一ニ該當スル場合ニ於テハ賣拂契約ヲ解除ス
(一)許可ヲ受ケスシテ賣拂契約ニ因リ生シタル權利ヲ讓渡シタルトキ
(二)借地權ヲ讓渡シタルトキ
(三)許可ヲ受ケスシテ借地權ヲ轉貸シタルトキ

（四）賣拂地ヲ荒廢ニ歸セシメ又ハ荒廢ニ歸セシムル虞アルトキ
（五）賣拂代金又ハ貸付料ヲ納メサルトキ
（六）天災ニ因リ土地ノ形狀ヲ變シ又ハ著シク作土ヲ害シタル爲無收益地トナリ復舊ノ見込ナキニ至リタルトキ
（七）公用又ハ公共ノ用ニ供スル爲必要アルトキ
（八）土地收用令、朝鮮鑛業令其ノ他法令ノ規定ニ依リ賣拂地ヲ收用又ハ使用セラルルトキ
前項ノ規定ニ依リ契約ヲ解除シタル場合ニ於テハ前項第五號ノ（六）乃至（八）ノ場合ヲ除クノ外既納ノ賣拂代金ヲ還付セス

附　則

本令ハ發布ノ日ヨリ之ヲ施行ス

大正十一年九月二十七日印刷
大正十一年九月三十日發行

朝鮮總督府財務局編纂

京城府西小門町三十九番地
印刷所　朝鮮印刷株式會社

韓国併合史研究資料 ⑪⑤
⑴朝鮮民籍法令集 ／ ⑵改正朝鮮税令

2018年4月　復刻版第1刷発行　　定価（本体価 9,000 円 +税）

原本編著者　⑴酒井與三吉
　　　　　　⑵朝鮮総督府財務局
発行者　北村正光
発行所　株式会社 龍溪書舎
〒179-0085　東京都練馬区早宮 2-2-17
TEL 03-5920-5222・FAX 03-5920-5227

ISBN978-4-8447-0466-9
落丁、乱丁本はお取替えいたします。

印刷：大鳳印刷
製本：高橋製本所